本书为中国传媒大学外国语学院
外国语言文学学科专业建设成果

中国社会科学院创新工程学术出版资助项目

日本近代思想研究丛书
崔世广 主编

日本明治中期的国粹主义思想研究

王俊英 著

中国社会科学出版社

图书在版编目（CIP）数据

日本明治中期的国粹主义思想研究 / 王俊英著 . —北京：中国社会科学出版社，2015.9
ISBN 978 – 7 – 5161 – 6893 – 6

Ⅰ.①日… Ⅱ.①王… Ⅲ.①政治思想史—研究—日本—明治时代 Ⅳ.①D093.134

中国版本图书馆 CIP 数据核字（2015）第 217658 号

出 版 人	赵剑英
责任编辑	王 茵
责任校对	郝阳洋
责任印制	王 超

出　　版	中国社会科学出版社
社　　址	北京鼓楼西大街甲 158 号
邮　　编	100720
网　　址	http://www.csspw.cn
发 行 部	010 – 84083685
门 市 部	010 – 84029450
经　　销	新华书店及其他书店
印　　装	北京君升印刷有限公司
版　　次	2015 年 9 月第 1 版
印　　次	2015 年 9 月第 1 次印刷
开　　本	710×1000　1/16
印　　张	17.75
插　　页	2
字　　数	255 千字
定　　价	65.00 元

凡购买中国社会科学出版社图书，如有质量问题请与本社营销中心联系调换
电话：010 – 84083683
版权所有　侵权必究

总　序

近代日本像彗星一样登上历史舞台，又像彗星一样消失了，其发展过程颇有戏剧性。明治维新以后，日本提出"文明开化"、"殖产兴业"和"富国强兵"三大口号，走上了快速近代化的道路，一跃跻身于世界五大强国行列，其发展速度令人惊异。然而，近代日本的发展却一直伴随着对外侵略和扩张，特别是在20世纪30年代之后发动了全面侵略中国的战争和第二次世界大战，走上了与世界为敌的道路，最后终于导致了覆灭。近代日本的发展充满着"明"与"暗"、成功与挫折的深刻矛盾，直到今天仍然需要我们对其走过的道路进行深入思考和研究。

对近代日本及其所走过道路的研究，可以从政治史、经济史、对外关系史等视角来展开，但是，从思想史的视角进行考察无疑也是重要的和必要的。这是因为，历史归根结底是人们所创造的，人们在创造历史时首先要对历史环境作出反应和认识，然后才能付诸实践和行动，而人们对其所处环境作出反应和认识的结晶便是"思想"。

近代的日本变化剧烈、动荡连绵，产生于这一时代的思想自然也会深深地打上时代的烙印。面对接连不断出现的各种矛盾和课题，日本近代思想家们基于不同的立场和思想背景，吸收利用古今内外的思想资源，提出解决问题的方案，设计日本的社会蓝图，描绘日本的发展前景，于是出现了形形色色的"思想"。这些思想如实地反映了近代日本的各种矛盾和问题，并以不同的方式参与了近代日本的建设，对近代日本的历史进程产生了不同程度的影响。因此，系统深入地开展对日本近代思想的研究，从思想史的角度解答日本为什么迅速实现了近代化，又为什么走向了法西斯主义深渊等重大理论问题，对我们加深对日本近代历史的理解，深刻把握日本近代化的模式及其教训，都具有重要的理论意义和现实意义。

然而，思想虽然反映并作用于现实，却并不等同于现实。同样，日本近代思想一方面深深植根于日本近代历史之中，与其发展密切相关，但其始终又与日本近代历史保持着一定距离，具有自己的相对独立性。作为东方的后发型近代化国家，近代日本所面对的课题既有属于日本特有的课题，也有属于东亚国家共同的课题，还有属于世界资本主义发展中的一般性课题。日本近代思想家们对这些课题的回应和解答，不仅使日本近代思想呈现了丰富性和多样性，还使其具有了一些自己特有的发展线索、脉络和逻辑。

关于日本近代思想发展演变的主要线索、脉络和逻辑，我们尝试着将其归纳为三大课题、两个周期和一条主线。首先，日本近代思想自始至终是围绕着三大课题来展开的。这三大课题是：第一，如何处理传统文化与近代文化、日本思想与西方思想的关系；第二，如何处理个人与社会、个人与国家的关系；第三，如何处理日本与亚洲、日本与世界的关系。可以说，以上三大课题贯穿日本近代思想的始终，而对这些课题的不同理解、不同思考便形成了不同的思想或思想流派。其次，日本近代思想的发展经历了前后两个周期性的变化。第一个周期是从明治维新开始，到明治时代结束为止；第二个周期是从大正时代开始，到日本战败投降为止。这两个周期的共同特征，则是前期以欧化主义、近代主义、世界主义为基本倾向，后期以国粹主义、传统主义、日本主义为基本倾向。再者，日本近代思想发展中还存在着一条主线，那就是民族主义和国家主义。这条主线虽然时明时暗、时强时弱，但一直从根本上规定着日本近代思想发展的基调。

我们策划本套丛书的宗旨在于，通过对日本近代思想的系统性、整体性、学术性研究，一方面充分展现日本近代思想的丰富性和多样性，同时透过各种错综复杂的思想现象，发掘日本近代思想的内在逻辑和规律性，揭示日本近代思想与日本近代历史之间的内在关联，以有助于理解和把握日本近代历史的特性。

基于以上目的，本套丛书不以个体精英知识分子的思想、民众思想，或知识、思想和信仰等广义的思想为中心，而以日本近代不同时代背景下产生的思想潮流为中心来展开研究。我们认为，这种以社会思潮为中心的研究，有利于深刻认识日本近代思想的时代精神、日本近代思想与社会的紧张关系、日本近代思想的社会作用与力量，因而也有利于深刻认识日本近代思想的特质。与此相关联，在研究方法上，我们提倡将日本近代思想放到当时的历史背景中去把握，将思想家放到社会思潮当中去把握，先分析思想与时代背景及各种思想来源的联系，进而探讨思想的发展变化以及其内容结构特征，然后搞清思想对当时政治社会及思想文化的影响，以此达到对研究对象的整体把握。

本套丛书基本循着日本近代主要思想潮流演变的轨迹来筹划，包括近代启蒙思想研究、自由民权思想研究、明治中期平民主义思想研究、明治中期国粹主义思想研究、天皇制国家主义思想研究、明治社会主义思想研究、大正民主主义思想研究、大正及昭和前期马克思主义思想研究、法西斯主义思想研究，再加上近代日本的对外认识研究，共计划出版十卷。通过这样的研究，可以基本涵盖日本近代思想的主要潮流，大体展示日本近代思想的全貌。

本套丛书的作者，均为中国社会科学院日本研究所的研究人员和从日本研究所毕业的博士、博士后，都受过日本思想史研究的系统训练，熟悉本学科研究前沿，能熟练运用思想史的研究方法，相信各卷作者都会在自己的研究领域做出应有的学术贡献。作为国内首套体系性研究日本近代思想的创新性尝试，希望本套丛书的出版能对我国日本思想史研究学科的发展，对我国读者了解日本近代思想乃至日本近代历史有所助益。

本套丛书从筹划、申请资助到出版，一直得到中国社会科学院日本研究所李薇所长的大力支持、指导和帮助，在此表示衷心的感谢。另外，对中国社会科学院创新工程提供出版资助，对中国社会科学出版社的大力支持及责任编辑王茵博士的辛勤劳作表示诚挚谢意。

编　者

2015 年 9 月

目 录

绪论 ……………………………………………………………… (1)
    一　问题的提出 ……………………………………………… (1)
    二　研究对象的界定及先行研究概况 ……………………… (5)
    三　本书的研究方法及内容结构 …………………………… (11)
    四　相关概念的界定 ………………………………………… (14)

第一章　国粹主义思潮的兴起 …………………………………… (25)
  第一节　国粹主义兴起的历史背景和机缘 …………………… (25)
    一　明治二十年前后日本社会思潮的变动 ………………… (25)
    二　国粹主义兴起的历史机缘 ……………………………… (37)
  第二节　政教社思想集团的形成 ……………………………… (45)
    一　政教社的成立与《日本人》的创刊 …………………… (46)
    二　政教社同人概况及其学术背景 ………………………… (50)
    三　陆羯南与《日本》 ……………………………………… (55)
  第三节　国粹主义的思想基础 ………………………………… (59)
    一　实学思想的影响 ………………………………………… (59)
    二　儒教思想的积淀 ………………………………………… (62)
    三　对进化论思想的吸纳 …………………………………… (68)
  本章小结 …………………………………………………………… (76)

第二章 国粹主义的思想理论 …………………………………… (78)
第一节 国粹主义的"文明观"、"文化论" ………………………… (79)
  一 关于"国粹"与"国粹主义" ……………………………… (79)
  二 志贺重昂的国粹主义文化论 ……………………………… (84)
  三 对东西方文明的哲学性思考
    ——三宅雪岭的国粹主义"文明观" ……………………… (95)
  四 陆羯南的"国民主义"理论 ……………………………… (103)
第二节 国粹主义的"国民国家"构想 …………………………… (108)
  一 国粹主义者对劳动问题的关注
    ——以高岛煤矿事件为中心 ……………………………… (108)
  二 国粹主义的"立宪政治"构想 …………………………… (114)
  三 国粹主义的"富民"理论 ………………………………… (120)
第三节 国粹主义的"亚洲连带意识" …………………………… (126)
本章小结 …………………………………………………………… (138)

第三章 国粹主义的发展 ……………………………………… (140)
第一节 从《日本人》到《亚细亚》
    ——国粹主义言论方向的转化 …………………………… (142)
  一 政教社言论集团的变迁 …………………………………… (142)
  二 国粹主义言论内容的转化 ………………………………… (145)
第二节 国粹主义的殖民政略 …………………………………… (156)
  一 北海道的拓地殖民 ………………………………………… (158)
  二 国粹主义的"南进论" …………………………………… (163)
  三 国粹主义的"北进论" …………………………………… (168)
第三节 "唯我独美"的《日本风景论》
    ——志贺重昂国粹主义地理学的发展 …………………… (175)

一　《日本风景论》的内容及主题 …………………………（176）
　　二　《日本风景论》的社会影响 …………………………（182）
　第四节　"狼吞"与"蚕食"
　　　　　——陆羯南的国际关系理论 ……………………（186）
　本章小结 ……………………………………………………（195）

第四章　国粹主义的退潮 ……………………………………（198）
　第一节　"第三次《日本人》"的发行 ……………………（198）
　第二节　甲午战争后国粹主义的内政批判以及"外政"言论
　　　　　活动的展开 ……………………………………（204）
　　一　"国粹主义"的"战后经营"批判 …………………（206）
　　二　"东亚问题"的再探讨 ………………………………（214）
　第三节　"国粹主义"的终结与"日本主义"的兴起 ……（220）
　　一　在"世界主义"与"国家主义"之间
　　　　　——政教社"文明观"的变迁 ……………………（222）
　　二　国粹主义与高山樗牛的"日本主义" ………………（227）
　本章小结 ……………………………………………………（234）

终章　国粹主义的性格特质及其历史意义 …………………（236）
　　一　国粹主义的性格特质 ………………………………（236）
　　二　国粹主义的历史意义 ………………………………（243）
　　三　余论：对日本近代民族主义的几点文化思考 ……（248）

参考文献 ……………………………………………………（255）

后记 ……………………………………………………………（271）

绪　论

一　问题的提出

　　一般而言，非西方国家的现代化通常是以学习西方现代文明成果开始的，因此，在这些现代化的后发国家，如何处理现代化与本土化、西方文明与传统文化之间的关系，一直以来都是一个难以回避的重要课题。日本是亚洲最先步入资本主义工业文明的国家，同所有现代化的后发国家一样，日本的现代化也是从学习、移植西方先进文明开始的，因此，在日本走向现代化的历史过程中，如何对待西方文化，如何在保持民族主体性的前提下实现现代化，达到富国强兵的目的，曾经是明治时代的日本知识分子苦苦探索的问题。明治二十年代初兴起的国粹主义思潮，正体现了那个时代日本青年知识分子对现代化的反思以及对日本未来发展的思考。

　　15、16世纪，随着地理大发现和航海技术的进步，西方殖民主义者开始在全球范围内扩张。19世纪中叶，西势东渐，西方资本主义将侵略扩张的触角伸向了亚洲，由此引发了东西两种异质文明的激烈碰撞。西方文明的入侵，不是以递送橄榄枝这样温情脉脉的方式进行的，而是凭借其坚船利炮，以武力恫吓的方式强行撞开了他国的门户。1840年，英国发动鸦片战争，以此为契机，曾经是东亚文明中心的中国沦为了西方列强的半殖民地。13年以后，美国东印度舰队总司令佩里率领"黑船"舰队闯入江户湾，通过武力的炫耀，逼迫德川幕府打开了闭锁200多年的门户。英国著名历史学家汤因比指出，遭到西方文明侵略的非西方国家有两种非此即彼的选择，即"奋锐主义"和"希律主义"，"奋锐主义"意味着要固守本民族传统文化的精神堡垒，一丝不苟地遵循祖先的传统，小心翼翼地维护自身的生活宝藏，希望从中获得抵御侵略者的神圣力量；而"希律主义"则是要借鉴对手的一切文明成果来武装自己，保存实力。"希律主义"是明智的、现实的，又是机会主义的。① 面对西方势力的入侵，中国的应对办法近似于"奋锐主义"，而日本则采取了"希律主义"。

为了抵抗西方列强的入侵，日本放弃了攘夷排外的民族主义情绪，开始学习西方近代的先进文明成果，探索"师夷长技以制夷"的策略，走上了模仿西方国家的近代化②之路。在弱肉强食的近代，后发国家的近代化既是形成近代民族国家的一个过程，同时也是摆脱西方压迫、谋求民族独立解放的过程，而其思想精神动力，舍民族主义再无其他。民族主义是近代民族国家建构这一历史进程中不可分割的因素。按照海斯的观点，民族主义是"一个把民族建设成为政治单位的过程，一个把部落和帝国建设成现代制度的民族国家的过程"。它还是"在这一历史进程中蕴含的一种理论，它既标志着民族自觉意识的强化，又代表着一个民族国家的政治哲学"。此外，民族主义还用于"表示一个民族（这个民族可能已经拥有了一个民族国家）的成员中的一种思想状况，这种思想状况是对理想的忠诚，它信奉对自己的民族国家的忠诚高于其他一切忠诚，相信本族群集团的优越性及使命感与民族自豪感不可分离"。③ 对于后进国家而言，民族主义是推动近

---

① "奋锐主义"和"希律主义"是汤因比借用《新约圣经》中有关犹太民族的故事来描述遭受外来文明势力入侵时被侵入一方的回应方式。[英] 阿诺德·汤因比：《历史研究》（下），郭小凌等译，上海世纪出版集团2010年版，第813—818页。

② 近代化即现代化。日本在近代就已实现了通常意义上的所谓现代化，因此涉及日本近代史研究，一般倾向于使用"近代化"的表述。

③ 钱雪梅：《文化民族主义刍论》，《世界民族》2000年第4期，第2页。

代民族国家形成的历史力量,反过来近代民族国家的形成又会催生新的民族主义。而这种新的民族主义往往首先会以"寻求维护和弘扬共同体民族文化的民族主义"的形态表现出来,也就是本土化对近代化、国粹主义对欧化主义的反拨。这是因为,在以"文明"这种普遍主义为幌子进行侵略的欧美列强的阴影下,尚未形成民族国家的后发国家所能采取的用以自卫的意识形态只能是"文化"。文化是近代化后发国家的国民意识,其本质就是"国粹"。文明的视点在于如何达到欧美国家的水平,文化的视点则强调国民性的不同和主体性,如何能将外来文化同化。[①]

明治中期在西化风潮中出现的国粹主义是对极端欧化主义的一种理性反思,是日本近代化由全盘西化走向民族化、本土化的一个拐点,因而,它在日本思想史、文化史上的意义是显而易见的。另一方面,它又是日本由谋求民族独立逐步走向侵略扩张的帝国主义这一过渡性阶段中出现的民族主义思潮,因此,考察日本国粹主义思潮的起因、流变以及最后的归宿,有助于我们更好地理解日本近代发展史。

国粹主义在兴起之初曾以反对西方帝国主义侵略的积极面貌出现,国粹派反对明治政府崇洋媚外的全盘欧化政策,主张在学习西方先进文物制度的同时维护日本民族精神的独立,保存并彰显日本的国粹。同时,国粹派也对明治维新以来的内政外交提出了批评,对藩阀政府独裁统治表现出强烈的反体制性格。在当时的国际形势下,国粹主义的文化主张具有一定的正当性和合理性,其重视国民权利、对社会底层民众的关注也是可圈可点的。然而,遗憾的是,随着日本自身国力的日益增强,国粹主义思想家们在呼吁国民团结、发扬日本民族精神、反抗西方列强的过程中,却滋生出对亚洲邻国的蔑视,其对外思想主张最终与明治政府的对外侵略扩张路线合流,成为日本侵略亚洲的文化理论工具。

---

① 参见戴宇《志贺重昂国粹主义思想研究》,吉林教育出版社2009年版,第24页。

一种思想的形成、发展和变异不是一朝一夕就可以完成的，其中必然会有多种因素的相互作用。有传统文化因素、外来思想的影响，也受国内社会环境以及国际形势发展变化的左右。那么，在国粹主义形成、发展、变异的过程中，这些因素是如何发挥作用的呢？国粹主义思想在形成之初，其基本志向与立足点是什么？其与明治政府的国家主义之间又有何共通之处和相异之处？国粹主义思潮在日本近代史上又起到了什么样的作用，产生了什么样的影响？本书研究的目的便是要通过考察、分析这些问题，来揭示国粹主义的性格特征，进而从一个侧面探讨近代日本民族主义为什么会从帝国主义的对立面最终走向帝国主义。

从学术研究的角度来看，明治中期的国粹主义思想研究是日本近代思想史乃至日本近代史研究的一个重要组成部分，是我们了解和把握日本近代民族主义实像的一个不可或缺的关键环节。从现实层面来看，对日本近代民族主义的研究无疑有助于我们更深入地了解当今日本的民族主义。中日两国作为地缘上的近邻，中日关系在我国的对外交往中占有重要地位，从地域乃至世界和平的大局来考量，保持中日关系健康稳定地向前发展是重要的而且也是必须的。但是我们看到在中日关系的发展中，民族主义常常成为一种干扰性、破坏性的因素，尤其是日本的民族主义，因为带有明显的历史印记而往往在亚洲乃至国际社会造成恶劣的影响。因此，研究日本的民族主义，研究它的历史、现状，预测其未来，有着重要的现实意义。明治中期的国粹主义作为日本近代民族主义发展的一个阶段和一种表现形式，与当今日本的民族主义在思想上有着千丝万缕的联系。因此，本书的研究不仅关涉到对日本近代民族主义的理解和把握，同时也将有助于我们探寻日本当代民族主义的历史根源，为加深我们对日本的了解提供一个新的视角。

二 研究对象的界定及先行研究概况

(一) 本书的研究对象

国粹主义在日本近代思想史上曾以各种面貌和形态存在过，不同的时代、不同的人所主张的国粹主义思想内容皆有差异。一般来讲，狭义的国粹主义专指1890年前后登场的政教社系统的国粹主义，即明治中期的国粹主义；而广义的国粹主义除了政教社国粹主义以外，也包含了日本近代各个时期存在过的排外性的文化保守主义以及主张日本至上的日本主义、超国家主义。本书所研究的对象是狭义上的政教社国粹主义。

政教社成立于明治二十一年（1888），结束于昭和二十年（1945）。其机关杂志《日本人》在发行初期因其反政府言论而屡遭停刊处罚，曾一度更名为《亚细亚》。明治四十年，《日本人》更名为《日本及日本人》，一直持续到1945年第二次世界大战结束。日本学者一般按照《日本人》杂志的发行和运营情况，将政教社划分为三个阶段：第一阶段，《日本人》《亚细亚》时期（明治二十一年至明治三十九年）；第二阶段，《日本及日本人》时期（明治四十年至大正十二年）；第三阶段，昭和时期《日本及日本人》（大正十三年至昭和二十年）。[①]

《日本人》《亚细亚》时期，是政教社言论活动最活跃的时期。尤其是从政教社成立到甲午战争前夕，政教社同人在文化、政治、经济、外交等各个方面广泛建言立说，不仅在文化上显示了国粹主义思想主张的独特性，同时在政治舆论方面也颇具社会影响力。甲午战争以后，日本的国际地位发生了逆转，日本人的国家意识、大国化意识急速膨胀，"保存国

---

① 参见中野目徹《政教社の研究》，思文閣1993年版，第18页。

粹"、"彰显国粹"的国粹主义自然也就淡出了日本思想界的舞台。政教社和《日本人》的言论活动尽管还在继续，但是国粹主义早已经不再是其言说的内容了。因此，所谓的政教社国粹主义一般也就是指明治二十年代到三十年代即明治中期政教社同人的言论活动及其思想主张。按照上述的政教社三阶段划分法，本书研究的范围属于政教社的第一个阶段。

另外，所谓政教社国粹主义，指的不仅仅是政教社和《日本人》所主张的国粹主义，也包含陆羯南所主张的"国民主义"。在政教社成立的第二年，陆羯南成立了日本新闻社，创办了《日本》报，提出"国民主义"的思想主张。"国民主义"与"国粹主义"旨趣、精神内涵几乎一致，且《日本人》和《日本》在同人关系及运营方面一直有着密切的关系，所以，日本学术界一般把《日本人》和《日本》视为媒体界的"姐妹"，同时将《日本人》同人和《日本》报社同人统称为政教社集团。明治四十年，二者合并为《日本与日本人》。

政教社是一些青年知识分子出于共同的理想诉求而集结在一起形成的松散的言论集团组织，其倡导的国粹主义虽然是政教社成员的共识，但是在国粹主义的理论建构以及同人们对于"国粹"的理解方面，其主张却是各有千秋，因此，要想在有限的篇幅之内考察所有成员的思想特点是不可能的。本书将考察范围锁定在三宅雪岭、志贺重昂、陆羯南三人身上，这是因为作为国粹主义思想家，三宅雪岭、志贺重昂、陆羯南在历史上的影响最大，三宅雪岭、志贺重昂是《日本人》系同人当中致力于国粹主义宣传的主要人物，被誉为"政教社的两大巨头"，陆羯南是《日本》报的主笔和经营者、"国民主义"的主唱者，其思想言论独具特色。通过对国粹主义代表人物的思想分析，可以对国粹主义的性格特质作出较为准确的分析和定位。

（二）先行研究概况

1. 国内学者的相关研究

中国学术界关于明治中期的国粹主义研究成果主要是戴宇的《志贺重昂国粹主义思想研究》（吉林教育出版社2009年版）。该著对志贺重昂国粹主义思想的萌芽、形成、发展做了系统的考证研究，指出进化论和地理环境决定论对志贺重昂的国粹主义思想产生了很大的影响，并左右着其发展方向与性质。其他关涉国粹主义的论述主要散见于吴廷璆的《日本史》（南开大学出版社1994年版）、宋成有的《新编日本近代史》（北京大学出版社2006年版）、向卿的《日本近代民族主义》（社会科学文献出版社2007年版）、郑师渠的《晚清国粹派》（北京师范大学出版社1997年版）、杨宁一的《了解日本人——日本人的自我认识》（天津人民出版社2000年版）、叶渭渠的《日本文明》（中国社会科学出版社1999年版）等著作中。这些研究和论述主要集中在对明治中期国粹主义基本概况的一般性介绍以及探讨其对中国晚清国粹派所产生的影响等方面。

论文方面，盛邦和的《中日国粹主义试论》（《日本学刊》2003年第4期）和《日本国粹主义与中国》（北京日本学研究中心会议论文，1999年），主要探讨了中国晚清的国粹主义与日本政教社国粹主义之间的连带性与相异之处。赵德宇的《简论明治时代的日本国粹主义》（《日本研究》2010年第1期）一文从思想本质和特点着手，对明治时代的国粹主义进行了剖析。该文将明治时代的国粹主义分为文化国粹主义和极端国粹主义，并认为政教社系统的国粹主义基本上是健康的文化国粹主义。此外还有杨宁一的《明治时期日本人的自我认识》（《历史研究》2000年第3期），该文从一个侧面评述了三宅雪岭的《真善美日本人》《伪恶丑日本人》以及志贺重昂的《日本风景论》，将政教社的国粹主义视为能够体现明治时代日本人自我认识特点的一个流派。

2. 日本学者的相关研究

与我国相比，日本对于明治中期国粹主义思想的研究开始得较早，成果也较为丰富。第二次世界大战以前主要有平野义太郎的《明治中期国粹主义的兴起及其社会意义》（《思想》1934年4月，日本精神特辑，后收于《无产阶级民主主义革命》，1948年）、高须芳次郎的《欧化主义、国粹主义的文学》（收于《日本文学讲座》第11—13卷，新潮社1926—1928年版）；此外，鸟井博郎的《明治思想史》（河出书房1935年版）及高冈宣之的《日本近代思潮》（三笠书房1941年版）等著述中也含有对国粹主义的研究。

作为马克思主义历史学家、讲座派代表人物之一的平野义太郎，主要将日本资本主义发展与国粹主义二者之间的关联作为分析的原点，指出国粹主义其实就是彰显国家的国家主义，并认为国粹主义只是为正处于发展过程中的脆弱的资本主义提供保护的官僚的原理，是与自由民权运动、勤劳大众的无产阶级民主主义运动相对立的一种保守主义，因而其本质是反动的。同属于讲座派的鸟井博郎等也大致持此观点。

第二次世界大战以后的研究成果可以分为如下几个阶段来概述。

（1）初期主要有家永三郎的《初期国粹主义的国体论》（收于《日本思想史诸问题》，斋藤书店1948年版），丸山真男的《陆羯南与国民主义》（载《中央公论》1947年第2期，后收于明治史料研究联络会编《从民权论到民族主义》，1957年）、《明治国家的思想》（岩波书店1949年版），前岛省三的《明治中期的民族主义》（收于上原专禄、西岗虎之助监修《日本历史讲座》第5卷，1952年），远山茂树的《日本的民族主义》（收于历史学研究会编《历史中的民族问题》，1951年），井上清的《日本民族主义的历史和传统》（载《思想》1952年第5期），盐田良平的《传统主义、日本主义、民族主义的系谱》（收于《近代日本文学讲座》第4卷，1952年），铃木安藏的《国粹主义与排外思想》（收于《近代日本文学讲座》第1卷，河出书房1952年版），大久保利谦的《陆羯南、三宅雪岭、德富苏峰》（载

《中央公论》1955年第11期），生松敬三的《明治二十年代的诸新思潮》（收于远山茂树等编《近代日本思想史》第2卷，1956年），松本三之介的《明治思想中的政治与人》（载《思想》1954年第12期），坂田吉雄编的《明治前半期的民族主义》（未来社1958年版）等。

这一时期，学者们对明治中期国粹主义的评价，大致有两种观点：其一以丸山真男为代表。这一派认为，明治二十年代的国粹主义主张具有反官僚国家主义、排击绅商、拥护自由民权等性格，其意识形态具有进步性。丸山真男还认为，三宅雪岭等的日本主义运动与德富苏峰的平民主义运动表面看起来似乎是对立的，但二者存在历史的共同性。二者是从两个不同的侧面对明治政府的极端欧化主义提出异议的，平民主义主张自下而上的欧化主义，而国粹主义则主张自下而上的日本主义，两者在本质上具有相同的性格。其二以前岛省三为代表。这种观点与第二次世界大战前以平野义太郎为代表的马克思主义讲座派的观点基本相同，认为国粹主义的本质基本上是反动的、保守的。前岛省三也不同意丸山真男将平民主义与国粹主义相提并论的论点，他认为德富苏峰在思想转向之前所倡导的平民主义具有自由主义的性格特点，而国粹主义则始终宣扬彰显国权，带有明显的国家官僚主义性质。

另外，20世纪50年代关于国粹派代表人物的研究，还有大久保利谦的《三宅雪岭》（收于向坂逸郎编《近代日本的思想家》，和光社1954年版）、荒正人编的《近代日本的良心》（光书房1959年版）等。

（2）20世纪60年代的研究成果主要有岩井忠雄的《国粹主义的成立》（载《日本研究》47，1960年）、鹿野政直的《国粹主义的资本主义之体制构想》（载《日本史研究》52，1961年）、村上阳一郎的《日本人的外化主义和国粹主义》（上智大学纪要1号，1969年6月）、色川大吉的《明治二十年代的文化史意义》（载岩波讲座《日本历史》17，近代4，岩波书店1961年版）、岩濑昌登的《明治二十年代的传统主义性格》（载《日本历史》1965年第6期）、鹤见俊辅的《民族主义的思想》（收于《现代日本思想大系》第12卷，筑摩书房1965年版）等。这一时期对国粹主义的研究主要以探讨现代化与传统文化之间的关系为基本出发点。此外，关于政教社国粹主义的论述也散见于上山春平的《日本的民族主义》（至诚堂1965年版），以及时事通讯社编《三代言论人集》第5卷（1963年）等著述中。

（3）20世纪70年代以后至今，日本学术界关于明治中期国粹主义的研究得到了进一步深化，主要成果有：本山幸彦的《国粹主义》（收于《日本思想史讲座6》，雄山阁1976年版），竹山护夫的《平民主义和国粹保存主义》（收于《日本历史大系》4，近代2，山川出版社1987年版），松本三之介的《平民主义、国粹主义、国民主义》（收于《明治思想史——从近代国家的创立到个体的觉醒》，新耀社1996年版），中野目徹的《政教社研究》（思文阁1993年版），佐藤能丸的《明治民族主义研究——政教社的成立及其周边》（芙蓉书房1998年版）、《立志的明治人》（芙蓉书房2005年版），广濑玲子的《国粹主义者的移民论、殖民论备忘录》（《参考书志研究》第52号）、《国粹主义者的国际认识和国家构想——以福本日南为中心》（芙蓉书房2004年版）等。其中，《政教社研究》对政教社成立的经纬、政教社同人之间的人脉关系、政教社同人的思想言论及社会活动等作了大量实证性的考察，该书史料翔实，为该领域的研究提供了不少有益的史料线索。佐藤能丸的《明治民族主义研究——政教社的成立及其周边》对政教社成立的经过、原委进行了详细说明，同时也把与政教社同人相关的社会事件、关联人物纳入考察的范围，通过政教社同人的社会活动来揭示明治中期国粹主义的真实面貌。

此外，有关国粹主义的论述还散见于其他一些著述中。主要有鹿野政直的《近代精神之路——关于民族主义》（花神社1977年版）、松本三之介的《明治思想中的传统与近代》（东京大学出版会1996年版）、高坂正显编的《明治文化史》（第4卷，思想言论）（原书房1980年版）、石田一良编的《思想史》（体系日本史丛书23，山川出版社1980年版）、历史学研究会编的《明治维新史研究讲座5》(平凡社1969年版)、大久保利谦历史著作集6《明治的思想与文化》(吉川弘文馆1988年版)、南博的《日本人论：从明治维新到现在》(邱娥雯译，广西师范大学出版社2007年版)、松本三之介的《国权与民权的变奏——日本明治精神结构》(李冬君译，东方出版社2005年版)、近代日本思想史研究会著《近代日本思想史》(第2卷)(李民、贾纯等译，商务印书馆1992年版)等。

论文方面最具代表性的有李向英的《政教社的对清认识——以杂志〈日本人〉为中心》(载《日本研究》18，《日本研究》出版会2005年3月)、藤田昌志的《志贺重昂、三宅雪岭的日本论、中国论》(三重大学国际交流中心纪要，第3号，2008年)、天沼香的《明治中期国粹主义者的移民观——政教社、杉辅重刚的移民论》(东海女子大学纪要第6号，1986年)等。

三 本书的研究方法及内容结构

(一) 研究方法的应用

本书以辩证唯物主义和历史唯物主义为指导思想，试图以科学的态度，站在客观的立场对明治中期的国粹主义性格作全面系统的考察和研究。本书将综合应用如下几种研究方法。

1. 历史形成论的研究方法

任何一种思潮的形成都源于时代的呼唤，因此，考察一种思潮的形成、发展，必先考察其思想萌生、发展的时代背景和社会状况，同时也唯有将其置于时代发展的潮流中，才能客观地把握其思想的脉动和本质。本书将首先应用历史形成论的研究方法，把国粹主义的形成、发展与整个日本近代历史的发展有机地结合起来，分析国粹主义思潮缘何兴起、国粹主义的思想主张在什么样的历史条件下发生了什么样的变化、最终的归宿如何，以期较为清晰地勾勒出国粹主义的全貌。

2. 结构主义的研究方法

结构主义是文化人类学的一种研究方法。结构主义通常把文化视为一个系统,并认为可以按照系统内各种成分之间的结构关系对文化加以分析,由此达到揭示某一文化构成的内在原理和其外在形态特征的目的。笔者认为,要客观深入地考察国粹主义思想体系,把握其本质,应用结构主义的研究方法似乎是颇为有效的一种方式。本书尝试应用结构主义的研究方法,通过对国粹主义的文化理论、经济理论、时论以及政论的分析,来探讨国粹主义思想的主要构成要素和其基本思想形态特征,从中揭示其与明治政府国家主义之间的同质性和异质性,进而揭示国粹主义的思想特质。

3. 实证主义的研究方法

研究历史离不开大量的史料支撑,本书的研究也只有立足于对史料、史实的考证,才能得出可以凭信的结论。本书将通过对政教社的机关杂志《日本人》(包括改刊以后的《亚细亚》)以及国粹主义者的个人著述、史料集等文献资料的分析,来考察国粹主义在文化、政治、经济、对外认识等方面的思想主张,把握国粹主义的本来面目。

(二)内容结构

国粹主义虽以反对欧化主义而起,实际上却是一股不可小觑的在野政治势力,抨击时弊、反对明治政府的藩阀专制是其言论活动的特色之一。因此,政教社的机关杂志《日本人》屡遭政府的停刊处罚,运行时断时续,坎坷不断。从《日本人》创刊到与陆羯南的《日本》报合二为一,《日本人》大致经历了三个不同的发展阶段,而国粹主义的言论活动也随之呈现出明显的阶段性变化的特征。"第一次《日本人》"时期,是政教社同人对其国粹主义思想主张阐述最为集中和全面的时期,这一时期可谓政教社国粹主义的最盛期。《亚细亚》及"第二次《日本人》"时期,国粹主义的言论活动由内政批判转向了对国际问题的关注,其言论活动的焦点集中在对亚洲问题的探讨方面，开始鼓吹向亚洲的膨胀和扩张。"第三次《日本人》"时期，是国粹主义的"退潮"-期。经由甲午战争，日本的国内情况以及国际地位发生了很大的改观，以"保存国粹"、"国粹彰显"为主旨的国粹主义思想主张已经不能适应新的时代发展潮流，在日本大国化意识急剧膨胀的时代背景下，高山樗牛的"大日本主义"取代了国粹主义，成为明治三十年代日本思想界的一面"旗帜"。

根据上述国粹主义的发展脉络，本书将分五章展开具体的分析论述。

第一章，国粹主义思潮的兴起。本章主要考察和论述国粹主义兴起的社会历史背景和原因、政教社成立的过程、国粹主义的思想基础等。

第二章，国粹主义的思想理论。国粹主义既有较强的文化民族主义的性格特征，同时也具有浓厚的政治色彩。国粹主义者们一方面宣扬国粹保存、国粹彰显，从文明观、文化论的角度对西洋文明优越的绝对性提出质疑，主张要在维护民族文化主体性的基础上吸收西方文化，以达成"日本式的开化"；另一方面，他们也关注时下的各种社会问题，对日本国家的发展方向、发展模式提出了不少建言和主张，体现出明治知识分子特有的关心国家命运、以国家大事为己任的时代特征。本章主要从国粹主义的文化理论、政治主张、经济构想等几个方面，对"第一次《日本人》"时期政教社成员的思想主张展开考察和论述，以期揭示国粹主义在形成之初的出发点、立足点以及其与明治政府的国家主义之间的同质性和异质性。

第三章，国粹主义的发展。政教社成立初期，国粹主义言论活动的焦点主要集中在内政批判方面，但是，随着国内、国际形势的变化，也由于明治政府严厉的舆论弹压，国粹主义者逐步将言论活动的焦点由内政批判转向了对国际问题的探讨。以《亚细亚》的创刊为契机，国粹主义者开始把日本海外殖民的问题提上了议事日程，重点讨究日本如何在亚洲伸张势力，如何扩大日本帝国的版图。此时国粹主义思想中所内含的国权主义倾向已进一步凸显，国粹主义思想中的"合理内核被窒息，正题异化为悖论",国粹主义不仅成了日本民族优越论的鼓吹者,也成了"征亚主义"、"侵亚主义"的急先锋。本章主要考察《亚细亚》及"第二次《日本人》"时期国粹主义的言论活动特征。

第四章,国粹主义的退潮。甲午战争以后,日本在东亚的地位发生了逆转,从"俎上待宰之羔羊"一变而坐上了"庖丁、料理人"的座席,日本从此开始跻身于西方帝国主义的阵营。甲午战争以后,日本人的国家意识急剧膨胀,在举国一致的体制之下,加快了扩军备战的军国主义步伐。在这样的时代潮流中,国粹主义的退潮成为必然。本章主要考察甲午战争后,具体而言即"第三次《日本人》"时期政教社的言论活动特点,阐述国粹主义退潮的经过。

终章,主要阐述国粹主义的性格特质及其历史意义,并尝试从日本民族文化性格的角度来分析日本近代民族主义从起初帝国主义的对立面最终走向帝国主义的内在必然性。

四 相关概念的界定

(一) 国粹与国粹主义

所谓"国粹"即指一国所固有的精神或者物质方面的长处、优点。通常认为日语中的"国粹"一词来源于英语"Nationality",是志贺重昂在《〈日本人〉怀抱旨主义之告白》一文中所创造的一个"和制汉语"。[①] 志贺重昂在该文中说:"大和民族发达孕育成了一种特殊的国粹(Nationality)","我辈所怀抱之大主义就在于将日本之国粹作为精神,作为骨髓,而后临机选择进退去就"。[②] 这里,志贺重昂所说的"国粹",是一个精神层面的概念,意指日本人的"国民性"或"国民精神"。而所谓的"国粹主义"则

[①]《日本国語大辞典》第1卷,小学館2006年版,第1980頁。
[②] 志賀重昂:《〈日本人〉が懐抱する処の旨義を告白す》,《日本人》明治二十一年四月十八日第2号。

指的是一种行动原理或准则。概括而言，即在引进西方文明、推进日本近代化建设的过程中，要以日本的"国粹"为"骨髓"、为核心，以符合日本人的"国民性"为标准，来决定对西方文化的取舍选择。

"国粹"、"国粹主义"的说法皆起始于明治中期（大约19世纪80年代后半期）三宅雪岭、志贺重昂等人创办的政教社机关杂志《日本人》。政教社同人所言的"国粹主义"在当时也称为"日本主义"。政教社倡导的国粹主义虽然是以欧化主义的对立面出现的，但本质上并不是排外性的文化保守主义，也不是神国主义。然而，随着时间的推移和时代的发展，国粹与国粹主义的内涵发生了很大的改变。中日甲午战争以后，高山樗牛主张的"日本主义"已经转变成了一种"视日本国的存立为人的道德规范"的国家主义的意识形态。[①] 而大正八年（1919）结成的大日本国粹会，更是一个全国性的专门鼓吹皇国主义、神国主义的右翼组织和思想团体，国粹主义也与极端民族主义、超国家主义画上了等号。

在日本近代思想史上，"国粹"以及"国粹主义"的内涵在不同的时代、不同的言说者那里皆有差异。如今谈及国粹主义，人们大多倾向于将其解释为保守主义、极端民族主义、狭隘民族主义、国家主义等。如《日本国语大辞典》中将"国粹主义"解释为"将本国的传统要素视为最优秀者而加以强调的排外的、具有右翼性质的、保守的立场"。[②]《和英词典》中将"国粹主义"界定为"ultranationalism"，即极端民族主义、狭隘民族主义。《大日本百科事典》的解释是："国粹主义是民族主义的一种形态，与极端的超国家主义意思相同。"[③]《世界大百科事典》中的解释为："日本近代与欧化乃至欧化主义对立，主张维持发扬国粹，即日本国民固有长处的思潮，也称日本主义。随着时间推移，其内涵有所变迁，但强调奉戴

---

① 《日本思想史辞典》，山川出版社2009年版，第331页。
② 《日本国语大辞典》第1卷，小学馆2006年版，第1980页。
③ 《大日本百科事典》，ジャポニカ—9、小学馆1980年版，第55页。

'万世一系'之天皇的日本国家体制的优秀性与永久性的国体论,始终是其核心"。①与上述各种词典里的解释相比,日本学者鹿野政直的解释比较客观,他将日本近代史上出现过的国粹主义作了广义与狭义的区分。在《国史大辞典》中他给出的解释是:"国粹主义是近代民族主义的一种形态,是强烈呼吁拥护传统价值的思想和运动。广义的国粹主义是指贯穿整个近代日本,尤其是从大正末期到太平洋战争日本战败这段时间内支配日本、具有排外性质的国家主义,又叫做日本主义、超国家主义。狭义的国粹主义则是专指明治中期政教社集团所代表的思想和活动。"②笔者认为鹿野政直的解释比较符合历史的真实,本书对日本的国粹主义基本上也持同样的理解。③

(二)民族与民族国家

通常认为"民族"一词由英文的 nation 翻译而来,但是对于"什么是民族",人们的理解却千差万别,不同领域、不同立场、不同目的的人对"民族"都有不同的看法和解释,可以说"民族"是一个歧义颇多而又具有

---

① 《世界大百科事典·10》,平凡社 2007 年版,第 198 页。
② 鹿野政直:《国史大辞典》第 5 卷,吉川弘文馆 1985 年版,第 661 页。转引自戴宇《志贺重昂国粹主义思想研究》,吉林教育出版社 2009 年版,第 21 页。
③ 汉语中的"国粹"一词"舶之于日本"。中国在甲午中日战争以后,受日本国粹主义思潮的刺激和影响,也出现了"保存国粹"的声音,并形成了一个较大的学术思想派别"晚清国粹派"。据郑师渠先生考证,1901 年 9 月梁启超在《中国史叙论》中首次使用了"国粹"一词:"中国民族固守国粹之性质,欲强使改用耶稣纪年,终属空言耳。"晚清国粹派虽然从日本输入了"国粹"一词,但在使用上中日之间却存在明显的差异。日本政教社同人主要是在"民族性"、"国民精神"的层面上来谈论其国粹,关心的是日本民族的独立和"日本式的开化",而不是日本古学的复兴。相比之下,晚清国粹派则更多地将国粹等同于"国学"、"国故",试图通过对国学的学术研究来达到弘扬中华国粹的目的。国粹主义即是以"研究国学,保存国粹"为宗旨的一种社会思潮,学术意义远远大于其政治意义。参见郑师渠《晚清国粹派》,北京师范大学出版社 1997 年版,第 1—2 页。

丰富内涵的开放性的概念。总体归纳起来看，从二元层次对"民族"进行概念界定是比较多见的，这也是人们普遍认同的做法。即从人类学、文化学的角度，"民族"可以界定为"在历史上形成的一个具有共同语言、共同地域、共同经济生活以及表现于共同文化上的共同心理素质的稳定的共同体"①。而从社会学、政治学的角度，"民族"又可理解为与国家紧密相关的一种政治组织，即客观存在的、实体的或者是一种"想象的政治共同体"②。也有学者将前者视为文化民族，将后者视为政治民族。③

"民族"一词之所以有如此多的歧义，是因为"nation"的含义"经历了一个从生物学人种学再到社会学、政治学演变的历史过程"。④ nation 来自拉丁文 natio、nationis，原本意思为种类、种族、人群，⑤ "指具有同一出生地的居民团体，亦即拥有某一特定地理区域的人类集团"⑥。随着人类历史的演进，尤其是随着西方基督教共同体的崩溃，nation 逐渐被赋予了更多"领土"的或"政治"的含义。近代以降，人们更多地在 nation-state（民族国家）的层面上来使用 nation（民族）一词，"在实际上和理论上，这种民族模式非民族本身，趋向于成为国家政治表现的专一形式"⑦。即"民族国家"成了"民族"的最具普遍性的一种模式，或者说是"民族获得了国家

---

① 《斯大林全集》第 2 卷，人民出版社 1953 年版，第 294 页。
② 本尼迪克特·安德森：《想象的共同体：民族主义的起源与散布》，吴叡人译，上海人民出版社 2005 年版。
③ 参见王缉思《民族和民族主义》，《欧洲》1993 年第 5 期。
④ 王联：《关于民族和民族主义的理论》，《世界民族》1999 年第 1 期，第 5 页。
⑤ 参见吉尔·德拉诺瓦《民族与民族主义》，郑文彬等译，生活·读书·新知三联书店 2005 年版，第 4 页。
⑥ 王联：《关于民族和民族主义的理论》，《世界民族》1999 年第 1 期，第 2 页。
⑦ 吉尔·德拉诺瓦：《民族与民族主义》，郑文彬等译，生活·读书·新知三联书店 2005 年版，第 7 页。

的形态",成了"拥有主权的民族"。①

所谓"民族国家","最早是指出现于西欧的那种摆脱中世纪和教权控制过程中所诞生的现代主权国家——这一过程中,民族的形成与国家的创立齐头并进,并且基本具备了民族与国家同一的形态"。② 从严格意义上来讲,"民族国家"应当意味着"一个民族(ethnic-group)一个国家",即"由单一民族组成的国家"。但是,在现实的国际社会中,纯粹由单一民族建构起来的国家基本上是不存在的,现代"民族国家"本身就是建立在多个民族(种族或族群)相互融合基础之上的。就我国而言,中华民族属于现代意义上的"nation",而藏族、蒙古族、白族、苗族等少数民族则应该属于"ethnic-group"(族群)。

日本作为一个民族国家形成于近代。不少日本学者坚持认为日本是世界上唯一一个由单一民族(ethnic-group)组成的国家。如井上哲次郎在《教育敕语衍义》中说道:"日本民族自同一古代传说始即一以贯之,建国以来,居住于同一国土,拥有同一语言、习惯、风俗和历史等,过去也未曾被其他民族征服过——而成一大血族。"③ 丸山真男认为"在日本,自古以来就保持着民族的纯粹性,并没有所说的民族问题"。④ 绫部恒雄也认为:"世界上除了有如日本一样的单一民族国家以外,几乎不存在国家和民族的重叠现象。"⑤ 但事实是,日本所谓"具有纯粹血统的单一民族国家"的说法也只不过是一个神话。日本国家的民族构成相对来说比较单一,主要是

---

① 参见宁骚《民族与国家:民族关系与政策的国际比较》,北京大学出版社1995年版,第1页。

② 姜鹏:《民族主义与民族、民族国家:对欧洲现代民族主义的考察》,《欧洲》2000年第3期,第70页。

③ 转引自向卿《日本近代民族主义》,社会科学文献出版社2007年版,第9页。

④ 丸山真男:《日本政治思想史研究》,王中江译,三联书店2000年版,第300页。

⑤ 绫部恒雄:《民族、国家和民族性之概念》,《民族译丛》1987年第5期,第17页;转引自向卿《日本近代民族主义》,社会科学文献出版社2007年版,第23页。

大和民族，但是也存在阿伊努人（旧时生活在北海道的虾夷人）、琉球人（生活在琉球群岛即今冲绳县）这样的少数民族。在日本近代民族国家的形成过程中，对国内以及周边部落民族的强行同化一直是日本政府采取的策略和统治手段。本书主要在"民族国家"的层面上使用"民族"的概念。

（三）民族主义

同"民族"（nation）一样，"民族主义"（nationalism）也是一个学术界争论颇多而至今仍无定论的概念。《牛津现代高级英语词典》将民族主义解释为：①对本民族的强烈忠诚，爱国主义的情感、努力和原则。②争取政治经济等方面独立的运动。[①] 亚当库珀、杰西卡库珀主编的《社会科学百科全书》中，民族主义被定义为，一种确信每个民族都有权利和义务将本民族组成一个国家的信念。[②] 厄内斯特·盖尔纳则认为"民族主义首先是一条政治原则，它认为政治的和民族的单位应该是一致的"[③]。凡此种种，民族主义的定义可谓汗牛充栋。比较而言，美国学者卡尔顿·海斯关于民族主义的界说似乎被认为是较为全面的，因而拥有较高的认同度。海斯将民族主义归结为如下几点：①民族主义是一种历史进程，在此进程中建设民族国家。②"民族主义"一词意味着包含在实际的历史进程中的理论、原则或信念。③民族主义是某种将历史进程和政治理论结合在一起的特定的政治行动。④民族主义意味着对民族和民族国家的忠诚超越于其他任何对象，即民族主义是人们在历史上形成的对本民族的认同、归属、忠诚的

---

① *Oxford Advanced Learner's Dictionary of Current English*, Oxford, 1974 年，第 570 页。

② 亚当·库珀、杰西·卡库珀主编：《社会科学百科全书》，翁绍军等译，上海译文出版社 1989 年版，第 509 页。

③ 厄内斯特·盖尔纳：《民族与民族主义》，韩红译，中央编译出版社 2002 年版，第 1—5 页。

思想意识、实践活动和学说,是思想、学说和运动的统一。①

"民族主义"(nationalism)既然是一种历史进程,那么,在不同的国家、不同的历史时期,民族主义就会有不同的表现形式。正如美国历史学家汉斯·科恩所言:"民族主义在所有国家和整个历史时期是不一样的。它是一个历史现象而且取决于它所根植的不同地区的政治理念和社会结构。"②就东方国家的近代民族主义而言,中国的民族主义表现为抵抗西方势力入侵、争取民族国家独立的意识形态或政治运动,属于防御性的民族主义。而日本的民族主义则经历了由争取民族独立的防御性民族主义,向排外性、攻击性民族主义蜕变的过程,并最终走向了侵略主义和帝国主义。或者说,从日本的民族意识开始被唤醒的那一刻起,日本的民族主义就兼具了防御性和进攻性两种截然不同的性格特质。只不过日本民族主义起初迫切要解决的问题是如何摆脱西方列强的压迫,构建一个独立的民族国家,因而其形态更多表现出防御性特征,而其进攻性的一面则作为暗流在思想底层涌动。随着自身国力的日益充实和国际竞争力的逐步提升,日本民族主义进攻性的一面获得了伸展空间,最终膨胀为侵略主义。

民族主义的性质、内涵、表现形态是复杂多变的,正因如此,人们在使用"民族主义"这一概念的时候,往往还需加一些修饰词,才能更加准确地把握某一种"民族主义"究竟是一种什么样的民族主义。如从民族主义的性质分析,可以有健康的民族主义、极端排外的民族主义、狭隘民族主义、进攻性民族主义、防御性民族主义等;从民族主义的内容来看,可以分为文化民族主义、政治民族主义、经济民族主义、宗教民族主义等;就民族主义所涵盖的地域来论,民族主义又可以区分为国

---

① 参见王联《关于民族和民族主义的理论》,《世界民族》1999年第1期,第9页。
② 转引自王联《关于民族和民族主义的理论》,《世界民族》1999年第1期,第7页。

内民族主义（指某个民族国家内部各民族之间的民族主义），国家民族主义（指民族国家之间的民族主义，即通过国家形式来表现的民族主义）以及由于共同的宗教、种族或文化而形成的跨国界、泛地区的民族主义，如泛伊斯兰教主义、泛突厥主义等。① 不过，"民族主义"无论作何种分类，有一点是非常明确的，那就是"民族主义"都有明确的对外意识，也就是说，一个敌对的"他者"的存在是"民族主义"产生的前提。"就民族主义者而言，如果不与'他者'相联系，就不存在'我们'，不存在集体认同。而且只有对'他者'的贬抑才可以带来团体内的积极的自我想象。"②

（四）国家主义与国民主义

"nationalism"既可以译为"民族主义"，也可以译为"国家主义"、"国民主义"。"民族主义"强调的是对本民族的认同、归属和忠诚，强调民族精神的张扬和民族自尊的维护。"国家主义"强调的是国家本位和国家利益至上。"国民主义"则强调人民对于国家的主权，主张"国家并非君王、贵族的所有物，国家是由国民构成的"。③

从民族国家的层面上来讲，"国家主义"与"民族主义"在本质上是相同的。如19世纪末20世纪初在中国出现的国家主义思潮④就是这样一种旨在唤起国人的民族意识、国家意识，以此达到团结全国人民、实现民族振

---

① 参见李兴《论国家民族主义概念》，《北京大学学报》（哲学社会科学版）1995年第4期，第74页。
② 潘亚玲：《爱国主义与民族主义辨析》，《欧洲研究》2006年第4期，第90页。
③ 《日本思想史辞典》，山川出版社2009年版，第334页。
④ 19世纪末20世纪初在中国形成的国家主义思潮代表人物有曾琦、李璜、左舜生、陈启天、余家菊等人，这些人被称为"国家主义派"。后来"国家主义"成为中国青年党的指导思想。过去我国学界对这一思潮关注度并不高，对其评价一直以来也存有争议。但它是民族主义思潮中一个有特色的流派，却是人们普遍认同的。参见吴小龙《"国家主义"理论评析》，《中国青年政治学院学报》2004年第3期。

兴、抵御外来压迫的民族主义思潮。关于什么是国家主义，当时的"国家主义派"代表人物曾琦说："国家主义者何？在一定领土以内，其国民团结一致，以内求本国之进步，外御异族之侵凌者也。""国家主义派"的另一代表人物李璜则给"国家主义"下了四条定义："国家主义乃是对于其所属的国家而特有的一定的志愿"；"国家主义乃是被压迫的国性的政治上的要求"；"国家主义乃是疾视一切所有不以国家的旧信仰为根本的学说"；"国家主义乃是反乎国际主义而言"。① 这里，尽管国家主义本质上等同于民族主义，但在近代中国人的心理感受方面却遭遇了极大的认同障碍。对于处在连年军阀混战、集国内阶级矛盾与民族矛盾于一身的近代中国而言，人们更愿意使用"民族主义"一词。这是因为在民众的心里，中华民族代表着历史、文化、光荣和尊严，而"国家"以及政府则往往是一些贪官污吏欺压民众的暴力工具，是民众痛恨并且想要推翻的。②

由此可以看出，尽管"民族主义"与"国家主义"在本质上是相同的，但二者在表现形态或者人们的理解方面依然存在一些微妙的差异。笔者以为，"民族主义"更多关注外部"他者"的存在，而"国家主义"则更多侧重于国家内部的政治统一，"它意味着种族、社群、家庭、占有制等一切社会关系都必须置于国家体制的约束和钳制之下，政治也被理解为某个群体有权决定国家政务的集体主义目标"。③

就日本近代历史而言，"民族主义"的形成、发展、演变与日本民族国家的形成发展同步，"民族主义"与"国家主义"从本质上也是相通的。不过，在明治时期，以明治政府为代表的官方民族主义与由民间自发形成的

---

① 少年中国学会丛书《国家主义论文集》第2卷，中华书局1929年版；转引自吴小龙《"国家主义"理论评析》，《中国青年政治学院学报》2004年第3期，第41页。

② 参见吴小龙《"国家主义"理论评析》，《中国青年政治学院学报》2004年第3期，第43页。

③ 郭洪纪：《资本主义化时期的国家主义及其变异》，《海南大学学报》（社会科学版）1997年第2期，第34页。

民族主义，尽管最终的目标指向和政治诉求是一致的，即富国强兵、建立一个独立强大的民族国家，但是，在为达到目标而采用的手段上存在分歧。前者强调国家利益至高无上，并"将政府视为国家的最大主体"，要求人们无条件服从，是一种无视国民存在的民族主义。后者反对明治政府的独断专行，强调国民的政治参与，但在对外意识方面又比政府表现得更为强硬。像政教社国粹主义，其思想及理论的主旨就是要发扬国民团结的精神，在国际社会为日本的民族文化争取和拓展生存的空间，进而伸张国权。鉴于二者在形态上的差异，笔者在本书中将前者称为"国家主义"，后者称为"民族主义"。当然，在中日甲午战争以后，日本民间的民族主义与明治政府的国家主义逐步实现了合流，进而演变出超国家主义——法西斯主义。

在日本，nationalism 在使用和理解方面存在差异。丸山真男认为，nationalism 一般被译为民族主义，但是民族主义只适合下列一些情形，即在别的一个国家本土上作为少数民族而存在，或者被沦为殖民地的民族要求独立，或者分属于数个国家的民族要求形成一个国家等。日本并不存在类似的民族问题。日本的 nationalism 既是对外的问题，也是对内的问题。另外，"民族主义"一词屡屡作为个人主义的反义词使用，所以用民族主义来表述 nationalism 不够恰当。所以，丸山真男把 nationalism 称为国民主义。[①] 鉴于民族主义一词的歧义性，现在日本学界多倾向于直接使用 nationalism 的音译词ナショナリズム。值得一提的是，在明治二十年代前后，"民族主义"这一概念在日本思想界尚未普及，即便作为一种政治用语，使用频率也很低。[②] 明治时代的知识分子对 nationalism 的翻译多倾向于"国权主义"、"国家主义"，此外还有"国体主义"。[③]

---

① 丸山真男：《日本政治思想史研究》，王中江译，三联书店2000年版，第300页。
② 中野目徹：《政教社の研究》，思文閣1993年版，第151页。
③ 参见向卿《日本近代民族主义》，社会科学文献出版社2007年版，第13页。

本书中涉及的陆羯南倡导的"国民主义"来源于 nationality 的翻译，指的是"国民精神"、"国民性"，而非 nationalism 所包含的强调国民主权的"国民主义"。陆羯南的"国民主义"与政教社的"国粹主义"是完全同质的思想理念。

第 一 章

国粹主义思潮的兴起

1868年的明治维新拉开了日本近代化建设的序幕。为了应对西势东渐带来的民族危机,实现"富国强兵"、"与万国对峙"的目标,日本政府以欧美国家为榜样,在政治、经济、军事、文化、教育等各个领域大力移植西方文明,采取了一系列"自上而下"的近代化改革措施。从明治维新伊始到明治十年代末,可以说是文明开化成为日本社会主旋律、欧化主义大肆泛滥的时期。但是,后进民族对西方文明的学习"不可能始终保持这种单向选择的态势,到一定阶段,它必然要转向双向的交织,即表现为文化主体对主客文化的重新审视和在往返对比中的多元选择"。[①] 明治二十年代初,国粹主义便作为对欧化主义的反拨登上了历史的舞台。

本章主要分析阐述国粹主义兴起的背景原因、国粹主义思想团体政教社成立的经纬、概况,以及国粹主义的思想基础。

◇◇第一节 国粹主义兴起的历史背景和机缘

一 明治二十年前后日本社会思潮的变动

国粹主义在明治二十年代初出现并非曲高和寡,而是有着深厚而又广泛的社会基础。正因如此,国粹主义才有可能一经提出便成为一股社会思

[①] 郑师渠:《晚清国粹派》,北京师范大学出版社1997年版,第31页。

潮，在当时的日本思想界、文化界产生重要影响。明治二十年前后日本社会思潮的变动从大的方向来看主要表现在两个方面，其一是出现了回归传统文化的新动向；其二是民族主义情绪的高涨。

（一）回归传统文化的新动向

明治政府成立伊始就在被视为"国是"的《五条誓文》中明确了要"破旧有之陋习"，"求知识于世界"，向西方国家学习，建设一个能"与万国对峙"的近代民族国家的构想。以明治维新为开端，日本政府在政治、经济、军事、教育、文化等各个领域大力移植西方文明，并自上而下地展开了大规模的"文明开化"运动，将移植西洋生活风俗、改变日本传统文化中的陋习当做攀登西方文明的阶梯、达到与文明诸国对等地位的重要手段。

明治时代的前二十年，可以说是欧化主义极端盛行的时期，用日本民俗学家柳田国男的话来讲，即"欧美文明打破了日本长期处于休眠状态下的风俗"，"旧弊一词成了最令人难堪的话语，人们对新时代的期待充满着燃烧的激情"。① 在"文明开化"风潮的影响下，人们津津乐道于"移欧花，食欧果"，从物质层面到精神文化领域，日本人的生活无不受欧美文化的浸染。但是到了明治二十年代前后，人们对欧美新文化的好奇之心和热情开始逐步减退，社会上出现了回归文化传统的新动向。② 明治时代的文学

---

① 柳田国男：《明治文化史・風俗》（第13卷），原书房1979年版，第4頁。
② 向传统文化的复归最早开始于美术绘画领域。1873年在维也纳举行的万国博览会上，日本展出的工艺美术品出人意料地受到欧洲艺术家们的热捧。受此鼓舞，日本美术界开始酝酿传统日本画的复兴。1879年，由一部分保守派艺术家、政府官僚发起成立了以展示和振兴日本古典美术为宗旨的半官方美术团体龙池会，1887年该会更名为日本美术协会。值得一提的是，在日本传统美术的复兴方面，美国人费诺罗萨发挥了重要的影响作用。费诺罗萨毕业于哈佛大学哲学系，1878年来东京大学任教。在与日本文化接触的过程中，费诺罗萨发现了日本艺术的美。他认为"日本美术远比时下低劣的西方美术优越"，主张"日本人应当重视自己的民族特性，恢复古老的民族传统，然后再考虑吸取西方美术可能对日本有用的东西"。费诺罗萨的主张在当时许多知识分子中间引起了强烈的反响，吸引了一批像冈仓天心这样爱好日本传统文化的青年投身到"国粹"保存的运动中来。志贺重昂、三宅雪岭等人成立政教社，倡导国粹主义，与费诺罗萨的影响也有一定的关系。参见赵德宇《日本近现代文化史》，世界知识出版社2010年版，第182页。

家岛崎藤村在回顾明治二十年在明治学院学习时的情景时谈道:"回想我在明治学院学习的时代,当时兴起的学问以及艺术的复活真可谓惊人。自己正处于由少年期向青年期成长过渡的阶段,受到了各种各样的刺激。以前被尘封起来的本国的古典变成了文学全书、歌学全书之类的丛书,开始每月出版,我的文学志向即是在这样的时代中确立起来的。德川时代的文学,尤其是元禄时代的文学被人们从各处堆积已久的尘埃中发掘出来也是这个时候的事情。近松的净瑠璃集出版,西鹤的著作被翻刻,芭蕉及其蕉门其他诗人留下来的笔迹渐渐引来了人们关注的目光,凡此种种,仅就这些古典的发现给予我们这些青年的刺激就不小。"[1] 岛崎藤村的记述可以说真实地再现了明治二十年代初堪称日本式"文艺复兴"的文化新动向。

在社会上出现回归传统文化新动向的同时,政府内部也出现了回归传统的复古主义倾向,主要表现为儒教思想的复活。明治初年,为了适应"文明开化"和近代民族国家建构的需要,明治政府对引进西方国家先进的资产阶级思想采取了开明和鼓励的态度,一批具有洋学知识和欧美留学经验的知识分子翻译出版了大量欧美著作,将欧美"天赋人权论"、"社会契约论"等宣传资产阶级平等、自由、民主的理念学说介绍到了日本。启蒙思想家在引进欧美新思想的同时,对旧有的封建意识形态尤其是儒教思想展开了无情的批判。其中对儒教主义批判最为激烈的是被誉为"日本的伏尔泰"、"日本国民导师"的启蒙思想家、教育家福泽谕吉。福泽谕吉从倡导人民的精神独立和追求实学的角度出发,对儒教思想中的伦理纲常、大义名分和所谓的"家国意识"、泛道德主义等做了深刻的批判,他认为:"自数千百年的古代以来,中日两国的学者们都极力提倡上下贵贱名分之说,归根到底,无非是想把别人的灵魂移入我的身上,垂涎道来,谆谆于此,直到末世的今日,其影响所及,已经渐见显著,成为以大制小、以强

---

[1] 島崎藤村:《私が文学に志した頃》,《島崎藤村全集》第14卷,第381頁。引自高坂正顯編《明治文化史》第4卷《思想言論》,原書房1980年版,第189頁。

凌弱之风。"① 他指出，"生在今天的世界而甘受古人的支配"，"造成了社会的停滞不前"，是"儒学的罪过"。② 在福泽谕吉等启蒙思想家那里，儒学思想成了扼杀人们精神独立、形成专制统治的罪恶根源，因而冲破儒家思想的束缚，成了确立近代国民独立自由之精神的必要前提。但是，随着自由民权运动的高涨，日本政府逐渐丧失了当初开明化的政治立场。为了应对自由民权运动的挑战，日本政府开始重拾儒学，试图用儒家思想中忠孝仁义的伦理道德来加强对国民的思想统治。因此，自由民权运动的兴起成了促使儒教思想在统治阶层内部复活的重要契机。

早在1879年，明治天皇的侍讲元田永孚就以天皇的名义起草了"教学大旨"，对"时局的混乱"提出了批评。他认为，人们"只注重知识才艺，热衷于文明开化这种最次要的事情，品德恶化，风俗紊乱。究其原因，是在维新初期，打破了过去无聊的习俗之后，不复仅仅埋头于日汉之学，而是根据在广阔的世界范围之内搜求知识这种卓见，暂时地吸收了西洋的优点，其结果虽然收到日新月异的成果，但随之而来的却是把仁义忠孝这种重大事情当做次之又次之，一味倾倒于西洋，从而普遍地酿成了弊害"。③ 即元田永孚把自由民权运动视为风俗紊乱、民众品德恶化的表现，并且将原因归咎于政府的文明开化政策，认为政府过分地仰赖西洋文明，而忽略了用仁义忠孝来醇化国民的道德。按他的话来讲，即"轻视仁义忠孝，唯知竞效洋风"。④ 元田提出"道德之学要以孔子为主"，其他"各科之学"可以根据个人能力任其自学。也就是说要把儒教作为国教复兴起来，以仁义忠孝之道为精神基础，而把"洋学"的吸收只限于"才艺之学"的范围

---

① 福泽谕吉：《劝学篇》，商务印书馆1984年版，第47页。
② 福泽谕吉：《文明论概略》，商务印书馆1997年版，第149页。
③ 近代日本思想史研究会著：《近代日本思想史》第1卷，商务印书馆1992年版，第123页。
④ 信夫清三郎：《日本政治史》第3卷，吕万和等译，上海译文出版社1988年版，第84页。

之内。① 元田永孚要把儒教定为国教的主张在当时遭到了伊藤博文等开明派官僚的反对。但是他编写的《幼学纲要》却在1882年12月由天皇颁赐给了前来觐见的地方长官。天皇同时还下达敕谕，指出"道德彝伦乃教育之主体，欧美各国虽亦有修身之学，然用之于本邦则尚未得其要"。"方今学科多端，本末倒置者亦不少。少年就学最应以忠孝为本，仁义为先。"② 天皇成了元田永孚儒教复活主义的"救星"。由于获得了天皇的支持，元田的儒教复活主义有了实施的可能性。但是，他的儒教复活思想只不过是纯粹的复古主义，"作为适应新时代的儒教思想是很粗糙的"。③ 儒教思想的真正复活还有待于西村茂树"混合儒教主义"的创出。

西村茂树是启蒙思想团体"明六社"的成员之一。明治初年，他与福泽谕吉、森有礼、西周、加藤弘之等一道积极宣传西方自由、平等的理念，但是他对于道德问题一直抱有强烈的关心，对于明治维新以来社会上出现的道德混乱现象有着强烈的危机意识。1876年，西村茂树带着"克服在明治维新这一历史大转换过程中出现的社会秩序崩坏、价值分裂现象的使命"④ 创立了"东京修身学社"，开始致力于以"草根运动"的形式来推进日本国民道德的建设。1884年，"东京修身学社"更名为"日本讲道会"，1887年，又改称"日本弘道会"。在此期间，西村茂树出版了《日本道德论》一书，为在新形势下复活儒教主义做了充足的思想论证。

在《日本道德论》中，西村茂树指出："天下论说道德的教虽有很多，但总体来看，不外乎两种，一为世教，二为世外教。中国的儒道、欧洲的哲学皆为世教，印度的佛教、西方的耶稣教皆为世外教。""世教以道理为

---

① 近代日本思想史研究会：《近代日本思想史》第1卷，商务印书馆1992年版，第124页。

② 信夫清三郎：《日本政治史》第3卷，吕万和等译，上海译文出版社1988年版，第118页。

③ 同上。

④ 下程勇吉：《日本の近代化と人間形成》，法律文化社1984年版，第130页。

主，世外教以信仰为主。""王政维新之初，旧物一洗，尽皆改换其面目，缘此，自古以来士人所尊奉的作为道德之标准的儒道也遭废弃。……遂使日本中等以上人士①失去了道德之根本。与封建时代相比，人心失去了凝聚力，民众的道德出现了渐次颓废的征兆。"②西村认为，"要想挽救民心的颓废，治理风俗的崩坏"，必须使用"药剂"。而这种"药剂"，既不在法律、物理化学、天文算数，也不在美术、小说、剧场，而在于"道德之学"。③西村主张日本的道德之教，应舍弃世外教，利用世教，具体而言就是儒教。儒教"以父子、君臣、夫妇、长幼、朋友五伦为主眼，从致知、格物起，一直到诚意、正心、修身、齐家、治国、平天下止，关于现世事物，儒道可以说网罗了天下所有教法"，更重要的是，儒教中的"忠孝之教可以维护万世一系之天位，正君臣之名分，美化国民风俗，是其他诸教所不能比拟的"。④但是，西村也意识到，儒教也存在一些反近代科学精神的消极因素，如强调尊卑上下的身份差别，男尊女卑的封建意识浓厚，厚古而薄今，不利于培养人们的进取心等。"唯以儒教作为本邦道德之基础"已经落后于时代，是不现实、不恰当的，因此，他主张"以儒道为本邦道德的基础"，再从西洋哲学乃至佛教、基督教中抽取精粹的东西，建立一种适合于当时日本新形势的新道德，即"混合儒教主义"。

西村茂树的"混合儒教主义""是以绝对主义政权对内对外的强化为最高

---

① 西村将"教"与人的等级联系起来考虑。他认为，西洋各国是用世外教来收揽中等以下阶层的人心，用世教（哲学）来开发中等以上阶层的人智。中国自古以来将世教（儒教）作为上下共同遵守的道德之教。在日本佛教是上下各个阶层共同信仰的宗教，而儒教则是上等阶层尊奉的道德之教。参见西村茂樹《日本道德論》，日本弘道会编《西村茂樹全集》第一卷，思文閣2004年版，第103—104頁。

② 西村茂樹：《日本道德論》，日本弘道会编《西村茂樹全集》第一卷，思文閣2004年版，第103—104頁。

③ 同上书，第111頁。

④ 同上书，第116頁。

原则，根据'取长补短'的逻辑，配合西洋的'所长'而制定出来的"，[1] 因此，对于急于强化天皇制绝对主义的明治政府官僚而言无疑是一剂很不错的"药方"。当时的文部大臣森有礼对它"表示非常赞成，认为经过文部省审定之后，可以用作中等以上学校的教科书"。[2] 这样，明治维新之初一度遭到猛烈批判的儒学思想经西村茂树的"改良"，又改头换面重新回到了"天皇制正统思想的万神庙"中，并占据了"更广阔的席位"。[3] 西村茂树虽然与政教社并无多大关系，但是他的"混合儒教主义"所揭示的本土文化对外来文化的改造与吸纳、传统思想与现代思想的融合，却与政教社的国粹主义文化主张颇为相似，因此也有学者将西村茂树视为"国粹主义的先驱"。[4]

明治二十年前后日本社会出现的回归传统文化的新动向，一方面说明经过近20年的近代化建设，民众的民族自觉意识开始萌生，有了回归传统文化的情感需求和与西方文明相抗衡的心理冲动；另一方面也说明日本政府在以自上而下的方式推进近代化的过程中，也注意到了传统文化的可利用价值，而这些毋庸置疑为国粹主义思潮的形成准备了必要的社会基础。

(二) 民族主义情绪的高涨

"在近代国家的形成期，从某种意义而言，想要找出一个不是民族主义者的人，是很困难的。"[5] 日本的开国是在欧美列强的武力胁迫之下被迫做出的选择，日本之所以走上学习西方文明的近代化之路，也是迫于外压的

---

[1] 近代日本思想史研究会：《近代日本思想史》第1卷，商务印书馆1992年版，第128页。

[2] 同上。

[3] 同上。

[4] 崔世广编：《日本现代化过程中的文化变迁与文化建设研究》，河北人民出版社2009年版，第21页。

[5] 鹿野政直：《日本人の自伝·5—德富猪一郎、三宅雪嶺》，平凡社1982年版，第399页。

结果。因此，日本的近代化既是形成近代民族国家的一个过程，同时也是摆脱西方压迫、谋求民族独立解放的过程，而民族主义则是推动这一历史进程的主要力量。换句话说，即幕末"前期性的民族主义"推动了日本近代民族国家的形成，反过来近代"民族国家的建构又催生了新的民族主义"。① 民族主义贯穿着日本近代化建设过程乃至日本近代史始终。

实际上，自从明治维新拉开了日本近代民族国家建构的序幕以来，日本思想界就一直存在着"开化"和"反开化"两种势力的较量。明治十年代，在政府的主导之下，文明开化成了思想界的主流，欧化主义也成了一股压倒性的强劲的社会风潮，但是固守传统、反对文明开化的文化保守主义势力依然存在，极端排外的民族主义始终在暗流涌动。如佛教本愿寺派的僧侣佐田介石，长期以来一直以反对文明开化而著称。他多次上书政府，激烈抨击移植欧美文明的各项举措。在给明治政府的上书《建议条目宗旨书》中，佐田列举明治政府的各项新政，逐一进行批驳。如在"学问"一条中，他认为洋学知识对于日本社会毫无益处，对政府花费巨资派遣华族、士族出国考察持强烈的反对态度。在"断发"一条中，他认为洋人的断发和日本人的"结发"皆是"顺乎毛发自然之状态"，因而反对日本人"断发"。他还认为鞠躬礼仪与传统礼仪不符，"无礼至极"，等等。② 佐田强调："日本有日本固有的开化，西洋有西洋固有的开化。非我日本固有之物，则难于开化。"③ 他反对一味追随欧美的欧化主义，还在全国各地讲演、结社，进行抵制舶来品的宣传。由他提议设立的抵制舶来品的结社东起关东，西至中国、四国，遍布全国各地，诸如东京的观光社，长野县的忧国社、报国社，越后高田的富国社，岐阜县的济急社，大阪的保国社等，追随者不在少数。除了佐田介石之外，还有地方上的一些"爱国志士"，他们也以拒

---

① 戴宇：《志贺重昂国粹主义思想研究》，吉林教育出版社2009年版，第24页。
② 林屋辰三郎：《文明開化の研究》，岩波書店1979年版，第535—537页。
③ 同上书，第533页。

绝使用西欧舶来品的方式来对抗政府的"开国"和文明开化政策。比如，1882年石川县下加贺国金泽地方的一部分爱国者结成爱国社，坚决拒绝使用外国的进口产品。而在长野县更级郡的網掛村，村民不仅达成协议拒绝使用煤油灯、打洋伞、戴帽子，还把村公所里为了办公而购置的椅子卖给了别的村。滋贺县的长滨也出现了类似的结社，并采取了把使用外国进口货的村民驱逐出村的极端做法。① 不过，明治时代的前20年，极端民族主义或文化保守主义者的言论在社会上并未产生太大的影响，总体来看，赞成政府的文明开化、追随欧化主义者依然占社会的主流。但是，到了明治十年代末二十年代初，情况出现了很大的改观，民族主义从过去的暗流涌动转化成了显在化的思想潮流，并开始以各种各样的形态影响着日本社会的舆情及日本人的民族心态。

导致明治十年末民族主义情绪蔓延高涨的一个重要原因是不平等条约的修改问题。要想成为一个真正的近代民族国家，实现"与万国对峙"，拥有主权独立是必要的前提。因此，修改幕末"开国"时期与西方国家签订的一系列不平等条约，恢复日本的主权独立，不仅成了困扰日本政府的一个棘手的外交难题，同时也成了极易影响国内舆情波动的敏感的政治课题。

明治政府修改不平等条约②始于1871年年底岩仓具视考察团的赴欧考

---

① 柳田国男：《明治文化史13·風俗》，原書房1978年版，第135页。
② 1854年3月，慑于美国强大的军事压力，幕府与美国在神奈川缔结了日本近代史上的第一个不平等条约——《日美和亲条约》（也称《神奈川条约》）。继《日美和亲条约》之后，幕府又相继与英国、俄国、荷兰等国签订了类似的和亲条约。1857年6月，在美国的再次施压之下，日美签订了《日美修好通商条约》。此后，幕府又与英、俄、荷、法等国分别签订了内容大致相同的《修好通商条约》，史称"安政五国条约"。明治新政府成立之时，为了谋求与资本主义世界的友好通商，当然更重要的原因是为了避免招致西方列强对日本国内政权更迭的干预，将德川幕府与西方各国签订的不平等条约毫无保留地全部继承了下来。不仅如此，在1868年9月，戊辰战争进行之中，明治政府又与瑞典、西班牙、德国签订了类似的"友好通商条约"。这里所说的不平等条约指的就是幕末开国时期德川幕府与欧美各国相继签订的一系列"和亲条约"、"通商条约"以及在戊辰战争期间明治政府与瑞典、西班牙、德国等国签订的条约。

察。考察团赴欧的目的原本一方面是为修改条约做前期的调查准备工作，另一方面负责实地考察欧美各国的政治制度、法律法规，探讨将欧美制度移植到日本的可行性和移植的方法。明治政府起初并没有明确赋予岩仓考察团进行修改条约交涉的任务，这是因为维新官僚自觉地意识到在国内制度、法律尚不健全的情况下，修改条约的愿望必然很难实现，在进行条约修正交涉以前，应先致力于国内体制的充实和完善。但是，考察团一行来到美国以后，临时改变了计划，决定就条约修正问题先与美国展开谈判，并试图一举达成改约的目的。结果美国不仅拒绝了日本修改条约的要求，而且又提出了让日本政府允许外国船只自由进入未开港等要求。与英国等欧洲国家的条约交涉，情形也大致相同。赴欧考察团修改条约的谈判最终以失败而告终。

1876年，为了增加关税收入，充实财政基础，使殖产兴业政策得以顺利推进，外务卿寺岛宗则主要就恢复关税自主权的问题与欧美各国重新进行交涉。寺岛宗则采取与欧美缔约国各个谈判的方式，首先与美国进行了交涉。交涉初步取得了成效，日美之间就关税自主权的恢复、日本出口税的废除以及日本独占日本沿海贸易权等问题达成了协议，但前提条件是日本必须与其他国家也缔结同等的条约。结果由于英国的强烈反对，协议没能奏效，寺岛的条约修正也以失败而告终。而就在寺岛宗则还在为恢复关税自主权与欧美各国极力进行交涉周旋的时候，1879年发生了英国商人违反条约规定偷偷将鸦片贩卖到日本的事件。同年11月，又发生了德国商船以治外法权为理由拒绝接受日本政府的边防检疫，强行入港的事件。两次事件，均由于领事裁判权的设定，日本无法维护自己的国家权益。于是，日本国内反对政府的软弱外交、要求夺回裁判权的呼声高涨，寺岛不得不辞去外务卿的职务。[①] 寺岛宗则修改不平等条约所引发的舆论反响表明明治

---

① 坂本多加雄：《明治国家の建設》，中央公論社1999年版，第306—307頁。

十年代日本民间新的民族主义情绪已经开始抬头，其发展已经开始影响到了政府高层的决策。

寺岛宗则辞职后，由井上馨出任外务卿，继续就不平等条约的修改问题与欧美各国交涉。由于国内外局势的变化，井上馨一改寺岛宗则的做法，将优先恢复税权调整为优先恢复国家司法主权。这一方面是由于日本国内民族主义情绪的高涨，另一方面也因为国际上欧美列强加紧了对亚洲的蚕食，列强在东亚的帝国主义活动加剧了日本的危机感。① 井上馨曾在他的有关修改条约建议书中强调，"欧美各国大肆扩张殖民政策，竞相插手东洋"，"此时我国仍不能摆脱过去被束缚之地位，则于国家将来之兴衰，其关系绝非浅显"。② 可见这种危机感一方面来自于对自身国家独立的担忧，另一方面也源于对日本尚没有能力参加国际竞争和殖民地角逐的焦虑。井上认为，为了应付正在进入帝国主义时代的国际局势，修改条约必须先倾注全力收回最损害独立国权利的领事裁判权。但是，井上馨同时也意识到在日本国力尚没有强大到足以与欧美列强对峙的情形下，要想完全恢复日本的主权独立是非常困难的。因此，他主张采取互让的态度，相应地给予对方某些利益。关于这一点，井上馨在1880年3月给太政大臣三条实美的文书中有明确的表述："若想取消治外法权，必不能无相应利益之酬。利益平分然后条约始成，我方要求愈大，对方的欲望也会随之增加，我方如今欲部分取消治外法权或恢复部分税权，则不得不拿利益来与之交换。若不给予对方

---

① 进入19世纪80年代以后，西方列强进一步加强了对亚洲的蚕食。如1883—1884年，法国发动中法战争，开始了对中国的进一步侵略，1883年法国将越南变成它的保护国，1884年进一步吞并越南，并将越南、老挝、柬埔寨三国联合组成法属印度支那联邦。1885年，英国占领缅甸北部以及朝鲜海峡的巨文岛，1886年进而合并缅甸，缅甸成了英属殖民地。1885年，德国占领南洋群岛，1886年，俄国占领永兴湾。而泰国则沦为英法两国共同的殖民地。

② 井上馨：《有关修改条约的大日本外交文书》第2卷，转引自信夫清三郎《日本外交史》，商务印书馆1980年版，第214页。

任何利益让予，独我利益全占，则我修改条约之目的恐难达成。故于今之计，除以利益让予取我所需之外，馨再不知还有其他方略。"① 井上馨正是本着这种"互让交换"的精神来进行条约交涉的。

井上馨一方面展开鹿鸣馆外交，推行取悦西洋人的极端欧化政策，一方面持续进行修改条约的交涉谈判。到1887年4月底，经过约一年时间26个回合的艰难谈判，终于就条约修正达成了一致意见。最终日本以开放内地（内地杂居）、允许外国人内地自由通商为条件获得了欧美各国关于部分废除领事裁判权和确立关税自主权的许可。② 但是井上馨的条约修改草案却遭到了政府内部一部分阁僚的强烈反对。如农商大臣谷干城指责条约修正案是"为外国人制定的恰当的法律规则，以此来讨外国人的欢心"，③ 并愤然辞去了农商大臣的职务，退出了伊藤内阁。来自法国的司法顾问波阿索纳德也对井上馨的修正议案提出了批评。明治二十年六月，波阿索纳德向明治政府提出了意见书，强调在领事裁判权继续存在的情况下，任用外国法官对日本极为不利，向各国通报法律内容的规定也损害了日本的主权，指出新缔结的条约实质上要比旧条约更具不平等性，并警告日本政府，民众一旦知晓条约修正案的内容，极有可能引发社会骚动，进而引起与外国

---

① 富田仁：《鹿鳴館：擬西洋化の世界》，白水社1988年版，第69页。
② 井上馨的条约修正议案的主要内容大致包括：（1）自本条约批准交换两年内日本向外国人开放全国内地；（2）日本国臣民享有的一切权利以及特权，外国人均可享有；（3）日本政府要遵循泰西之主义，建立司法组织及制定刑法、治罪法、民法、商法、诉讼法等；（4）上述各项法律自条约批准交换之日起两年之内颁布；（5）自日本全国内地开放之日三年之内，外国人只在东京、横滨、神户、大阪、长崎、新潟及函馆享有领事裁判权；（6）日本政府任用外国籍的法官、检察官；（7）在审理日本人与外国人诉讼案件的法院，要任命数名外国法官，审判的手续以及地方法院、检察院、最高法院的所在地要有明文规定。从这些条款来看，西方各国虽然在治外法权上做了让步，但是本质上日本对欧美从属的地位并无太大的改变。尤其是开放内地以及在政府内部任用外国法官、检察官的条款，依然侵害了日本的主权独立。参见富田仁《鹿鳴館：擬西洋化の世界》，白水社1988年版，第82—83页。
③ 同上书，第84页。

的纠纷。波阿索纳德的意见书很快被作为秘密出版物流传开来，于是社会舆论一片哗然，反对井上馨不平等条约修正案的呼声高涨了起来。

井上馨的不平等条约修改草案之所以在社会上引起如此强烈的反响，与1886年发生的"诺曼顿号事件"也有着直接的关联。1886年10月24日，搭载了24名日本乘客的英国轮船诺曼顿号在从横滨驶向神户的途中，在纪伊半岛南端遭遇海上风暴而沉没。按照船舶章程规定，遇难时应该首先营救乘客，但船长及船上的乘务人员（英国人）却乘救生艇先自行逃脱，导致20多名日本乘客全部遇难。这一事件的发生极大地刺激了日本人的民族主义情绪，公众舆论一致要求以杀人罪惩处船长。但是在领事裁判权的庇护下，船长最终只受到了监禁3个月的处罚，对死难者也没有做任何经济赔偿。审判结果令日本舆论大为激愤，有人立刻将此事件谱写成《诺曼顿号沉没之歌》，剧场也把遇难事件编成戏剧来上演。

"诺曼顿号事件"的发生、屈辱的条约修正草案，再加上民众对当时日本政府展开的"鹿鸣馆外交"的反感，所有的因素汇聚在一起，使井上馨不平等条约的修正遭遇了强大的舆论攻势。在朝野上下一片反对声中，日本政府只好宣布修改条约无限期延期，而井上馨也不得不在同年9月辞去外务大臣的职务。这样，以日本政府修改不平等条约为契机，日本民间的民族主义情绪终于高涨了起来，而国粹主义正是这种民族主义思潮中的重要一翼。

二 国粹主义兴起的历史机缘

一种思潮的形成不是突如其来的，它往往是在特定的历史背景条件下、在多种因素的相互作用之下形成的。明治二十年代国粹主义思潮的形成无疑也有着复杂的原因。首先就促成其登场的主要诱因或者说直接契机而言，国粹主义的兴起可以说是对"鹿鸣馆时代"极端欧化主义风潮的反拨。

"鹿鸣馆时代"的出现直接缘起于井上馨修改不平等条约的外交活动。井上馨又名井上闻多,长州藩人,幕末时期曾是一名攘夷志士,后受长州藩主派遣秘密前往英国学习海军军事技术,在此期间目睹了英国的发达和强盛,由攘夷论者变成了开国论者。在萨长两藩联合倒幕、实现王政复古的过程中,井上馨脱颖而出,进入了中央政府机构。1871年,他被任命为大藏大辅,后又出任长崎外国事务局判事,负责处理外交问题。1876年,井上受政府的差遣,赴欧洲进行为期3年的研究,负责调查欧洲各国政府理财的方法、关税以及银行的各种货币兑换等与金融贸易相关的事宜。在欧洲游历3年,井上一家受到了欧洲文化的熏陶,尤其是他的夫人武子,频繁出入于香榭丽舍大街的高级服装店、珠宝店,享受着欧洲上流社会贵妇人的生活情趣。欧洲生活的经历应该说对井上其后的外交风格产生了很大的影响。1878年,井上回国,第二年,寺岛宗则因修改条约失败辞职,井上馨开始登上了日本的外交舞台。

井上馨是一个开国论者,也是一个醉心于欧美文化的欧化主义者。他认为,要想修改不平等条约,与外国对等交际,必须先使外国人承认日本也是一个文明国家,因此,日本不仅要在制度、法律方面向欧美看齐,日本人的生活习俗、社交礼仪也要彻底欧化,按他自己的名言,即"把我国化为欧式的帝国吧,把我国人民化为欧式人民吧!在东方的前门创造出欧式帝国吧!惟其如此,我帝国才能在条约上与西洋各国跻于同等地位。我帝国只有如此才能达到独立,只有如此才能达到富强"。[①] 鹿鸣馆的诞生正是井上馨以欧化主义来谋求不平等条约的修正,希图与欧美各国平起平坐的外交策略的产物。

明治初年,伴随着国家近代化建设步伐的加快,日本与欧美各国的交往也渐渐频繁起来。考虑到外交以及修改条约的需要,井上馨建议应该尽

[①] 《世外井上公传》,引自近代日本思想史研究会著《近代日本思想史》第2卷,商务印书馆1992年版,第5页。

早修建一处专门接待外国来宾以及为在日外国人提供交谊场所的建筑。从1880年开始规划、聘请外国设计师、动工，到1883年，耗时3年，耗费18万日元的巨额资金，这座大型的欧式建筑终于竣工。日本政府将其命名为鹿鸣馆。鹿鸣馆的名称取自《诗经·鹿鸣》："呦呦鹿鸣，食野之苹，我有嘉宾，鼓瑟吹笙"，意指"鹿鸣宴群臣嘉宾"，体现了鹿鸣馆国家级社交场所的旨趣。

鹿鸣馆坐落在东京市麹町区，占地约1450平方米，该馆楼上楼下有18个西式活动厅，设有西洋餐厅、舞厅、吸烟室等，设计充分迎合了欧美人的习惯和嗜好，是当时日本屈指可数的欧式建筑中的精品。鹿鸣馆建成以后，政府高官频频在那里举办交谊舞会、化装舞会，鹿鸣馆内几乎夜夜灯火辉煌，弥漫着西洋上流社会的社交气息。1884年，为庆祝天长节，井上馨夫妇在鹿鸣馆内主办了规模盛大的晚宴，皇族、华族、外国公使、在日外国工作人员以及政、财、学各界名流应邀出席的约有1800人。1885年5月，锅岛直大[①]夫妇在鹿鸣馆内也举办了晚宴，当时的官报《时事新报》评论道："舞会盛况如置身人间极乐之乡，让在座的每一个人都感受到了文明的恩泽。文明社会之交际，踏舞会实在是不可或缺之物。"[②] 由此可见，在政府以及一部分媒体（主要是官报）眼中，"踏舞会"成了文明社会的象征。

在政府高官举办的"踏舞会"中，最为有名的是1887年4月20日伊藤博文夫妇在首相官邸举办的化装舞会。据《时事新报》报道："朝野内外显贵绅士及其女眷，应邀参加者有400人之多。其装扮千差万别，奇异至极，为使人大吃一惊、博得满堂喝彩，每个人都费了不少心思。踏舞会恰如内外古今人物齐聚一堂，召开品评会一般，刚出现一位貌似天仙的美人，瞬间却又跳出一员降鬼猛将。既有扛着锄头的农夫，又有卖花的贫家女。既

---

① 锅岛直大：佐贺藩出身，1880年出任驻意大利特命全权公使，1882年回国，历任元老院议官、官中顾问、贵族院议员。

② 富田仁：《鹿鳴館：擬西洋化の世界》，白水社1988年版，第169頁。

有绯衣阔袖的大僧正,又有身着熨斗目①的大名。"② 伊藤夫妇扮演的是威尼斯贵族,东京府知事高崎扮演武藏坊弁庆③,外务大臣井上馨着素袍戴鸟帽,扮演江户艺人,内务大臣山县有朋扮演倒幕战争中的奇兵队队长。政府高官、学界名流齐聚一堂,奇装异服,东西合璧,上演了一出滑稽的闹剧。这次化装舞会按照内田鲁庵的说法,实在是"开天辟地未曾有过的热闹场面","这一夜间的狂欢,羡煞、笑杀、惊杀、恼杀了整个首都"。④

鹿鸣馆的踏舞会从一开始就引起了社会舆论的关注,尤其是伊藤博文在首相官邸举办的化装舞会,引起了社会舆论的强烈抨击。政府内部也出现了反对的声音。参议胜海舟甚至将之斥责为亡国之兆。胜海舟曾以《鹿鸣馆淫荡时代的二十条建议》为题上书伊藤博文,称"近来高官连日宴会舞会不断,太平无事、奢侈之风蔓延"。"舞踏会如此之盛行,终会成淫风之媒介。"⑤ 就连在日的外国人对此也提出了质疑。如当时出任司法省法律顾问的法国人波阿索纳德就批评道:"日本国如今对外受权利之屈辱,对内征收进步税,前途回复艰难,正处在黑暗哀痛之境,东京的政府却在大兴土木,以宴会赞颂太平,我相信,此时断非可以奢侈享受之时。"⑥ 但是,井上馨、伊藤博文等欧化派领导人却认为舞会是一种社交技巧,通过踏舞会既可以增进与西洋人的感情,也可以借此机会在西洋人面前展示日本的国民也和他们一样享受着文明的生活,表明日本和欧美国家一样也已经是文明的国家,再没有理由甘受不平等条约的屈辱。这样不平等条约的修正

---

① 熨斗目:江户时代流行的一种武士和服。
② 富田仁:《鹿鸣館:擬西洋化の世界》,白水社1988年版,第178页。
③ 弁庆:镰仓初期的僧人,号武藏坊。常以英雄豪杰的形象出现在能、歌舞伎、净琉璃等日本传统戏剧中。
④ 内田鲁庵:《想起的人们》,转引自信夫清三郎《日本外交史》,商务印书馆1980年版,第218页。
⑤ 富田仁:《鹿鸣館:擬西洋化の世界》,白水社1988年版,第181页。
⑥ 同上。

就可望在优雅的音乐、华丽的舞步中，在与欧美国家的"平等交际"中达成。因此，尽管舆论早已是一片哗然，但鹿鸣馆的"踏舞会"依然在举行。

　　为了达成修改条约的夙愿，明治政府除了大兴土木，修建欧式建筑，开展"鹿鸣馆外交"以外，还在文学、美术以及人们的日常生活等方面大力推行欧化主义的各种改良活动，以迎合欧美人的喜好。在"欧美同化论"思维方式的引导下，明治十八年（1885）开始，由政府支持相继成立了罗马字会、英吉利法律学校、法国学会、和仏（法国）法律学校、德意志学会等学术团体，这些学会致力于研究西洋的法律以及其他学术，对日本的学术界和教育界产生了很大的影响。明治十九年（1886），又由末松谦澄首倡，井上馨、依田学海、福地樱痴、森有礼等作为发起人，成立了演剧改良会，试图在歌舞伎这一纯粹"土生土长"的民间传统艺术形式中注入西欧文化的因素，使之变成皇族、贵族也能欣赏的"高雅艺术"。以此为开端，日本社会刮起了一股"改良主义"的旋风。对于这段时间社会上出现的欧化主义风潮，日本学者指原安山做了这样精彩的描述："那种一心一意只顾羡慕洋风以求交际的跳舞会于此时举行。出自奢华风流之余的妇人慈善会于此时举办。此外还有脱和入洋的罗马字会；舍风趣而取外观的演剧改良会；以古雅为迂腐而走向露骨感情的说书歌舞的矫风会；他如书法改良、言文一致、小说改良、音乐改良、唱歌改良、美术改良、衣食住改良之类，则贵贱上下翕然唯洋风是拟、西人是仿；其甚者竟至提倡改良人种论，欲以高加索人种改换大和民族。于是终于在宫廷之内也令改穿洋式服装，其礼法仪式也令模拟欧洲。此乃国家之所基，社会之所仰。其所作所为，不无缘故。而宴会之盛行，古今无过于此，彼处是总理大臣的宴会，此处是外务大臣的夜宴，早晨悠扬的歌声起于东京府知事之官邸，晚上铿锵的乐声响于陆军大臣之邸内。其中明治二十年四月二十日伊藤伯爵主办的化装跳舞会与二十七日井上伯爵在鸟居坂邸供天皇观览的演剧等是其最著者。有人或评论说：未到罗马盛时，而先学其弊。"①

以鹿鸣馆外交为表征的极端欧化主义风潮直接促成了"平民主义"与"国粹主义"两大思潮的登场。在政教社成立的前一年即1887年2月，德富苏峰创办了"民友社"，发行《国民之友》作为其机关杂志，开始提倡"平民主义"。"平民主义"站在平民的立场上，以反对政府贵族欧化主义为其舆论先导。如德富苏峰在其自传中所说："当时我的立场可以说是平民的激进主义。鹿鸣馆的踏舞，或只粉饰外来文明，特别是崇拜外国物质文明之类，我是非常讨厌的。我不认为外交的关键在于穿外国人的衣服，吃外国人的饭，跳外国人的舞，想外国人之所想，身体灵魂都外国化，否则就不能达到目的。因此，我在《国民之友》创刊号上，对贵族的欧化主义进行了批判。"② 德富苏峰激烈地批判了明治政府流于表面形式的、肤浅的、贵族式的欧化主义做派，但是他并非反对欧化主义本身。德富苏峰强调，西洋文明并非只有贵族才能享受的专利，每一个普通的平民都有权利沐浴到西洋文明的恩泽。他主张应该建立以自由、平等、和平为根本道德的"平民社会"，从社会内部更加彻底地贯彻欧化主义，实行"平民欧化主义"。而与德富苏峰的"平民主义"思想主张不同，"国粹主义"则反对近代化等于西欧化的全盘欧化主义，主张维护日本文化的独立性，强调要在尊重日本固有传统文化的基础上有选择地吸收西方文化。也就是说，国粹主义与平民主义虽然都起因于以鹿鸣馆外交为表征的欧化主义，但是二者的立场和思想主张却截然相反，前者体现的是传统主义与欧化主义的对峙，后者体现的则是平民欧化主义对贵族欧化主义的反抗。

其次，国粹主义的兴起也是受自由民权运动影响的结果。自由民权运动是明治十年代蓬勃发展起来的一场具有全国规模的民主政治运动。自由

---

① 转引自近代日本思想史研究会《近代日本思想史》第2卷，商务印书馆1992年版，第6页。

② 德富蘇峰：《蘇峰自伝》，中央公論社1935年版，第231页。

民权运动的兴起一方面缘起于明治政府加速度式的近代化改革所带来的各种社会矛盾,另一方面是在野的政治势力对明治政府的藩阀独裁统治进行的一次正面对抗,当然它也是"文明开化"、思想启蒙带来的必然结果。1874年1月,因"征韩论"而被迫下野的前参议板垣退助、后藤象二郎、副岛种臣、江藤新平等人组成了爱国公党,向政府提出了要求设立"民选议院"的建议书,猛烈抨击明治政府的"有司专制",由此点燃了自由民权运动的导火索。同年4月,板垣退助与片冈健吉、林有造、谷重喜等士族知识分子创立了立志社,明确主张以"天赋人权"为基础的民权主义。以立志社的成立为契机,全国各地陆续成立了许多以彰显民权主义为宗旨的政治团体,自由民权运动以燎原之势迅速扩展到了全国,参加者也由起初的不平士族扩展到了农民、工人等下层的普通民众,自由民权运动演变成了一场轰轰烈烈的具有全国规模的群众性政治运动。受1881年"明治十四年政变"的影响,自由民权运动曾一度陷入了低谷,但是,随着井上馨"鹿鸣馆外交"的展开,自由民权运动又再度兴起。1886年10月24日,以星亨、中江兆民、末广重恭等为发起人,民权派志士在东京浅草的井生村楼召开了全国志士恳亲大会,星亨在大会上总结了过去自由民权运动遭受挫折的经验教训,强调必须求大同存小异,团结起来,为未来开设国会做准备。因此,此次再度兴起的自由民权运动也被称为"大同团结运动"。"大同团结运动"随着井上馨修改条约的失败进一步蓬勃发展起来。民权"志士"们提出了"挽回外交失败、减轻地租、言论集会自由"三项要求,并在全国各地展开游说。1887年10月,后藤象二郎组织成立了"丁亥俱乐部",一度将运动推向了高潮。对于再度兴起的自由民权运动,明治政府依然采取了软硬兼施的应对策略,一方面拉拢分化自由民权运动的上层领导人,另一方面进一步加强了对言论集会的监督控制。1887年12月政府出台了《保安条例》,对各地的民权派志士进行严厉的镇压。政府出动警察逮捕了民权派骨干分子,并以"阴谋煽动内乱、妨碍治安"等罪名将星亨、中江兆民、片岗健吉、尾崎行雄等570名民权志士逐出了东京。① 这一事件在社会上引起了很大的震动。政府的言论弹压在不少知识分子中间引起了强烈的不满。三宅雪岭在《谈自己》一书中对成立政教社、倡导国粹主义的初衷这样讲道："一方面由于高官嬉戏于鹿鸣馆，丑声外漏，受到刺激。另一方面，政府执行保安条例，见枯芒而心惊，为其狼狈相所动，感到过于不成体统，以为必须对此有所表示。"② 在《明治思想小史》中，三宅也提道："明治二十一年的神武天皇祭日，出现了一份杂志（《日本人》），提倡国粹保存。旋即感到保存之名不甚妥当，遂改为显彰。然国粹保存之名早已在社会上广为流传，故照旧通用。这并非因为熟谙当时舆情，而是意在反抗政府的外柔内硬，认为国家的内政外交都必须考虑国家自身的立场。"③ 所谓"外柔"是指明治政府在修改不平等条约问题上的妥协退让和为了修改条约而采取的一味追随欧美的"鹿鸣馆式外交"，"内硬"则指的是政府对自由民权运动的镇压和言论统制。可见，国粹主义团体政教社的成立在很大程度上也是受到了自由民权运动的刺激和影响，④ 从某种角度而言，国

---

① 松本三之介、山室信一：《日本近代思想大系・11・言論とメデイア》，岩波書店1990年版，第445頁。

② 三宅雪嶺：《自伝／自分を語る》，日本図書センター1997年版，第103頁。

③ 三宅雪嶺：《明治思想小史》，鹿野政直《日本の名著》37，中央公論社1977年版，第413頁。

④ 至明治二十年代以前，民权运动一直都是对抗政府的主要政治势力。自由民权运动引发的关于国家、国民的政治论争在社会上产生的影响是广泛而又深远的。民权思想鼓舞了许多有思想、有志向的青年知识分子。在明治十年代度过少年时代的人们，大多或明或暗受到了民权思想的影响。像文学家北村透谷、岛崎藤村、二叶亭四迷、正冈子规、田冈岭云、景山英子、吉冈弥生等皆可称得上是民权少年、民权少女。倡导平民主义的德富苏峰也与民权思想家中江兆民、马场辰猪、田口卯吉、板垣退助等关系密切，后来自己还在家乡熊本开设了"民权私塾"大江义塾，积极宣传民权思想。作为国粹主义者的志贺重昂、三宅雪岭也曾旁听过"福岛事件"、"秩父事件"等的审理。作为在明治十年代所谓"政治的季节"中成长起来的青年知识分子，他们毫无疑问也是受到了自由民权思想洗礼的一代人。

粹主义的兴起也具有填补这一时期"首都东京政治空白"的意义①。而事实上，政教社成立以后，其言论活动也确实具有鲜明的反对明治政府藩阀专制的政治色彩，与大同团结运动在思想理念上存在一部分交集。

由上可知，国粹主义的兴起并不仅仅是对政府主导的欧化政策的反拨，它也是一场"在野的反政府运动，根植于对明治十年代的政治思维方式的怀疑和反省，具有提出新问题的意义"②。

"一种新思想、新观念的形成，绝不是单线的、平面的，它的思想动向是由多种趋势构成的一个复线的、立体的结构，即洛弗乔伊所说的'存在的大联系'。"③ 国粹主义的萌生以及国粹主义思潮的出现也是多种因素综合作用的结果。对国内政治状况的不满，对欧化主义风潮的反感，对屈辱外交的激愤，对日本民族独立的担忧，所有这些都是促成政教社国粹主义兴起的要因。总之，国粹主义的兴起并非一些知识分子在"发思古之幽情"，而是试图对日本国家的近代化建设给予"拨乱反正"。国粹主义是在日本近代民族国家的建构初具规模、日本社会在经历由传统向现代转型的过程中出现的一股社会思潮，它既是文化的，又是政治的。

◇◇ 第二节　政教社思想集团的形成

1888 年，三宅雪岭、志贺重昂、杉浦重刚、井上円了等人以国粹保存之名发起成立政教社，创办《日本人》为其机关杂志，开始倡导国粹主义。1889 年陆羯南创办《日本》报，提出"国民主义"。学术界一般把《日本

---

① 中野目徹：《政教社の研究》，思文閣出版 1993 年版，第 166 页。
② 松本三之介：《明治思想史》，新曜社 1996 年版，第 143 页。
③ 松本三之介：《国权与民权的变奏：日本明治精神结构》，李冬君译，东方出版社 2005 年版，第 6 页。

人》和《日本》的出现视为国粹主义在日本思想界的登场，同时也把《日本人》系和《日本》报系的同人合二为一，称为"政教社集团"。① 国粹主义并不是由特定的个人提出来的思想主张，而是作为思想言论集团的政教社同人共同拥有的思想理念。因此，有必要对政教社思想集团的形成及其概况有一个直观的了解。

一　政教社的成立与《日本人》的创刊

1888年4月3日，在神武天皇祭日的这一天，政教社的机关杂志《日本人》第一期问世。政教社同人邀请学界、教育界以及新闻界知名人士、社会名流在东京永田町的星冈茶寮举行了盛大的庆祝宴会。② 在庆祝宴会上，出任《日本人》主编的志贺重昂作了题为《〈日本人〉怀抱主义之告白》的演讲（该文作为社论刊登在《日本人》第2号上），第一次明确阐述了政教社要解决的思想课题，"我辈所怀抱之大旨意实在于将日本之国粹作为精神、作为骨髓，而后临机决定进退去就"，③ 并将国粹对应于"ナショ

---

① 佐藤能丸：《明治ナショナリズムの研究——政教社の成立とその周辺》，芙蓉書房1998年版，第12頁。

② 据《日本人》第2号《政教社的晚宴》一文记载，参加晚会的有：文部编辑局长伊泽修二、大日本教育会理事西村贞、文科大学教头外山正一、国民之友记者德富猪一郎、大内青峦居士代人佐治实念、丸善商社书店经理小柳津要人、《时事新报》记者渡边治、元老院议官、前东京大学总理、东京学士会院会长加藤弘之、《学生》报记者兼东京夜校干事理科学士吉冈哲太郎、官报局次长高桥健三、自由新闻记者高桥基一、《教育报》记者日下部三之介、东京电报记者陆实、理科大学教授矢田部良吉、《每日新闻》记者肥塚龙、《物价新报》记者木村清四郎、《改进报》记者枝元长辰等人（《政教社の祝宴》，《日本人》1888年4月18日第2号）。来宾的阵营一方面反映了政教社同人不一般的人脉关系及政教社作为一个青年精英知识分子结社的格调和定位，另一方面也说明政教社倡导的国粹主义主张在学术界和舆论界已经有了相当的认同基础。

③ 志贺重昂：《〈日本人〉が懷抱する处の旨義を告白す》，《日本人》1888年4月18日第2号。

ナリテイ"。这也是"国粹"、"国粹主义"作为词汇在日本的初次使用。4月3日是《日本人》的创刊日,一般也将其作为政教社正式成立的日子。①

政教社结成初期,同人共有13名,分别来自哲学馆(文科系)和东京英语学校(理科系)这两个学术教育机构。② 他们是哲学馆的加贺秀一、岛地默雷、辰巳小次郎、三宅雄二郎、杉江辅人、井上円了、棚桥一郎以及东京英语学校的今外三郎、菊池雄太郎、志贺重昂、松下丈吉、杉辅重刚、宫崎道正。③ 据日本学者佐藤能丸的考据,这两个学术团体的合流大致起因于《日本通鉴》的编纂。在政教社成立的前一年(1887年),杉浦与富士谷孝雄、辰巳小次郎、棚桥一郎等哲学馆成员从阐明日本历史的目的出发,一起筹划编辑《日本通鉴》,同年8月由井上圆了经营的哲学书院(出版社)出版刊行了第一卷。通过编纂《日本通鉴》,棚桥等人逐渐感到"日本帝国必须实行日本主义",这一想法很快在哲学馆同人中间达成了共识。并且大家意识到"如果不做点什么的话,这个社会的风气必定无法扭转",于是决定创办一份杂志。而杉浦重刚所在的东京英语学校这边也有同样的动向,菊池雄太郎、志贺重昂等人也正在准备筹划发行杂志。于是,在棚桥

---

① 日本学界一般把《日本人》的创刊日4月3日视为政教社成立的日子。但是当时日本报纸条例规定,发行报纸者,需提前两周经由发行地的管辖机构向内务省提出申请,据此推断,政教社的申请手续应该在3月20日之前就办理就绪了。据中野目徹的考据,当时负责报纸媒体审查的政府机关报《官报》上出现政教社和《日本人》的名字是在3月21日,因此,大概推断政教社在日本内务省的注册日期是明治二十一年三月二十一。参见中野目徹《政教社の研究》,思文阁1993年版,第113页。

② 哲学馆是东洋大学的前身,由井上円了于1887年创设。东京英语学校是现今日本学园的前身,由帝国大学的毕业生千头清臣、谷田部梅吉、松下丈吉、杉辅重刚等人创立于1885年,是为了帮助游学于东京、志愿报考官立学校的人设置的一所预备学校。

③ 按照《日本人》创刊号后面的署名,政教社同人有加贺秀一、岛地默雷、辰巳小次郎、三宅雄二郎、杉江辅人、井上円了、棚桥一郎、今外三郎、菊池雄太郎、志贺重昂、松下丈吉11名(《日本人》1888年4月3日第1号),但实际上杉辅重刚、宫崎道正也是政教社的重要组成人员。尤其是杉辅重刚,由于他在哲学馆和东京英语学校都颇有声望,因而在政教社成立的过程中发挥了重要的媒介作用。

的建议之下，由杉辅重刚出面斡旋，二者决定合流，共同成立政教社，创办杂志《日本人》。① 对此，三宅雪岭在《谈自己》一书中回忆道："明治二十一年，我与旧哲学馆的井上、辰巳、棚桥、加藤、岛地，旧东京英语学校的杉辅、宫崎、志贺、菊池、今、杉江诸氏商议，决定创办一份杂志，原计划在纪元节发行，因准备不充分，遂于神武天皇祭日发行了《日本人》第一号。……《日本人》的名称是由我自己选择的，发行所'政教社'的名称是由井上确定的。"② 政教社名称中"政教"二字的含义一说是取自于"政治和宗教"，一说是取自于"政治和教育"，③ 从目前的资料中尚无法作确切的考证。中野目彻认为，"政教"的"教"可作"教化"来理解，"政教"即政治与国民教化。④ 本书也认为，虽然"政教"多可以理解为政治和宗教，但是政教社的结成显然并非出于宗教目的，考虑到其提倡国粹主义是为了"以言论感化人心"，唤起日本人民对自家文化的热爱和对日本民族主体性的自觉认识，因此"教"似乎可以理解为"教化"，"政教"即政治与国民教化。

政教社的成立在某种程度上虽然具有"填补当时首都东京政治空白"的意义，但是政教社是一个"学士精英"的结社，其言论活动的目的和风格与自由民权运动家必定存在一些差异。如有山辉雄所说："政教社同人的

---

① 佐藤能丸：《明治ナショナリズムの研究——政教社の成立とその周辺》，芙蓉書房1998年版，第14—16頁。

② 三宅雪嶺：《自伝／自分を語る》，日本図書センター1997年版，第82頁。不过另据有山辉雄的考据，创办杂志《日本人》的计划是东京英语学校这边首先酝酿起来的。政教社的命名者是宫崎道正。有山輝雄：《雜誌〈日本人〉〈日本及日本人〉》の変遷：その言論と同人》，日本近代史料研究会編刊《雜誌〈日本人〉〈日本及日本人〉目次総覧I》，1977年，第12頁。

③ 有山輝雄：《雜誌〈日本人〉〈日本及日本人〉の変遷：その言論と同人》，日本近代史料研究会編刊《雜誌〈日本人〉〈日本及日本人〉目次総覧I》，1977年，第12頁。

④ 中野目徹：《政教社の研究》，思文閣1993年版，第114頁。

言论活动所依凭的'半世所得的学术',就是物理学、化学、哲学、农学等西洋最新的专业学问。而且他们是在正规的教育体系中完成专业学习的最早的一代人,与自学洋学或者在私人学校里接受不正规教育成长起来的自由民权政论家以及其他在野的政论家有着明确的区别。这种社会稀有价值的自觉使政教社同人形成了独自的使命感。"① 中野目彻也指出:"政教社同人有组织、有系统地学习过被视为政策科学的文学、农学,接受了成为政治精英的足够的预备训练",因而他们"具有对国家的连带意识","但是他们所学的专业又不是政治学、理财学等与统治直接相接的学问",所以,"他们既没有投向政府,也没有加入自由民权运动,而是选择了'第三条道路'"。②

在《日本人》的创刊辞中,政教社同人开宗明义阐明了其国粹主义的立场和《日本人》的言论活动宗旨。创刊辞写道:"当代之日本乃创业之日本,其经营之处尚错综繁杂,然眼前迫切需要解决的最重最大之问题,在于选择与日本人民之意匠及存在于日本国土之上的万般围外物相适应的宗教、教育、美术、政治、生产制度,以此来裁断日本人民现在未来之向背。呜呼,值此千载一遇之时机,以冷眼漠视国家之变,岂是日本男儿之本色。予辈虽为不肖,自不惴恐,然逢此势时,若默默袖手旁观,又不知半生所得之学术究竟有何用,予辈平素所读之书究竟为何物?抱有同感者遂相谋发行名为《日本人》的杂志,以此来发挥各自所怀之满腔抱负。寄语世上博爱之君子,哀怜予辈之微志,训诫予辈之不足,相互翼赞,以探寻这般大问题。"③ 即"发挥半生所学",施展各自抱负,探讨如何在保持日本民族主体性的前提下推进日本的国家建设,是政教社同人创刊《日本人》的目

---

① 有山辉雄:《雑誌〈日本人〉〈日本及日本人〉の変遷:その言論と同人》,日本近代史料研究会编刊《雑誌〈日本人〉〈日本及日本人〉目次総覧I》,第7—8页。
② 中野目彻:《政教社の研究》,思文閣1993年版,第103页。
③ 《日本人創刊の辞》,《日本人》1888年4月3日第1号。

的和宗旨，也是其倡导国粹主义的思想出发点和立足点。

在《为〈日本人〉的启程饯行》一文中，志贺重昂再次强调："尔《日本人》毕生怀抱的一大精神信仰乃建筑坚固的大日本国基。尔《日本人》平素经营之处，周旋之处，势力所及之处，热血浇灌之处，实在于此。……尔非过激极端主义者，过激、极端之言论、做法极有可能动摇、毁坏日本之国基。要言之，尔为改革者而非革命者，尔为修缮者而非颠覆者。革命者自身即蕴蓄着破坏之因素，以悉尽排击拆毁当代之事物为本领，故往往寻（国家）基础中最为孱弱之部分，颠覆之。而改革者非也。改革者见国基中最为孱弱之部分，只管去修缮之。"① 政教社同人给自己的定位是改革者、修缮者，而非革命者、颠覆者。由此可见，政教社倡言国粹保存，既不是出于学术探讨，也不是出于政治对立和权力争斗，而是欲以"智者"、"有识之士"的身份对国家建设的各个环节以及国家发展的方向提出建议和警告，纠正明治政府欧化主义近代化模式的弊端，让日本的"国基"更为牢固，使日本在国际竞争中立于不败之地。

二 政教社同人概况及其学术背景

为了对政教社的全貌有一个比较清晰的了解，下面我们对政教社同人各自的简历和学术背景作一些简略的介绍。

（1）加贺秀一：1865 年生，卒年不详。号央堂，岐阜县士族出身。1887 年毕业于帝国大学文科大学选科（哲学科），曾参与井上円了哲学馆的创立。1888 年进入学习院任教，历任学习院教授、学习院哲学科科长、陆军预科监督，其间曾在法制局短暂供职。

（2）今外三郎（1865—1892），号萝卜，弘前藩士族出身，1885 年 9 月

---

① 志贺重昂：《〈日本人〉の上途を餞す》，《日本人》明治二十一年（1888）四月三日第 1 号。

毕业于札幌农学校，农学士。毕业后，曾在长野县中学任教两年，后进入东京英语学校担任讲师。1889 年参与《日本》报的创刊，并曾担任会计。1891 年 5 月成为《东京朝日新闻》记者。

（3）岛地默雷（1838—1911），号缩堂、雨田，山口县人，净土真宗僧侣。明治维新初期曾建议政府设立教部省，并在木户孝允的授意下创办《新闻杂志》。1874 年与大内青峦一起创刊《报四丛谈》，致力于僧侣的教化。1894 年被授予劝学（净土宗及净土真宗本愿寺派中所授予的最高学阶），是明治前期一代杰出的僧侣，在佛教界享有很高的声望。①

（4）松下丈吉：1859 年生，卒年不详。福冈县久留米藩人，出身士族。1876 年 5 月入庆应义塾。1885 年与千头清臣等发起成立东京英语学校（1892 年改称日本中学校），自任教头。1890 年，与千头清臣、杉辅重刚、宫崎道正等设立东京文学院。1920 年以后任日本中学校协议员。

（5）辰巳小次郎：1859 年生，号尘卢，尾张藩人，士族出身。1881 年 7 月毕业于东京大学文学部哲学政治学科（文学士）。历任共立学舍、高等普通学校、日莲宗大坛林、哲学馆、京华中学校的讲师。在从事教育的同时，也活跃于东京政界，历任东京府会议员、浅草区区长、东京市参事会员等。

（6）三宅雄二郎（1860—1945），号石浦居士、雪岭，文学博士。加贺藩儒医之子。1883 年毕业于东京大学文学部哲学科。曾在东京大学和文部省短暂任职，1887 年以后作为终身在野的言论家活跃于新闻界。其间在东京专门学校（1902 年改称早稻田大学）、哲学馆、高等普通学校、郁文馆、

---

① 关于岛地默雷加入政教社的理由，一般认为是因为政教社成立之时，岛地出资 500 日元解决了政教社的保证金问题。依据当时日本政府颁发的《新闻纸条例》，创办政治性报纸、杂志等必须缴纳一定数额的保证金。而政教社同人大多是刚出校门的青年学士，并不具备这样的财力。所以由杉辅重刚出面游说，获得了岛地默雷的支持。参见中野目徹《政教社の研究》，思文閣 1993 年版，第 105 頁。

同人社等教育机构讲授哲学、地理、历史、明治史、汉学等。作为记者、哲人、史论家享有很高的声誉，1943年，获文部省授予的文化勋章。

（7）杉江辅人（1862—1905），号云外，广岛藩人，出身士族。1884年毕业于东京大学文学部政治理财学科，文学士。曾在宫城师范学校任一等教谕，后转入东京英语学校任教。1888年8月担任江东义塾《学》的编辑，另外还担任了振文社（创始人是后来加入政教社的同人长泽别天）《笔之力》的主笔。1903年以后任早稻田大学讲师。

（8）井上円了（1859—1919），号甫水，文学博士。新潟人，出生在三岛郡慈光寺（东本愿寺派）。1885年7月毕业于东京大学文学部哲学科。1887年成立哲学书院，创办了哲学馆，后辞去哲学馆大学校长等职到全国各地巡回，致力于在民众中破除迷信，普及哲学。

（9）棚桥一郎（1863—1942），号竹荘、竹窗，其父棚桥大作是岐阜县的汉学者、诗人，母亲洵子是著名的教育家，曾任东京高等女学校校长。棚桥1884年7月毕业于东京大学文学部和汉文学科。历任东京府寻常中学、同人社、成立学舍、东京英语学校、三田英语学校、哲学馆、东京文学院、东京商业学校教员。1889年10月在哲学馆内创立郁文馆，1898年又创设史学馆，为教育事业做出了贡献。1902年以后当选众议院议员。

（10）志贺重昂（1863—1927），号矧川，冈崎藩儒者之子。1884年毕业于札幌农学校，农学士。毕业后在长野县立长野中学任教。1887年因发表《南洋时事》而出名。东京英语学校的教员。在经营《日本人》的同时也担任《国会》记者。1894年结成中央政社，加强了其在政界的活动。1896年加入进步党，1897年出任松隈内阁的农商务省山林局长，1898年任隈板内阁的外务省敕任参事官。1900年加入政友会，1902年当选参议院议员。1904年以后脱离政界。1895年进入东京专门学校（早稻田大学的前身）担任地理学、西洋政治地理的讲师。一生著述颇丰，是著名的启蒙地理学家。

（11）杉辅重刚（1855—1924），号天台，近江膳所藩士之子。作为藩的贡进生①进入大学南校（东京大学前身）学习。1876年作为官费留学生留学英国。1881年，创刊《东洋学艺杂志》。1885年与宫崎道正、松下丈吉等创办东京英语学校。1886年成为《读卖新闻》记者，1888年7月，出任文部省参事官兼专门学务局次长。杉辅重刚是政教社系的"重镇"，同时也是《日本》报的有力支持者。1890年创立东京文学院，在第一次大选中当选众议院议员。1899年任皇典讲究所干事长，1902年任东亚同文书院院长，1910年任国学院大学学监。1914—1921年任东宫学问所御用负责人。

（12）宫崎道正（1852—1916），号三乐，越前大野藩士之子。作为藩的贡进生进入大学南校学习。1877年毕业于东京大学理学部化学科，理学士。1878年5月—1882年11月在札幌农学校讲授化学，其时菊池熊太郎、志贺重昂、今外三郎等正在该校学习。1883年就职于文部省专门学务局。1885年与杉辅重刚、松下丈吉、千头清臣等创办东京英语学校。1887年创立乾坤社，从事出版事业。1889年《日本》报创刊之际，宫崎出任会计监督。

（13）菊池熊太郎（1864—1908），号东巍，岩手县人，平民出身。1884年毕业于札幌农学校，农学士。曾在千叶县中学、福冈、京都等地任教，1887年到东京，曾在东京英语学校、东京文学院、东京普通学校等地

---

① 贡进生：指明治三年（1870）由政府提供奖学金、从各藩选拔出来到大学南校（东京大学前身）学习的官费生。明治三年七月二十七日明治政府发布太政官文告，大意是：大学南校聘请外国教师，旨在培育人才。兹令各藩在藩士之子中选拔16—20岁的才俊，在10月份之前前往南校学习。选拔的比例为，俸禄15万石以上者可选3人、5万石以上2人、5万石以下1人。依据该令，当年入大学南校的学生有300多人。明治四年七月，大学南校暂时关闭，贡进生制度废除，所有贡进生被要求退学。同年十月，大学南校再次运营，不过贡进生中只有一少部分优秀学生被选拔留在了南校。参见酒田正敏《近代日本における対外硬運動の研究》，東京大学出版会1978年版，第30頁。

方教授化学。1893年左右，离开教育界和言论界转入实业界。①

从上述政教社同人的简历中，我们不难发现如下一些共同特点：①除岛地默雷之外，同人大都出生于1860年前后，按照福泽谕吉的话来讲，即他们都是"恰如一身经二世，宛若一人分两身"②的"身经二世"的一代人，也就是说他们经历了新旧两种截然不同的教育环境，是集传统文化思想和近代实学知识于一身的青年知识分子。②除菊池熊太郎出身平民以外，他们几乎都出身于士族家庭或儒者、儒医、僧侣等，具有较高的汉学修养。③除岛地默雷、松下丈吉之外，同人均毕业于当时最高的官立学府东京大学和札幌农学校，是接受过正规西式教育的社会精英，也就是说他们本身都是欧化主义的受惠者。④同人基本上都有从事教育的经历，热心创办私人学会，对政治普遍抱有强烈的关心。

政教社同人都是在明治维新后接受正规教育成长起来的一代人，再进一步讲，他们是"接受过正则教育（由外国人用外国语授课的教育）并拥有'学士'头衔的社会稀有的人才资源"。③他们精通外语，具有西洋的学识素养。作为一个青年精英知识分子的结社，政教社的言论活动必然是基于理性主义、合理主义的价值判断，因而与佐田介石之流宣扬的极端排外和盲目自负的文化保守主义必定有着天壤之别。

---

① 佐藤能丸：《明治ナショナリズムの研究：——政教社の成立とその周辺》，芙蓉書房1998年版，第20—26頁。

② 福沢諭吉：《文明論之概略》（緒言），引自有山輝雄《雑誌〈日本人〉〈日本及日本人〉の変遷：その言論と同人》，日本近代史料研究会編刊《雑誌〈日本人〉〈日本及日本人〉目次総覧I》，1977年，第7頁。

③ 日本对于大学毕业生授予学士学位始于明治十二年。明治十年代，只有东京大学和札幌农校具有学士授予的资格。由此可以看出，政教社同人在当时的日本社会的确是稀有人才。

三 陆羯南与《日本》

陆羯南，又名陆实，生于1857年，弘前藩人，藩士家庭出身。1874年，陆羯南由东奥义塾退学进入宫城师范学校学习，1876年又从宫城师范学校中途退学，考入（东京）司法省法学校。1879年，陆羯南与原敬等人因卷入"贿骚动"事件[①]而被学校勒令退学。退学以后，陆羯南一度回到弘前，后在友人的帮助下，进入青森报社，成为一名记者。1880年，陆羯南退出青森报社，转而进入纹鳖（现在的伊达市）制糖所，从事法语技术书籍的翻译工作。1881年，陆羯南第二次到东京，在友人的引荐下，为当时的农商务省少辅品川弥二郎翻译法文书籍。1883年，陆羯南被录用为太政官御用掛，进入文书局，成了一名政府官吏。文书局除了承担政府机关报《官报》的发行以外，还负责分析民间舆论的动向，审查各种报纸、杂志及其他媒体出版物，同时还以收集官报资料为由向各府县派遣局里的工作人员，秘密探查政党及政治结社的状况，概括而言，文书局其实就是政府的一个用来进行言论管制的舆论监督机构。陆羯南在文书局的工作，除了负责《官报》的编辑以外，自然也要参与媒体出版物的审查。1885年，随着内阁制的实行，太政官文书局被撤除，改为在内阁里设置记录、会计、官报三局，陆羯南升任官报局的编辑课长。1888年3月16日，陆羯南退出了官报局，并在政教社成立后不久的4月9日，在杉辅重刚、高桥健三等乾坤社同人的帮助和支持下创办了《东京电报》。1889年2月11日，陆羯南停

[①] "贿骚动"事件：原本是因学生对伙食不满而引发的一次小小的骚动事件，但是由于宿舍管理人员对滋事的学生进行了严厉的纪律处分而使学生和学校的矛盾激化。学生们推举了谈判代表去司法省进行抗议，后来在司法卿大木乔任的劝说下事件得到了平息。但是受此事件牵连，参与抗议的原敬、陆羯南等人在第二年被学校以成绩不良为由勒令退学。参见有山辉雄《陆羯南》，吉川弘文馆2007年版，第40页。

办《东京电报》，在浅野长勋、杉辅重刚、福富孝季等乾坤社①成员的协助下创办了《日本》报。《日本》报的创刊和经营也得到了当时号称"不平将军"的贵族院议员、农商大臣谷干城的大力支持。谷干城不仅是《日本》报创刊时的资金保证人，在其后《日本》报的运营过程中，谷干城也是重要的资金后援，与陆羯南的关系非常密切。谷干城是当时政府内部反对井上馨不平等条约修改案的领军人物，因此《日本》报也成了反对政府不平等条约修改运动的大本营，扮演着参谋本部的重要角色。后来，谷干城与浅野长勋（贵族院议员）、三浦梧楼等另成立日本俱乐部，作为非政治团体，为国粹派、国权派以及其他有志青年聚集议论国事提供了一个平台。日本报社同人与该俱乐部渊源关系深厚，《日本》报几乎等于是日本俱乐部的机关报。②

《日本》报的同人主要有来自司法省法学校、与陆羯南一起由于"贿骚动"事件而受到退学处分的福本诚、国分高胤，以及曾任井上毅秘书的国有重章，此外还有柴四郎、杉辅重刚、宫崎道正、渡辺吉太郎、鸟居赫雄、正冈常规等。同人的简历大致如下。

（1）福本诚（1857—1921），号日南，福冈人，司法省法学校中退，东邦协会干事，九州日报社长兼主笔，中央义士会创始人。

（2）国分高胤（1857—1944），号青崖，宫城人，司法省法学校中退，《大东日报》记者，政教社系有名的汉诗人，大东文化学院教授，帝国艺术院会员，1938年任政教社社长。

（3）柴四郎（1852—1922），号东海散士，福岛人，曾就学于日新馆、

---

① 乾坤社：是明治十九年九、十月间，杉浦重刚、小村寿太郎等为了筹集资金、创办印刷所、发行报纸而发起成立的同盟组织，同盟会员共有18人。乾坤社经营的印刷所名为熊田活版所，也承担政教社的印刷任务。

② 鹿野政直：《ナショナリズムたちの肖像》，《日本の名著·37》，中央公論社1976年版，第14—15頁。

东奥义塾。西南战争时从军,曾留学于美国哈佛大学和宾夕法尼亚大学,参加过大同团结运动,《大阪每日新闻》主笔。第一次大隈内阁时出任农商务次官,第二次大隈内阁时任外务参政官。

(4) 渡辺吉太郎(1865—1912),号三山,熊本人,就学于庆应义塾,中途退学,《经世评论》主笔,1892年成为《日本》报的客员。1896年,任《大阪朝日新闻》主笔,《东京朝日新闻》主笔。

(5) 鸟居赫雄(1867—1928),号素川,熊本人。就学于独逸协会专门学校,中途退学。1890年,成为《日本》报记者,1897年任《大阪朝日新闻》记者。

(6) 正冈常规(1867—1902),号子规,爱媛人,就学于帝国大学文科大学,中途退学,1892年成为《日本》报记者,著名的俳人、歌人。

(7) 杉辅重刚、宫崎道正:参见政教社同人简介。①

与政教社同人的"学士集团"相比,《日本》报的同人除了柴四郎以外,都没有完成大学的学业。陆羯南、福本诚、国分高胤等是因为"贿骚动"事件被迫从司法省法学校中途退学的,其他成员退学的原因虽然不甚明确,但是从某种角度来看,他们应该是特立独行的一群人。从平均年龄来看,他们比政教社同人稍微年长一些,也同样是出生在明治维新前后,既受过传统文化的熏陶,也接受过新的西方式教育,是在明治维新这一时代的大动荡中成长起来的"身经二世"的一代人。从职业来看,政教社同人大多是从事教育的教师,而《日本》报同人几乎都是记者或者新闻媒体的从业人员。在当时的日本社会,从事教育或者进入新闻媒体作记者,是许多没能进入政府官僚机构的在野知识分子最普遍的选择,因此,《日本》报的同人和政教社同人一样,也都是当时社会的知识精英。他们之所以集

---

① 以上《日本》报同人的相关资料出自佐藤能丸的相关研究。佐藤能丸《明治ナショナリズムの研究——政教社の成立とその周辺》,芙蓉书房1998年版,第75—76页。

结在《日本》旗下，不外乎也是为了"施展各自平生的抱负"。

关于《日本》报创刊的目的和宗旨，陆羯南在创刊辞中做了如下的阐述："我辈所持立场出于自己所仰之大义，在此特意表明《日本》的旨趣，作为初刊之代序。不以德操勇气保持自家固有的特长，一味趋势媚俗，绝非自立之道。不论一个人还是一国民，倘若是具备自立之资者，则必定先要保持其毅然不受侵犯的固有特长。近来日本失掉了自家固有的特长，自己舍弃固有之事物已至极限，几近于举国上下皆欲归化于泰西，称之为日本的这块岛屿简直就是在地图上徒剩空名而已。有有识之士痛言时弊，企图阻止狂奔之大势，然此举亦只停留在阻止，尚没有奏将之引领回正路之功。日本国民正像是漂浮在旋涡之上，失去了根本。《日本》不揣浅陋，企盼能挽救日本于飘摇之中，稳固国基，首先以恢复并且发扬一度丧失掉的国民精神为己任。《日本》虽说以回复发扬国民精神为己任，然亦并非不知泰西文明之善美。（吾辈）重视其权利、自由、平等之说，敬其哲学道义之理，亦爱其某些风俗习惯，尤其歆慕其理学、经济、实业。然日本对泰西文明的采用，当不以慕泰西事物之名为是，而应看重有助于日本利益和幸福之实。故《日本》并非狭隘的攘夷论之再兴，而是要在博爱之间回复发扬国民之精神。"①

通过上述引文，我们不难看出《日本》报的创刊动机和旨趣主要在于反对政府极端欧化主义的立场，强调学习西方文明要以日本的利益为重，也就是说要在保持日本民族主体性的前提下有选择地吸收西方文明。这篇创刊辞的旨趣与《日本人》杂志几乎无有二致。关于"国民主义"，陆羯南在《日本文明进步的歧路》一文中解释道："我辈所使用的国民主义，指的是主张英语中所谓'ナショナリチー'的思想。原词迄今为止被译为国体、国情、国粹、国风等国语，然而这些国语各自都有固有的意义，不能明确

---

① 《創刊の辞》，《日本》明治二十二年二月十一日創刊号，鹿野政直《日本の名著·37》，中央公論社 1976 年版，第 231 頁。

地表达原词的意义。原本所谓的'ナショナリチー'是以国民为根本，包含相对于其他国民而言的独立特殊的性格，故暂且将之译为国民主义。"①可见，"国粹主义"、"国民主义"在本质上是完全相通的。对此，双方也都有过明确的表述。如陆羯南在《近时政论考》中把国粹论派、国民论派视为同一论派，②三宅雪岭在自传中也提到了陆羯南所办的报纸与《日本人》持同一主义。③而事实上，《日本人》与《日本》的言论活动也几乎是"一心同体"，保持了思想理念上的高度的一致性。

第三节 国粹主义的思想基础

如前所述，政教社同人大多都是在明治维新这一新旧交替的时代大动荡中成长起来的一代人，他们经历了新旧两种截然不同的教育环境，是集传统文化思想和近代实学知识于一身的青年知识分子，因此，他们倡导的国粹主义赖以产生的思想基础必然是多元化的，既有传统思想文化的传承和积淀，又有对外来新思想的吸纳。这些思想要素不仅对他们国粹主义思想的形成有着重要的潜在意义，而且在很大程度上也左右了其发展的方向。

一 实学思想的影响

言及国粹主义，人们往往会将其"描绘成抵拒西学新知的形象"，④误

---

① 陆羯南：《日本文明進步の岐路》，植手通有《近代日本思想大系4、陆羯南全集》，筑摩書房1987年版，第187页。
② 陆羯南：《近時政論考》，鹿野政直《日本の名著·37》，中央公論社1976年版，第110页。
③ 三宅雪嶺：《自伝／自分を語る》，日本図書センター1997年版，第55页。
④ 郑师渠：《晚清国粹派》，北京师范大学出版社1997年版，第65页。

以为国粹主义论者都是一些固守传统的文化保守主义者或文化排外主义者。但事实却并非如此。如前文所述，政教社同人大多都是在明治维新后接受正规的西式教育成长起来的一代人，是近代日本第一批拥有"学士"头衔的社会稀有的人才资源。他们精通外语，具有良好的西洋学识素养。他们中间从事实学教育和英语教育的人很多，而且有不少人热衷于"西学"的翻译著述。如今外三郎译有《电器现象及理论》，著有《地文学》；辰巳小次郎翻译出版了斯宾塞的著作《哲学要义》以及托马斯·巴克尔的《文明要论》，著有《哲学茶话》《女权沿革史》《万国现行宪法比较》《万国小史》《通俗宪法大意》等；加贺秀一翻译出版了W. E. 华尔滋的《德意志建国志》上卷；棚桥一郎著有《伦理学》《万国历史》。可以说政教社同人国粹主义言论活动所依凭的"半世所得的学术"即是他们所掌握的物理学、化学、生物学、哲学等西洋最新的专业学问，换言之，即实学知识是政教社同人建构其国粹主义文化理论体系的重要学术资源，自然，实学思想也是他们国粹主义思想赖以形成的基础。

　　实学知识对于国粹主义思想理论的建构所具有的重要意义在志贺重昂、三宅雪岭的身上也许要体现得更为明显一些。志贺重昂曾就学于札幌农业学校。这是一所采用了西方式教育理念和模式的实学氛围浓厚的学校，美国马萨诸塞州州立农业大学的校长同时也是农业教育专家的克拉克曾任该校的首席教官，因此该校的课程设置基本上依据的是马萨诸塞州州立农业大学的课程设置和安排。在札幌农业学校任教的大多是直接从欧美高薪聘请过来的外国教师，志贺重昂在这里学习英语以及代数、几何、农学、化学、器械学、天文地理等各种实学知识，其中最为主要的是生物学和地理学。[①] 札幌农业学校时代学习积累下来的生物学、地理学知识以及在外国教师言传身教的影响下逐步形成的实学思想对于志贺重昂国粹主义思想的形

---

① 参见戴宇《志贺重昂国粹主义思想研究》，吉林教育出版社2009年版，第78页。

成无疑产生了重要的影响。从志贺重昂对其国粹主义思想理论的阐述来看，他所依据的正是生物学、地理学等实学知识。如他在政教社成立初期对"国粹"以及"国粹主义"概念的阐释，他对明治政府只学皮毛的欧化主义和"涂抹旨义"的批判，他对日本风景的考据和赞美，都是以生物学和地理学知识为理论依据的。而他的名著《日本风景论》既是国粹主义的经典，同时也可以说是一部地理学的启蒙之作。志贺重昂一生留下了不少地理学著作，正因如此，志贺重昂被人们称为"实学型民族主义者的代表人物"。

三宅雪岭毕业于东京大学文学科。在东京大学学习的四年里，三宅系统地学习了西方的各种哲学理论。如他师从外山正一学习了英国哲学，受斯宾塞学说影响很深；从费诺罗萨那里学习了德国哲学，接触到了康德、黑格尔等大家的哲学思想。此外，他自己还阅读了基佐、巴克尔、斯宾塞等人撰写的各种历史著作。三宅雪岭的初期作品《哲学涓滴》即是对西洋近世哲学史的祖述。可以说三宅对哲学的"开眼"以及他对东西方文明所展开的哲学性思考与他对西洋哲学体系的理解是密不可分的。在三宅的哲学世界里，东洋与西洋是两个缺一不可的存在。柳田泉说："先生读罢东洋的书籍即转而学习西洋，读完了西洋的书籍又回过头来重新审视东洋，经过对东西学问仔细的比较、咀嚼，领悟到了东洋自有东洋的长处，西洋也有西洋的长处。东洋文明具有综合性、注重精神的特色，而西洋文明则具有分析性、科学性的特点。"[1] "西洋哲学理论体系完备，充分具备了学问的形式，而东洋哲学在这一点上向来缺乏系统性，只是一些杂然的知识堆积，不具备一贯的学问形式。因此，先生认为如果将杂然的东洋哲学进行理论化、体系化，使之成为向西洋哲学那样的系统的学问形式，那么对于世界哲学领域乃至更为宽广的学问社会是一个很大的贡献。可以说先生的志向即在于此。"[2]

---

[1] 柳田泉：《哲人三宅雪嶺先生》，実業之世界社1955年版，第19页。
[2] 同上书，第71页。

柳田泉的论述在三宅雪岭《哲学涓滴》的绪论中可以获得印证。在《哲学涓滴》绪论第三章"什么是理想的哲学"中，三宅指出：要想把握"纯正的哲学"，"必须先通晓近世的西洋哲学，除此之外别无他法"。"东洋哲学虽富于高尚的道理启示，与西洋哲学具有同等的考究价值，但由于缺乏恰当的解说方法，在探究之际常会出现恍惚、彷徨——心存志向者，当先探究西洋哲学（体系建构的方法），将这种合理的规则应用到东方哲学（的体系建构上来），开发至理，裨益于世界学问社会。"① 由此不难看出，三宅雪岭的国粹主义思想乃至他毕其一生努力建构的哲学思想都是建立在通晓东西方哲学的基础之上，而西方哲学对于三宅哲学所具有的方法论意义是不言而喻的。这一点从三宅雪岭自己的言论中也可以窥见一斑："当今的知识不尚幻象，而以说明和论证为主"，② 即只有逻辑的、实证的方法，才是做学问的基本方法。

从上述志贺重昂、三宅雪岭的思想形成来看，实学思想不仅给他们提供了思考问题的方式方法，也为他们的国粹主义思想建构提供了难能可贵的思想材料的支撑。正因为实学知识或者说实学思想赋予了他们更多理性主义、合理主义的精神，国粹主义才最终得以与那些缺乏理性的国学者流的神国主义区别开来，从而在日本近代思想史乃至日本近代史上留下了自己不可磨灭的印迹。

二　儒教思想的积淀

中国儒学在公元 5 世纪初传入日本，开始对日本的政治制度建设产生影

---

① 三宅雪嶺：《哲学涓滴》，《三宅雪嶺集·明治文学全集 33》，筑摩书房 1966 年版，第 149 页。

② 三宅雪嶺：《真善美日本人》，鹿野政直《日本の名著·37》，中央公论社 1976 年版，第 287 页。

响。江户时代，朱子学成了德川幕府的官方意识形态，儒学思想在日本的发展达到鼎盛阶段。江户时代是儒学逐步走向日本化的时期，同时也是儒学思想开始在庶民百姓中间普及，真正走向大众化，并发挥其道德教化功能的时期。在德川幕府建立的"圣堂"（学问所），各藩所建的藩校、寺子屋以及儒学者创办的私塾里，儒家经典的讲授是最为核心的教学内容。援引三宅雪岭的话来说，即"德川时代学问就是汉学，汉学就是学问"，"儒学与学问基本上是异名同体，德川时代的历史几乎可以说就是儒者的历史"。① 到了明治时代初期，儒学面临西方文化的冲击曾经一度显得日渐式微，但即便是如此，儒家思想的生命力也并没有因之而完全终结。如台湾学者陈玮芬所言："汉学固然在台面上备受冷落，但其实汉学素养直到明治中叶为止，都是知识分子不可或缺的素养之一。"② 三宅雪岭在《明治思想小史》中也曾说："明治时期没有了儒者，只不过是儒者之名消亡而代之以教育家相称、村夫子被列入了小学教员而已。"③ 可见，儒学作为一种伦理道德规范、作为一门经世济用的学问早已成为日本传统文化中不可分割的一部分。明治时期的知识分子，大多受儒家思想影响很深，即便是对儒教思想价值体系展开过激烈批判的福泽谕吉，他的思想中也有对儒学继承的一面，而不是像有些日本学者说的那样："他虽生于旧世界，却是彻头彻尾抛弃了旧世界的人。……他连一根手指头也没有留在旧世界之中。"④

就政教社思想集团而言，同人中的大多数都出身于士族家庭，其中有

---

① 三宅雪嶺：《明治思想小史》，鹿野政直《日本の名著·37》，中央公論社1976年版，第428页。
② 陈玮芬：《近代日本汉学的庶民性特征——汉学私塾、汉学社群与民间祭孔活动》，《成大宗教与文化学报》2004年第4期，第253页。
③ 三宅雪嶺：《明治思想小史》，鹿野政直《日本の名著·37》，中央公論社1976年版，第428页。
④ 王家骅：《论福泽谕吉对儒学的批判与继承》，《世界历史》1992年第5期，第50页。

不少人生于儒学、汉学世家，如三宅雪岭、志贺重昂、棚桥一郎、陆羯南、杉辅重刚等，他们在幼少年代都接受过传统文化尤其是儒学的教育，儒学思想在其国粹主义思想的形成过程中有着不可忽视的影响。

　　三宅雪岭出身于加贺藩的一个儒医世家，据他自己的记述，祖父三宅当一曾经师从赖山阳①学习过汉诗文，其父三宅恒在汤岛圣堂学习过汉学，后又进入当时的儒学大家古贺侗庵的私塾，与赖山阳之子赖三树三郎是要好的学友。三宅自己7岁的时候便进入儒者河波有道的门下研读四书五经、皇朝史略，直到12岁。②三宅在讲述自己思想由来的时候，称"自己的汉学之师叫河波有道"，③在后来他的一些著述中也时常会提及河波有道的教诲。如在《伪恶丑日本人》的序言中，三宅写道："加州（加贺藩）有位河波有道先生，曾为先人作《水哉亭记》，其中有言'大凡世间之物，若从无用的角度观之，则天下没有有用之物。若从有用的角度观之，则天下没有无用之物。今秽污之物乃人之所恶，然田圃不待此物，则不会有繁殖。金玉之珍为人之所爱，然从古至今因之招来灾祸者也并不鲜见'。"④成年以后的三宅依然能对幼少时期老师的教诲记忆犹新，足可见河波有道对于三宅雪岭的思想形成是产生过一定影响的。

　　家庭的熏陶以及自己幼年的学习经历使三宅积累了丰富的汉学素养，他的"雪岭"名号据说就是取自于杜甫的诗句"窗含西岭千秋雪"。⑤在东京大学学习期间，三宅在汤岛圣堂的书籍馆（今上野帝国图书馆的前身）里遍览东洋和汉书籍，柳田泉在《哲人三宅雪岭先生》一书中这样记述道："从各种儒学书籍、老子、庄子、孙子、吴子、韩非子等到历史、传记，再

---

① 赖山阳（1780—1832），江户后期的儒学家、历史学家，著名的汉诗人。
② 三宅雪嶺：《自伝/自分を語る》，日本図書センタ1997年版，第9—10頁。
③ 同上书，第95頁。
④ 三宅雪嶺：《偽悪醜日本人》，鹿野政直《日本の名著・37》，中央公論社1976年版，第327頁。
⑤ 柳田泉：《哲人三宅雪嶺先生》，実業之世界社1955年版，第9頁。

第一章　国粹主义思潮的兴起 | 65

到佛经佛书","先生只要看到这些书籍就会从头至尾仔细研读"。① 东京大学时期的"乱读"为三宅雪岭国粹主义思想的形成奠定了重要的基础。从三宅读书的嗜好来看,似乎他是一个"杂家",但实际上对三宅雪岭的思想乃至于他的一生都产生了重要影响的莫过于儒学中的阳明学。

三宅雪岭与儒教思想的关系,最明显的莫过于他对王阳明的推崇。三宅曾在明治二十六年专门著《王阳明》一书,记录王阳明的生平,对王阳明的思想给予了高度的评价。该书写作的主要目的出于对当时学术界唯欧美是从的学术风气的批判,如柳田泉所说:"当时西欧崇拜热尚未退去,学问方面偏重西洋、妄贬东洋之风依然盛行,为了与之相对抗,(先生)撰写了一位伟大的东洋哲人的评传,告诉世人东洋哲学也具有作为世界哲学可称道的价值,东洋哲学家里面也有可与西洋近世的康德、谢林、黑格尔、叔本华比肩的大哲人,试图为东洋哲学界呐喊。"② 不过,尽管写作《王阳明》的动机是出于东西方哲学的对抗意识,但是三宅把王阳明视作东洋最伟大的哲学家,足可见其哲学思想与王阳明的哲学思想产生了很深的共鸣。柳田泉评价说:"先生不仅仅把王阳明的学问视为东洋哲学的权威,而且对于阳明在学问上所持的态度(知行合一)给予了完全的肯定。(先生)为阳明的学问理想进行辩护,恨不得说'自己的学问理想也如同阳明先生所想'。……总之,先生是在王阳明处找到了自己身上的某些东西。而且这些东西无论是作为先生自身,还是作为哲学家、时论家,或是作为一个人,都是最根本、最要紧、最核心的东西。(《王阳明》)这本书是欲借助对王阳明的评价将先生自身思想的一斑披露在世人面前。"③ 由此可知,阳明学对于三宅雪岭的思想所产生的影响是非常大的。三宅在他的国粹主义主张中反复强调的可以与西方文化相对抗的"国粹",其实就是包含儒学思想文化

---

① 柳田泉:《哲人三宅雪嶺先生》,実業之世界社1955年版,第14頁。
② 同上书,第79页。
③ 同上。

在内的日本文化传统。

　　与三宅雪岭相仿，陆羯南也是一个典型的儒教传统主义者。陆羯南出生在士族家庭，其父中田谦斋是身份较高的茶人。羯南4岁丧母，因为家庭的变故，比起其他政教社成员来，羯南青少年时期受教育的历程相对较为坎坷。但即便如此，在接受欧式教育以前，他也经历过传统教育的阶段。陆羯南在15岁的时候进入弘前城下古川他山的私塾思齐堂学习汉学。因擅长汉诗写作，常常受到老师的奖赏。据说"羯南"的名号便是取自他自己写的诗句"风涛自靺羯南来"。[①] 有山辉雄指出："特意从古川私塾时代创作的诗句中摘取名号，表明他在很多年以后对于在古川私塾所受的教育依然充满着强烈的爱恋。"[②] 可见，古川私塾时代的汉学教育对于陆羯南的思想形成产生了不小的影响。

　　陆羯南年轻时期十分喜欢汉诗的创作，著有汉诗集《咳声余韵》《寒帆余影》等。由于他个人人生经历的坎坷，也曾经有过"迂陋汉儒贻误终身"之说，如他在汉诗《不如意行》中流露出来的那样："不如意又不如意，不如意者满天地。明月常遇浮云暗，芳兰全被朔风败。龄过弱冠志未伸，尘波堆里久沉沦。悔信迂陋汉儒说，摘章探句贻误身。"[③] 但是，作为一个国粹主义思想家，他在思考问题的时候，又会在不知不觉之中表露出儒学的传统思维方式。比如在国民的参政权问题上，他主张只给予男子选举权，这说明在他的意识里男尊女卑的意识还是比较浓厚的。再如，他在政治领域内采取的虽然是进步主义的态度，是立宪政治的拥护者，但另一方面，他又十分强调对传统习惯和秩序的维护。他对于"政治世界有法律而无道

[①] 有山辉雄：《陆羯南》，吉川弘文馆2007年版，第14页。
[②] 同上。
[③] 同上书，第32—33页。

德，有诈谋而无诚心"① 抱有强烈的反感。陆羯南多次批判法律万能的法律主义，强调道德之于政治家、之于社会的重要意义，强调"议员的道德是立宪政治的前提"。② 在陆羯南的政论里，具有传统儒学色彩的"德义"二字占有重要的位置。缘此有学者认为，对陆羯南人格的形成产生重要影响的，不是现代的职业意识，而是津轻的风土和儒教。③ 可见，陆羯南是一个有着强烈儒教传统主义心结的国粹主义论者。在陆羯南的思想观念中，所谓日本固有的传统，或者说日本人应当保持并发扬的国民精神，即是儒教思想中强调的大义名分等道德思想及国体思想。

志贺重昂出身于冈崎藩的一个藩士家庭，其父志贺重职是冈崎藩藩校著名的儒学家，其母亲松下淑子的娘家也是冈崎藩的儒学世家，其外祖父松下鸠台也是冈崎藩屈指可数的儒学家，这样的家庭氛围不可能不对志贺重昂产生影响。志贺11岁进入近藤真琴的海军预备校攻玉社学习，接受的是"西学"、"皇学"和"儒学"教育。④ 尽管其在幼少时便已开始接受西学教育，但志贺的汉学修养并不比三宅、羯南二人逊色。他的汉诗非常出色，"据说志贺创作的汉诗品味极高，连中国人都为之感佩"，⑤ 这与他自幼所处的家庭氛围应该说是有密切关系的。志贺重昂在自己的回忆录中曾经谈及："札幌时代，汉学几乎完全被废止，各门课都是用英语来讲授的，回答提问自不必说，就连讨论会也是用英语进行的。有的同学甚至连向学校

---

① 陸羯南:《誠心》、《日本》，明治二十四年一月五日。《近代日本思想大系4·陸羯南全集》，筑摩書房1987年版，第306頁。

② 片山慶隆:《陸羯南研究の現状と課題》，《一橋法学》2007年第6卷第1号，第376頁。

③ 同上书，第373頁。

④ 参见戴宇《志贺重昂国粹主义思想研究》，吉林教育出版社2009年版，第72页。

⑤ 有山輝雄:《雑誌〈日本人〉〈日本及日本人〉の変遷：その言論と同人》，日本近代史料研究会編刊《雑誌〈日本人〉〈日本及日本人〉目次総覧Ⅰ》，1977年，第7頁。

申请供给品的申请书也是用英文写的。所以，我的国学、汉学知识都是在札幌以外学到的。"① 这也可以从一个侧面来印证志贺自幼受到儒学熏陶的事实。志贺重昂被认为是"实学型民族主义者的代表人物"，② 但是，在他的思想深处，家国天下、经世济民以及忠义孝悌等臣民道德思想不可谓不浓厚，而这些，从西方的个人主义、功利主义乃至实学知识里面是很难产生出来的。

此外，值得一提的还有棚桥一郎。他曾经在政教社的机关杂志《日本人》上专门撰写过《论设定国教的必要性》一文，阐述了与西村茂树"混合儒教主义"大致相同的思想主张，强调要用儒教中的忠孝伦理道德来正国民之风俗。③ 以上所有的这些事例都说明，国粹主义在思想渊源上与儒教传统有着难以分割的"血肉"关系。即便是他们对皇室、帝室的深厚情感多半也是来源于儒教思想中的大义名分、家族国家观，因为他们在本质上并不是"神国主义"者。

三 对进化论思想的吸纳

1859 年，英国生物学家达尔文出版了《物种起源》一书，提出了生物进化的理论学说。这一理论指出地球上的生物包括人类在内都经历了由低级向高级、由简单向复杂的漫长的进化过程，而这一过程也是生物体与外界环境相互作用，进行自然选择、优胜劣汰的生存斗争的过程，概括起来讲，即"物竞天择，适者生存"是生物进化的规律。达尔文的生物进化论

---

① 志贺重昂：《志贺重昂全集》第 8 卷，第 153 页。
② 参见戴宇《志贺重昂国粹主义思想研究》，吉林教育出版社 2009 年版，第 80 页。
③ 棚橋一郎：《国教を設くるの必要を論ず》，《日本人》明治二十一年四月十八日第 2 号。

颠覆了基督教的上帝特创说和物种不变论,在当时的西方社会引起了强烈的反响,被誉为"19世纪人类科学的三大发现之一"。同一时期的英国社会学家斯宾塞又将生物进化论的观点引入社会学研究领域,他将社会与生物有机体进行类比,提出了关于社会进化的理论学说,这一理论也被人们称为社会达尔文主义。斯宾塞的社会学理论包括社会有机体论、社会进化论、对社会类型的划分及关于国家的政治理论等。概括起来有如下几个主要观点:①社会是一个体系,一个由相互联系的各个部分构成的如同生物有机体一样的整体。②进化是自然界和人类社会的普遍法则。整个自然和人类社会的历史本身就是一部由低级向高级、由简单到复杂、由不确定到确定、由同质到异质的变化发展过程。③"优胜劣汰,物竞天择"是自然和社会进化的动力原则。④关于社会的类型,按社会分工和社会结构的复杂程度,把社会分为简单社会、复杂社会、二重或多重社会;按照社会成员居住的状态,把社会分为游牧社会、半游牧社会和定居社会,按社会内部管理的程度和范围,把社会分为军事社会和工业社会。[①] 斯宾塞的社会达尔文主义"作为有利于资产阶级统治而盛行一时的时髦思潮,曾渗入资本主义意识形态的各个领域。比如,在政治经济学中它为自由竞争理论辩护,在社会学中它主张人际关系即生存斗争,在伦理学中它鼓吹弱肉强食,在政治学和历史学中它宣扬种族主义和优等民族论",[②] 总而言之,斯宾塞的社会达尔文主义成了当时最受欧美资产阶级欢迎的理论学说,也成了帝国主义在海外掀起殖民地瓜分狂潮的重要思想理论支撑。

达尔文的生物进化论和斯宾塞的社会学理论在日本社会产生广泛影响,与美国生物学家莫尔斯和费诺罗萨在东京大学的教学是密不可分的。据三

[①] 参见李珍连、陈新花《斯宾塞的主要社会思想》,《科技信息》2007年第30期,第448—449页。

[②] 罗凤礼:《美国历史上的社会达尔文主义思潮》,《世界历史》1986年第4期,第21页。

宅雪岭《明治思想小史》中记载："1878 年，美国人莫尔斯来日本，介绍了达尔文、赫胥黎等。莫尔斯用双手同时在黑板上作画，让人很是吃惊，他又讲人类是从猿猴进化而来的，因此很快在社会上引起了人们的好奇心。""稍后，费诺罗萨来日，讲授斯宾塞的社会学，浅显易懂地阐述了社会是如何由野蛮起步开始进化的。"很快，"进化一词就像生了双翼一样传遍了大街小巷，留意新知识的人开口闭口言进化，似乎以为只要一说进化，问题就会得到解决"①。可见，莫尔斯、费诺罗萨带来的进化论学说在当时的日本社会引起了不小的震动。对此，山路爱山也在回忆录中写道："东京大学有莫尔斯倡导人祖论，有加藤弘之排击天赋人权说，有外山正一之流倡导斯宾塞的哲学，主张人类所能看到的都只是现象，人类无法直面宇宙，万物自身皆不可知，万物之本源亦不可知。在人们对法国派的权利论、英国派的功利论已经稍感厌倦的时候，东京大学开始的这些活动，给社会上带来了颇为新鲜的感觉。"② 这里尤其值得一提的是加藤弘之。加藤弘之曾是启蒙思想团体明六社的重要成员，是"天赋人权论"的积极倡导者。然而，从明治十四年开始，他却陆续将他以前的著述《真政大意》（1870 年）、《立宪政体略》（1870 年）、《国体新论》（1875 年）等绝版，并声明自己的思想发生了转向。明治十五年，他出版了《人权新说》，开始站在国家主义的立场上鼓吹社会进化论。谈到转向的原因，他说："我读了英国开化史大家巴克尔的著书，才知道所谓形而上学是近乎荒唐无稽的东西，感觉如果依据自然科学，则什么事情都可以论究。后来，读了达尔文的进化论、斯宾塞、黑格尔的其他进化哲学，我的宇宙观人生观完全发生了变化。"③ 由

---

① 三宅雪嶺：《明治思想小史》，鹿野政直《日本の名著・37》，中央公論社 1976 年版，第 432 頁。

② 山路爱山：《現代日本教会史論》，《基督教評論・日本人民史》，岩波書庫 1966 年版，第 75 頁。

③ 加藤弘之：《弘之自伝》，转引自中野目徹《政教社の研究》，思文閣 1993 年版，第 69 頁。

上可以看出，进化论对于日本思想界、日本社会影响之深、影响范围之广是"难以想象的"。以松本三之介的话来说，"进化论以其复杂的形式，影响着众多的明治思想家，这种影响超越了各种不同的立场，无论保守的，还是进步的，都接受了进化的观点"。[1]

作为明治二十年代初崭露头角的青年知识分子，政教社同人的思想形成也不可能不受到进化论思想潮流的影响。在进化论最为风行的明治十年代中期，政教社同人大多正是在校学习的大学生，他们不仅有机会直接接触学习这些理论，而且从其年龄、知识结构等方面来看，也是极易受到这些新思想感染的。就三宅雪岭而言，他所在的东京大学作为全日本的学术"重镇"，本身就是进化论传播的"震源地"。三宅雪岭的恩师外山正一是斯宾塞社会进化论的虔诚信徒，被人们称为"斯宾塞的看门人"。三宅雪岭又曾直接受教于进化论的最初传播者费诺罗萨。明治二十二年十一月由文海堂出版发行的三宅雪岭的处女作品《哲学涓滴》即是对大学时期费诺罗萨哲学讲义的祖述或翻译。由此不难看出，费诺罗萨的教学对三宅雪岭的影响是很大的，而这也可以从一个侧面说明三宅雪岭受斯宾塞进化论学说影响的事实。

志贺重昂所在的札幌农学校本身就以讲授生物学、地理学、农学知识为主，达尔文的生物进化论可以说是其学术领域内的最新学术成果，在这个意义上来说，志贺重昂更有充足的理由关注进化论。志贺重昂在回忆他的南洋巡航经历时曾经说道："那个时候，我有点霸气勃勃。现在回想起来还有点不好意思，我一心想要成为日本的达尔文，因此自不量力地立下了雄心大志。……从长野县立中学辞职后，我立即去丸善书店买了达尔文著

---

[1] 松本三之介：《国权与民权的变奏：日本明治精神结构》，李冬君译，东方出版社2005年版，第18页。

的《博物学家世界巡航记》，带着它意气风发地登上了远洋航行的军舰。"①可见，"志贺重昂对达尔文其人是非常崇拜的"。②

事实上，在三宅雪岭、志贺重昂等人撰写的许多文章或者著作里我们都可以看到进化论思想和理论的应用。如三宅雪岭在《真善美日本人》中将国家视为一大有机体，认为"其发育生长，如同一粒微小的种子，先发芽，后开出单子叶、双子叶，长出根茎、枝干，生长出茂盛的枝叶，然后开花、结果，纯然如一有机体之发达。它并非草木那样无知觉的有机体，其整个机体具有意识，是比动物、人类还要高大庄严的优等的有机体，通商、工业、宗教、学艺都是作为它的一个器官、一个机关发达而成，即便是统辖它的政府本身，也是作为一个器官、一个机关得到人们承认的"。③这些论述无须赘言，显然是来源于斯宾塞的社会学理论。

而对于毕业于札幌农校、一心想做"日本的达尔文"的志贺重昂来说，生物进化论本来就是他用来构筑其国粹主义理论的主要学术资源，因此，在志贺重昂的文章里，进化论的应用更是信手拈来。比如在《〈日本人〉怀抱旨义之告白》一文中，志贺重昂将"国粹"与"生物进化的大法"联系起来，认为"所谓国粹乃适应顺从了存在于日本国土之上万般外围物的感化与化学反应，由此而孕育、生产、成长、发达而来之物"，并强调国粹"既是在大和民族中经千古万古遗传化醇而来，终于保存至当代之物，则更应促致奖励其发育成长，以此成大和民族现在未来进化改良之标准、基本，此乃正适应了生物学的大原则"。他表白："吾辈以国粹为进退去就之标准，但并不抵牾宇内之大势，并跟随主流以应对各种境遇。正如各种生物为了

---

① 《志贺重昂全集》第 2 卷，東京志贺重昂全集刊行会 1927—1929 年版，第 87 頁。

② 戴宇：《志贺重昂国粹主义思想研究》，吉林教育出版社 2009 年版，第 86 页。

③ 三宅雪嶺：《真善美日本人》，鹿野政直《日本の名著·37》，中央公論社 1976 年版，第 288 頁。

使自己的身体适应外物之感化，或长蓬蓬之毛发，或磨砺蹄爪，或坚固牙齿一样。如生物之见机应变，大和民族也应当有形无形均顺应形势而变化。然而，无论如何变化，'国粹保存'必须为其应变之标准。"①

志贺除了用"生物进化的大法"从正面来阐述他的国粹主义主张以外，还不止一次地用"生物模仿"来批驳鹿鸣馆式的欧化主义、"涂抹主义"，如他用伊索寓言中"乌鸦变孔雀"的故事来嘲讽那些醉心于模仿西洋上流社会贵族趣味的"涂抹政略家"以及"涂抹主义"的崇拜者。又将"欧化主义"比喻为"劣等动物为了防御优等动物的袭击，自己变幻皮肤的颜色使之与近旁的草木相同，以此来眩惑天敌的视线，或模仿优等动物改变自己的形状，使之难以辨认"的"生物模仿"。② 可见，在志贺重昂这里，生物进化的理论是他批驳欧化主义、"涂抹主义"、"日本分子打破主义"的最有效的武器。

不仅三宅雪岭、志贺重昂如此，在陆羯南的政论中我们也时不时地能看到斯宾塞社会有机体论的痕迹。如他在明治二十一年十一月十一日登载在《东京电报》第658号上的社论《机器国家与机关国家》中写道："国家政治的组织有两种不同的性质。一种可称为机器国家，另一种可称为机关国家。在机关国家中，国家可以明确理解为有机体，政府与人民之间如同骨肉，即可以发挥和谐一致的作用。与之相反，在机器国家，政府则如同木匠，人民如同木材，中央如同主人，地方如同臣仆，中央之于地方、政府之于人民的关系，只是命令与服从的关系。"③ 由此可以看出，政教社同人不仅是受到了进化论的影响，而且进化论已经成了他们用来阐述自己国

---

① 志贺重昂：《〈日本人〉が懐抱する処の旨義を告白す》，《日本人》明治二十一年四月十八日第2号。

② 志贺重昂：〈日本前途の二大党派〉，《日本人》明治二十一年六月十八日第6号。

③ 陆羯南：《東京電報》明治二十一年十一月十一日，《近代日本思想大系4·陆羯南全集》，筑摩书房1987年版，第201页。

粹主义思想主张的最先进、最时髦的理论依据。

不过，需要特别指出的是包括国粹主义者在内，进化论对于近代日本人影响最大的并不在于其理论的研究和应用，而是在于社会达尔文主义所宣扬的"优胜劣汰"、"弱肉强食"的生存法则带来的思想刺激和危机感。日本学者渡边正雄对19世纪80年代颇有影响力的《东洋学艺杂志》上刊登的论文专门做过统计，与自然科学相关的论文占61%，人文科学论文占20%，社会科学方面的论文占19%；而有关进化论的论文，在社会科学领域占26%；自然科学领域占5%；人文科学领域占1%；这些数字充分说明当时日本人对进化论的关注更多地集中在了社会科学领域。① 如山本教彦所言："日本的进化论，不单是作为生物学上的论题，而更是作为一种获得了科学佐证的新的解释，即'生存竞争和自然淘汰'、'优胜劣汰、适者生存'这样的一个单纯的公式被接受下来的，尤其倾向于社会问题。"②

对于国粹主义者而言，进化论既是促成其民族危机意识和民族独立意识觉醒的一剂良药，但同时也是将其思想引向对外侵略扩张，以实力主义、强权主义来压迫亚洲、奴役亚洲的一副"迷药"。比如，志贺重昂在《南洋时事》一书中言及库赛埃岛岛民和新西兰北部岛屿上毛利族的人口减少问题时谈道："夫劣等人种与优等人种之竞争，劣等人种之精神、身体皆不能与优等人种轩轾。……其失去衣食住之生存依靠，人口渐次减少终至灭绝，如同虾夷土著一样，在日本人移居北海道之后，人口开始减少，也如同新西兰、澳大利亚土著之于英国人一样。"③ 这里可以清晰地看出，志贺重昂完全是站在优胜劣汰的进化论的角度来观察南洋土著在欧美殖民主义者的

---

① 渡辺正雄：《日本人と近代科学——西欧への対応と課題》，岩波书店1976年版，第109頁。
② 山本教彦、上田誉志美：《風景の成立》，海風社1997年版，第50頁。
③ 志贺重昂：《南洋時事》，《志贺重昂全集》第3卷，东京志贺重昂全集刊行会1927—1929年版，第4頁。

殖民统治之下逐步走向人种灭亡的。他不仅将南洋一带的土著居民以及日本北海道的虾夷人视为劣等人种,而且也将优等人种对劣等人种的奴役视为是历史的必然。缘此,志贺重昂一方面对欧美国家的殖民扩张抱有危惧之心,另一方面却又对白人的"飞扬跋扈,逞威风于世界"情不自禁地流露出钦羡之意。"吾辈每每观看白种人飞扬跋扈,逞威风于世界,思慕其壮图,有时也是不无钦慕之念。然而,徒然钦慕彼等之盛事,又岂是吾辈所为?吾辈黄种人必须在今日想好如何与白种人竞争、防御之计策,以确保吾辈种属之性命。吾辈日本人必须想好与白种人竞争、防御之的策略,以图永远保护国旗之性命。"① 这种对西方国家既追随又抵制、对西方文明既钦羡又排斥的复杂纠结的心态在一定程度上可以说正是其国粹主义思想形成的心理基础。当然,这种复杂的心态,不光志贺重昂一个人独有,明治时代的许多知识分子,包括政教社所有国粹主义者在内,应该说都存在这样的心理。

通过上述对国粹主义思想基础的分析考察,我们看到孕育培植国粹主义这棵大树生根、发芽、长成的思想土壤,首先并不是反近代、反科学、反西方的非理性的传统守旧主义,而是传统思想与近代思想的混合。这也就从根本上决定了政教社的国粹主义虽然强调对传统文化的维护,却不可能是拒绝进步的顽固的文化守成主义者。但是另一方面,国粹主义者又深受弱肉强食的进化论思想的影响,在日本民族本身历史文化根基浅薄的情况下,进化论很容易使他们的思想走向褊狭,倒向强权即公理的帝国主义逻辑,从而使国粹主义的发展和演变呈现出质的蜕变。

---

① 志贺重昂:《南洋时事》,《志贺重昂全集》第3卷,東京志贺重昂全集刊行会1927—1929年版,第7页。

◇本章小结

从文明的视角来说，近代以来，在人类世界的发展史上出现过的最重大事件莫过于西洋文明与西洋以外文明的接触。由近代科技武装起来的西洋文明以民族主义的形态向全世界扩张，西洋以外的诸种文明都被纳入西洋强有力的支配体制之下。对于西洋以外的其他文明而言，要想生存下去，必须接受、学习西洋文明，走西洋化亦即近代化的道路。[1]"学习、模仿西方而进行现代化是非西方国家不得已的宿命。"[2] 但是，任何一个民族、国家都有自身独特的历史文化根基，一个民族之所以成为该民族也是因为其具有与他民族全然不同的文化特色。"如果一个民族丧失其独有的文化特点、共同心理素质，也就不能作为一个民族而单独存在。"[3] 文化的民族性的存在决定了非西方国家在走向现代化的过程中，必然会碰到传统与现代、欧化与国粹的冲突。尤其是"当本民族文化受到外来文化威胁，发生认同危机之时，沉淀于民族成员心理深层的'我民族优越'意识就会被激活、引发出来，并转化为一种极力抵御、消解外来文化影响，维护本土文化独立性的强烈意识"。[4] 明治二十年代日本国粹主义的兴起即反映了这样一种文明再生过程中本土文明对西洋文明既吸收又抵触的内在矛盾与纠结。

不过，政教社国粹主义虽然起因于对鹿鸣馆式极端欧化主义的反拨，但是国粹主义与欧化主义的对抗却并不单单是传统文化对外来文化的抵御，

---

[1] 山本新：《周辺文明論——欧化と土着》，刀水書房1997年版，第30—31页。
[2] 崔世广编：《日本现代化过程中的文化变迁与文化建设研究》，河北人民出版社2009年版，第253页。
[3] 杨思信：《近代文化民族主义论略》，《青海师范大学学报》2002年第2期，第51页。
[4] 同上。

而是有着深刻的现实社会、政治背景。明治二十年代初日本的社会状况如柳田泉所言:"表面上太平之极,实际上却面临着深刻的危机。明治十七年自由党解散,明治十八年建立了新的内阁制度,接着便是欧化政策的实施,出现了男女交际、鹿鸣馆的假面舞会,多年来寄托了全体国民希望的、被视为政治万能药的宪法与国会即将诞生,表面看起来日本前途洋洋,宛如置身于黄金时代,但实际上在对外关系方面条约修正没有进展,志士反对国辱外交的呼声高涨,而国内则是民力衰竭、言论压制、官权横暴,即所谓上下乖离,人心颓废,明治新日本的建设途径顿挫。……有识之士见此情形皆不甚忧虑。"[①] 政教社同人的"逆潮流而动"也正是因为他们清醒地洞察到了在歌舞升平、一派繁荣的背后,日本的近代化所潜藏着的种种矛盾和危机。

总之,政教社的成立、《日本人》的创刊,开启了国粹主义与欧化主义对峙的局面。国粹主义在明治二十年代的日本思想界自成"一家之言",其思想理论无论后人臧否与否,都反映了那个时代日本一部分知识分子对日本民族、国家前途、出路的认真思考。

---

① 柳田泉:《哲人三宅雪岭先生》,实业之世界社1955年版,第18页。

第二章

国粹主义的思想理论

政教社成立以后，同人们以杂志《日本人》为其言论活动的主要舞台，在文化、政治、经济、教育、对外关系等多个方面广泛地建言立说，充分体现了《日本人》创刊之时立下的要以"半生所得之学术"来"选择与日本人民之意匠及存在于日本国土之上的万般围外物相适应的宗教、教育、美术、政治、生产制度，以此来裁断日本人民现在未来之向背"的旨趣。亦如陆羯南所说："国民论派[①]起源于对欧化风潮的反对，但是这一论派并没有仅仅满足于阻止欧化风潮的蔓延，而是在日本社交（外交）上、政事（内政）上有着自己的系统理论。国民论派并非一时的反动论派，而是有着未来长远目标的新论派。"[②]

国粹主义以"欧化主义"的对立面出现，批判政府的内政外交是其初期言论活动的主要特点。缘此，《日本人》从创刊以来，屡遭日本政府的言论弹压，数次经历停刊、废刊、改刊，其发行运营坎坷不断，可谓命运多舛。粗略归纳，从1888年创刊，到明治四十年（1908）与《日本》报合二为一、改

[①]　"国民论派"即指政教社国粹主义者。陆羯南在《近时政论考》中冠之以"国民论派"来称呼，以示国粹主义既非"固陋的旧精神的复活"，亦非狭隘的排外主义，而是基于博爱主义精神的国民主义。陆羯南：《近時政論考》、鹿野政直《日本の名著·37》，中央公論社1977年版，第117—124頁。

[②]　陸羯南：《近時政論考》，鹿野政直《日本の名著·37》，中央公論社1977年版，第124頁。

称《日本及日本人》为止，《日本人》大概经历了如下几个阶段：①"第一次《日本人》"时期，明治二十一年（1888）四月三日至明治二十四年（1891）六月二日。②《亚细亚》及"第二次《日本人》"时期，明治二十四年六月二十九日至明治二十八年（1895）二月三日。③"第三次《日本人》"时期，明治二十八年七月五日至明治三十九年（1907）十二月二十日。[①]

"第一次《日本人》"时期是政教社言论活动的高峰期，同时也是国粹主义理论建构的重要时期。本章试图从国粹主义的文化论、国家构想以及其亚洲连带意识三个侧面来探讨"第一次《日本人》"时期国粹主义的思想理论特征。

第一节 国粹主义的"文明观"、"文化论"

国粹主义是以对明治政府鹿鸣馆式极端欧化主义的反拨登上历史舞台的，因此文化理论是其思想的核心。国粹主义之所以能够成为明治二十年代日本社会的主流思潮之一，并产生广泛而又深远的历史影响，是因为其提出的文化理论不仅反映了当时许多人回归传统文化的情感诉求，而且具有符合历史发展逻辑的合理、理性的一面。因此，考察国粹主义的思想理论，首先需要考察作为其思想基石的"文明观"、"文化论"。

一 关于"国粹"与"国粹主义"

"国粹"与"国粹主义"是国粹主义者建构其文化理论的核心概念。那

[①] 有山輝雄：《雑誌〈日本人〉・〈日本及日本人〉の変遷——その言論と同人—》，日本近代史料研究会編：《日本近代史料叢書C—3 雑誌〈日本人〉・〈日本及日本人〉目次総覧I》，1977年版，第2頁。

么，什么是"国粹"？政教社同人倡导的"国粹主义"主旨是什么？理解这一点，对于分析政教社国粹主义的思想特质至关重要。

在政教社成立初期，致力于国粹主义思想宣传和理论建构的主要是《日本人》杂志的主笔志贺重昂和成员之一的菊池熊太郎。志贺重昂在《〈日本人〉所怀抱主义之告白》一文中将"国粹"对应于英文的"Nationality"，即"国民性"。志贺在该文中阐述道："环绕日本海岛的天文、地理、风土、气象、寒温、燥湿、地质、水陆分布、山脉、河流、动物、植物、景色等万般围外物之感化及化学反应，千年万年之习惯、视听、经历，使生息于此、往来于其间、耳闻目睹这般变化的大和民族在冥冥隐约之间孕育并发达出一种特殊的国粹（Nationality）。这般所谓的国粹，即是适应顺从了存在于日本国土之上的万般围外物的感化与化学反应，由此胚胎、生产、成长、发达起来的东西。"[①] 在《日本前途之国是应选定为"国粹保存旨意"》一文中，志贺重昂再次强调："如同每一个人皆各有所长一样，每个国家也必定有其独特之长处。英国虽土壤贫瘠，然四周皆有烟波浩渺之海水环绕之，其地形使其全然化成一商业国，亦在其国民中间胚胎发育出一种特殊的国粹。法国人生长在南方温暖地带，国家建于鸟语花香之处，缘此胚胎发育出一种特殊的国粹。如是这般，所谓国粹者，皆为适应其所在外围物的感化，于隐约之间胚胎发育而成。"[②] 即在志贺重昂看来，每一个国家由于自身所处的地理位置以及自然环境的不同，都会在"隐约之间"孕育成该民族独有的一种气质，这种气质是吸收了天地自然之灵气，经过"千古万古"历史的积淀，遗传醇化而来的东西，这就是所谓的"一国之粹"——"国粹"。日本之"国粹"即是大和民族在漫长的历史演进过程

---

① 志贺重昂：《〈日本人〉が懐抱する処の旨義を告白す》，《日本人》明治二十一年四月十八日第2号。

② 志贺重昂：《日本前途の国是は〈国粋主義保存旨義〉に選定せざるべからず》，《日本人》明治二十一年四月十八日第3号。

中，由独特的地理、风土、景观、生活习惯等孕育而生的、已经内化为日本民族血肉的国民精神或国民气质。①

菊池熊太郎在《国粹主义的根据为何》一文中，也对"国粹"的定义做了专门的阐释。菊池将构成"国粹"的要素归结为三点：一为无形的精神，二为一国所特有的，三为他国所无法模拟的。他特别强调，"画轴、食品套盒、奈良的大佛、陶器、丝绸之类，美是美，粹是粹，在欧美很难见到如此美的东西，故称之为我国之精粹"，② 但这些都只不过是"特有之国产"，这些美丽的国产物他国也是完全可以模仿的，它们"在维持国家的体面、伸张其幸福方面并不能奏特殊的功效"，所以不能称之为"国粹"。能称之为"国粹"的唯有"ナショナリテイー"，即他国不能模仿的国家特有的精神。简言之，"所谓国粹（ナショナリテイー）即是一国特有的、国民共有的气质风尚，是无形的情感、思想、意识，是靠大佛、食品套盒之类有形的粗迹所无法显彰的，一国之国粹只有一种"。③ 对于为什么将"国民精神"当做"国粹"，菊池熊太郎这样写道："日本国内现存的万种事物中，不论其有形无形，带有特殊的风情雅致，所谓美物、粹物为数不少，然政治运动需要树立一大标准，将一国人民的志向统一起来，而在内忧外患并起、需要将国民志向统一起来去应对的危急时刻，创作三十一个音节的和歌，岂可调理邦家之秩序，凭借绢丝岂可维系民心，以瓷器、漆器为盾岂可挡外国军舰的子弹？"④

从上述志贺重昂、菊池熊太郎对"国粹"的论述中我们可以看出，政

---

① 松本三之介：《明治思想における伝統と近代》，東京大学出版会1996年版，第168页。

② 菊池熊太郎：《国粋主義の本拠如何》，《日本人》明治二十一年（1888）十一月十八日第16号。

③ 同上。

④ 菊池熊太郎：《国粋主義の本拠如何》，《日本人》明治二十二年（1889）一月三日第19号。

教社国粹论者所言的"国粹"其实是一个无形的、抽象的概念,"国粹"所指既非人们所理解的一般意义上的固有传统文化,也不是日本特产等"有形的粗迹",而是指日本的国民性、国民精神。政教社言"国粹",不是"发思古之幽情",而是要呼唤一种日本精神,希望靠这种日本的精神将"国民的志向统一起来",以便"在政治运动中树立一大标准",以应对日本目前所处的内忧外患的危机。换言之,政教社同人言"国粹"、"国粹保存",意在唤醒日本民族精神的自立,使日本国民摆脱一味追随欧美的自卑心态,树立起对自家文化的自信和对日本的热爱。

"国粹"既然指的是"国民性"、"国民精神",那么,"国粹主义"毋庸置疑便是指强调"国民精神之发扬"的主义。在《〈日本人〉怀抱主义之告白》一文中,志贺重昂解释道:"我辈怀抱之大主义就在于将日本国粹作为精神、作为骨髓,而后临机选择进退去就。"在《日本前途之国是应选定为"国粹保存旨意"》一文中,志贺再次对国粹主义做了阐述:"所谓国粹保存之大主意,即在将西洋之开化输入日本之时切勿借此来操弄大权,要以日本之开化为主,西洋之开化为客。换言之,即输入西洋之开化也要将之同化为日本的东西。"①

从志贺重昂的论述不难看出,政教社倡导的国粹主义,是要"将日本的'国粹'作为引进吸收西洋文化的过滤器,作为推进日本文明开化时的价值标准"。② 其核心观念在于主张日本民族精神的独立和发扬,在近代化的过程中防止日本民族主体性的丧失,而绝不是佐田介石之流为了维护日本文化传统的"尊严"而主张的排斥西方文化、唯我独尊的文化守旧主义。但是,在一个以开放进取、学习欧美先进文明为主流的时代,提倡国粹保存很容易被人们误解为是顽固守旧的复古主义者或攘夷排外主义者,进而

---

① 志贺重昂:《日本前途の国是は国粋保存旨義に選定せざるべからず》,《日本人》明治二十一年五月三日第3号。
② 中野目徹:《政教社の研究》,思文閣1993年版,第151頁。

第二章　国粹主义的思想理论

被人们贴上保守主义的标签。为了澄清这一点，三宅雪岭在《予辈倡导国粹主义岂是偶然》一文中特意做了详尽的阐述："予辈屡屡倡导国粹论，意在发扬日本独特的精神，振兴日本固有之秀质，以此来阐明必须维持国家独立之理由，然地方上有人怀疑，以为称'日本主义'、'国粹主义'、'国家主义'者皆与煤油灯亡国论①出于同一本源，意欲在当今时代且为日本开化之中心的首府，复活三十年前的攘夷论，真可谓令人捧腹。""（国粹保存的）'保存'二字，看起来容易与守旧混同，（世人）误解予辈主旨之原因，大概就在于此。然而，予辈或言国粹助长，或言国粹彰显，并非意欲维持固守旧物。""所谓国粹主义并非是主张要维持旧有之制度，反对改革，而是主张在推进制度改革进步的同时，要保存国家特有之精神，并彰显之、助长之。""若问及国粹论者本来之宗旨如何，予辈正想说，无论是采用欧美之风俗，还是打破旧有之习惯，皆应保存日本固有之精神，并彰显之、助长之。而不能像一部分人那样，将心志化为英国人，将精神变为德国人，最终使自己变得是日本人但又不是日本人。换言之，无论是采用泰西文明之利器，还是利用泰西人之智识，绝不能丧失掉'日本人'之精神。"②"彻头彻尾主张保存旧有事物者并非国粹主义，拘泥旧有制度，意欲维持旧有风俗习惯亦非我国粹论者之本意。即便为日本固有之风俗，日本独特之习惯，或其他如制度、国产物，若不能适应今日国家之存立，均可以打破，在文明境界里，若有不利于与泰西诸邦并驾驱驰者，皆可舍去，岂能因留恋旧物而误国家千万年之大计。反过来，即便是泰西出产之物，有利即可用之，方便即可效仿之，日本男儿需有豪迈之气度、宽大之胸怀，拘泥琐

---

① 煤油灯亡国论：明治初年佛教僧侣佐田介石极力反对政府的文明开化政策，提出了"煤油灯亡国论"、"铁道亡国论"、"牛奶亡国论"等一系列极端排外的文化保守主义主张。

② 三宅雪嶺：《余輩国粋主義を唱道するあに偶然ならんや》，《日本人》明治二十二年（1889）五月十八日第25号。

事而落后于天下之大势，绝非予辈国粹论者之本意。"①

由上可知，国粹主义虽然起因于对欧化主义的反动，但是政教社提倡的国粹主义并不是作为西方文明的对立面出现的，国粹论者反对全盘欧化，但不反对近代化本身。从三宅雪岭的上述主张来看，国粹主义虽然带有一种取他人之长以补己之短的"取长补短"主义倾向，但总体是积极向上的、进步的，反映了明治时代知识分子对于近代化的理性反思。

二 志贺重昂的国粹主义文化论

志贺重昂是政教社的主要发起人之一，宣传国粹主义的"旗手"。政教社成立初期，志贺重昂连续在《日本人》上撰文阐述了他的国粹主义主张，如《为〈日本人〉的出征饯行》（第1号）、《〈日本人〉怀抱主义之告白》（第2号）、《日本前途之国是应选定为"国粹保存旨意"》（第3号）、《日本国里事大党》（第4号）、《日本国里的理想的事大党》（第5号）、《日本前途的两大党派》（第6号）、《大和民族的潜势力》（第7号）、《日本生产署》（第8号）等。其中，发表在《日本人》第1号和第2号上的两篇文章通常被人们视为理解国粹主义概念和思想内涵的关键性文章。可见，志贺重昂的国粹主义文化主张在一定程度上也代表了政教社同人的整体立场。志贺重昂的国粹主义文化理论主要包含两个方面的内容，其一可以概括为"日本式开化"的理论，体现了志贺重昂对于日本近代化模式以及欧化主义弊害的反思，这也是政教社同人国粹主义思想中相通的地方；其二即是志贺重昂独特的国粹主义地理学思想，反映出志贺重昂地理学知识的经世济用性。下面我们分别进行论述。

---

① 三宅雪嶺:《余輩国粋主義を唱道するあに偶然ならんや》，《日本人》明治二十二年（1889）五月十八日第25号。

（一）志贺重昂的"日本式开化"

志贺重昂在阐释国粹主义的概念时提出的"以日本文化为主、西洋文化为客"、"以日本国粹之胃咀嚼消化泰西文明"以达成"日本式开化"的主张，毋庸置疑是志贺重昂国粹主义文化理论的核心命题，志贺重昂在政教社成立初期对国粹主义的阐述主要也是围绕着这一命题展开的。志贺重昂的观点大致可以归纳为如下几点：

第一，保存国粹是维护日本民族独立的前提。志贺重昂认为，每一个国家、民族都有自己不能为他国所取代的长处、美处和粹处，"国粹"是一个民族在漫长的历史演进过程中，吸收了天地自然之灵气，经过"千古万古"历史的积淀，遗传醇化而来的一种特殊的民族精神和气质，这种精神是一个民族国家赖以存立的根基，应当保存之、助长之。如果一味倾倒于西洋，只注重模仿和移植泰西文明，"重彼而轻我，崇拜爱慕泰西诸国之文物典章如本家本元"，"仰赖听从大国强邦的指挥"，[①] 久而久之，必会导致国民精神的丧失，毁坏国家存立的基础，进而招致国家的灭亡。在《日本国里的理想的事大党》中，志贺重昂援引新西兰亡国的例子，对极端欧化主义的危害进行了警告。他写道："予辈曾游历于新西兰，探查其亡国之始末，私下不禁感到悲怆。新西兰土人与英国人开始相交之时，感叹其服装款式之新颖，为其红色毛布灿然夺目之光泽而眩惑，或有病患者敬服其医疗之精巧，或惊愕于英人火器之奇妙，渐渐地开始尊崇英国、爱慕英国，感知到英国威力之强大，随之便失却了尊崇自国、爱慕自国之观念，常与英人比较来领悟己之慵劣，自国所有之物皆遭轻侮、唾弃，自国之山水亦自黯然失色，爱国思想缘此消弭。待到英人以干戈相逼之时，抗拒者有之，与英人握手言和者有之，降服于英人者有之，全国人民的势力渐渐被分散

[①] 志贺重昂：《日本国裡の理想的事大党》，《日本人》明治二十一年六月三日第5号。

消耗殆尽，终究没能化成一大合力，国家四分五裂走向了灭亡。"① 即在志贺重昂看来，新西兰的亡国正是起因于新西兰人爱国思想的消弭，他们只知道羡慕、崇拜英国人，没有树立起自尊爱国的观念，导致了民族精神的丧失。而一旦失去了民族精神的独立，亡国便是其在劫难逃的命数。志贺重昂指出，"审视我日本之现状，我日本人民的大脑里逐渐形成了敬畏羡慕西洋诸国强盛之观念"，如果任凭极端欧化主义的风气蔓延下去，则"难保不会重蹈新西兰的覆辙"。志贺重昂强调"护卫保存国名、国家、国粹实为予辈大和民族至大至刚之本分"，② 日本要想保持民族独立，必须提倡"国粹保存"，树立民族的自尊，培养国民的爱国情感。

第二，提倡保存国粹，但并不排斥西方文明。志贺重昂强调日本要顺应宇内大势的变化，追随世界主流，"如生物使自己的身体适应外物的感化，或长出蓬蓬毛发，或磨砺自己的爪蹄，或使自己的牙齿变得尖利"，③ 也就是说日本要想在优胜劣败的国际竞争中站稳脚跟，生存下去，也必须用西方先进的科技文明来武装自己。"予辈确信护卫国名、国家、国粹，并保存之，是予辈大和民族最大、最重要、最有利、有益的职业，然予辈护卫保存这般国名、国家、国粹，却并非是妨碍应用、利用泰西文明感化之人。予辈不仅不是妨碍者，反而还欲主动将泰西文明输入日本国，并利导之。然如舆论所倡导的那样，放弃以自我为主的见识，一味崇拜泰西事物，而轻辱日本固有秀萃的观念，予辈则欲扫荡驱除之。"④ 即在志贺重昂看来，"保存国粹"即是"护卫国名、国家"，但保存国粹并不意味着要阻碍西方

---

① 志贺重昂：《日本国裡の理想の事大党》，《日本人》明治二十一年六月三日第5号。
② 同上。
③ 志贺重昂：《〈日本人〉が懐抱する処の旨義を告白す》，《日本人》明治二十一年（1888）四月十八日第2号。
④ 志贺重昂：《日本国裡の理想の事大党》，《日本人》明治二十一年六月三日第5号。

文明的引进和利用。相反，要想维护日本的民族独立，必须在坚持自我的基础之上"输入泰西文明"，要"以我为主"，对西方文明加以应用、利导。简言之，"以日本文化为主、西洋文化为客"、"以日本国粹之胃咀嚼消化泰西文明"以达成"日本式开化"，是维护日本民族独立的根本途径。

第三，学习西方文明不能急于求成，应该采取渐进主义的态度。在《〈日本人〉怀抱主义之告白》一文中，志贺重昂如是说："在当代日本，大和民族需要特别注意和研究的最重要最急迫的事情有二，一曰日本将来之大经纶就在于将日本原来的旧分子悉皆打破，以泰西之新分子与之进行交换；二曰，裁断大和民族现在未来之向背，当以保存日本之国粹，以此为日本国民进退应变之标准。换言之，前者即是讲说要将蜻蜓洲从头至尾西洋化，后者则是要保存日本本来之特色，尔后采西洋学问之长以补其短。——'日本分子打破论'[①]者的言说，用数理学来比喻的话，即他们认为后进的日本开化程度是1234，而西洋的开化程度则是12345678910，所以欲将西洋的开化10输入日本。然而，岂不知将日本旧有分子悉尽打破，使之为0，再遽然将10的开化输入日本，从0到10的飞跃，其间必会生出空隙，难免不会出现因根底基础倾斜脆弱而撂倒的危险。倒不如在1234的基础上渐次增进，以5678910循序渐进的方式达成开化安全牢固。"[②] 这里，志贺重昂以进化论的法则为理论依据，批驳了"日本分子打破论"者的全盘欧化主义主张。志贺认为，引进或者移植西洋文明是一个渐进的过程，急于求成，试图将日本的所有"旧分子"悉尽打破，追求"从0到10的飞跃"只会使日本的国家根基变得脆弱不堪。

第四，学习西方文明的目的是要通过吸收西方文明的养分，改良日本

[①] 志贺重昂这里所说的"日本分子打破论"指的是德富苏峰的民友社提出的"平民欧化主义"主张。

[②] 志贺重昂：《〈日本人〉が怀抱する处の旨义を告白す》，《日本人》明治二十一年（1888）四月十八日第2号。

国基中"最孱弱之部分",也即"用日本国土的身体吸收泰西开化的营养物,咀嚼之、消化之,将其同化于日本国土",① 以此来增强日本的实力,而不是靠模仿来虚饰表面。志贺在《〈日本人〉怀抱主义之告白》一文中援引伊索寓言中"乌鸦学孔雀"的故事,对明治政府只追求贵族式表面欧化的"涂抹主义"进行了批判。他说:"古时有一只乌鸦,平素羡慕孔雀的羽毛丰美艳丽,自己也想模仿,遂取了一些孔雀的羽毛插在自己羽毛中间,装扮得非常像一只孔雀,然后混进了孔雀群中。然而这样的伪装焉能不暴露,没过多久这只乌鸦就露出了天然的本性,于是很快便遭到了孔雀群的排斥,而同时它也遭到了乌鸦群的驱逐,结果是自己加速了自己的死亡。借问那些热衷于'涂抹主义'者,以及生活在我日本国土上的最大多数同胞兄弟姐妹们,卿等是想效仿这只假扮孔雀的乌鸦呢,还是要学习那些以乌鸦之天然自足、锐意改良自己的内部、强健自己的骨骼、丰满自己的肌肉、轻快自己的羽翼、进而雄飞四方的乌鸦呢?"② 志贺重昂的意思非常明确,乌鸦就是乌鸦,不能靠伪装就变成孔雀,同样,日本就是日本,不可能靠模仿西洋上流社会的习俗,通过举办踏舞会、假面舞会就能变成西洋国家。与其去模仿别国,追求表面上的对等,莫不如发挥自家的特长,增长自己的实力。即在保存并发扬日本国粹的基础上,"锐意改良自己的内部、强健自己的骨骼、丰满自己的肌肉、轻快自己的羽翼",以图将来"雄飞四方"。换句话来说,即是将西方文明输入日本,然后加以正确有效的利导和应用,通过摄取西方文明的养分而达到使"日本国粹"更加发达、日本国基更加牢固的目的。总之,在志贺重昂看来,将日本传统文化全盘抛弃、一心想要彻底欧化的"日本分子打破主义"是"乖离了天地自然的大原则",而一味粉饰太平、只追求贵族式表面欧化的"涂抹旨义",则无异

---

① 志贺重昂:《〈日本人〉が懐抱する処の旨義を告白す》,《日本人》明治二十一年(1888)四月十八日第2号。
② 同上。

于乌鸦学孔雀，最终只能招致国家走向衰亡的恶果。

第五，学习西方文明要有所选择。志贺重昂指出，"即便将西洋开化连根拔起，完全移植到日本的国土上来，此植物是否能与日本国土上的围外物产生化学反应，获得生长发达"，① 也是一个需要考究的问题。也就是说，西方文明不一定都适合日本的国情和风土。因此，学习西方文明一定要根据日本的国情和需要来进行选择，即"以日本国粹为精神、为骨髓，以此为大和民族现在、未来变化改良之标准、基础，而后再输入他国之长处、妙处"，以成就"日本之开化"。

第六，东西文明是两种异质文明，各有长处和短处。志贺重昂认为："西洋之开化发端于数理学，而数理学的源流在于分析，故作为西洋之长处的科学没有不依凭分析法的，化学、理学、生物学、星学、地理学皆如此。而此种分析法又无不影响渗透到泰西社会的方方面面。物极必反，其影响至极，便会滋生出自私、自利、拜金、伦理道德败坏的消极面。而日本之开化与泰西之开化呈对角线状，二者的长处正相反。日本开化的源流发端于协调，协调即是美术的本源，所谓美术即是将各个事物集合在一起，加以均衡协调……大和民族的美处、长处、粹处即在于美术观念的发达，所以紫式部的小说、狩野派的绘画、陶器制造、漆器、刺身……事事物物无不蕴含美术之情趣，然而美术观念发展到极致，便产生出了猥亵的和歌，流露出逸乐之气象，或是沉溺于茶汤，拘执于插花，变得保守、放浪、怠惰，精神委靡。"② 即在志贺重昂看来，西洋人擅长分析，自然科学发达，但是，另一方面，西方社会也存在自私自利、拜金、伦理道德败坏的现象，所以西洋文明不是绝对优越的。日本虽为后进民族，但是日本也有自己的

---

① 志贺重昂：《〈日本人〉が懐抱する处の旨義を告白す》，《日本人》明治二十一年（1888）四月十八日第2号。
② 志贺重昂：《大和民族の潜勢力》，《日本人》明治二十一年（1888）七月三日第7号。

长处、美处、粹处，这种粹处即是"美术观念之发达"。志贺认为，日本人身上存在的"保守、放浪、怠惰、精神委靡"等弊病都是"国粹"即"美术观念"在日本历史发展的一些特殊阶段被扭曲而致，"予辈敢言，所谓日本之国粹，即为美术之观念。然而这般美术观念在藤原氏执权时代开始变得软弱，战国时代进一步衰颓，德川氏治世三百年间则是变相地发展，如此，大和民族之风气变得保守、放浪、怠惰、精神委靡，这些都是因为美术之观念一时步入了邪路，偏离了正道。……使这般美术之观念步入了邪路，偏离了正道，是日本人民的过失，予辈大和民族缺乏远虑所致，岂能说是日本没有美处、长处、粹处"。① 志贺重昂强调日本人应该充分意识到自己的优点，发挥自己的长处，克服自己身上的弱点，养成独立、自尊、爱国的风气。

从上面的论述中不难看出，志贺重昂倡导"国粹保存"的目的，其一是要在欧化主义的风潮中唤起日本国民的民族自觉，希望日本国民能够在强势的西方文明面前保持自尊、独立、自强的民族气节；其二是要告诫人们，近代化并不等于西洋化，学习西方文明不能将自己的传统文化全盘抛弃，应该在尊重和保持民族文化的基础之上循序渐进地推进近代化建设，即达成"日本的开化"，否则不仅日本的近代化会成为无本之木、无源之水，而且最终也会导致日本民族主体性的丧失，进而危及日本国家的独立和生存。一言以蔽之，志贺重昂宣传国粹主义的着眼点就是要激发日本国民的爱国情感，以维护日本的民族独立。在志贺重昂这里，民族独立是一个绝对性的终极命题。

（二）志贺重昂的"国粹主义地理学"

如前所述，国粹主义者言"国粹"、"国粹保存"，意在唤醒民族精神的

---

① 志贺重昂：《大和民族の潜勢力》，《日本人》明治二十一年（1888）七月三日第7号。

自立，使日本国民摆脱一味追随欧美的自卑心态，树立起对自家文化的自信和对日本的热爱。但是要想达到这一目的，仅靠抽象的理论说教显然是不够的，国粹论者必须明确提示出值得日本国民热爱和骄傲的日本或日本人的长处和优点。菊池熊太郎在《国粹主义的根据为何》一文中将日本的"国粹"归结为"日本国民对皇室的感情"。他说："国粹的定义既已明了，然则何以为我日本之国粹？仅言一国磅礴之精神，其意义甚为模糊，若是有人期望进一步明言，吾辈即答之曰：（我日本之国粹）即我国民对我帝室之感情，除此感情之外，吾辈眼中再无国粹。"[1] 即在菊池熊太郎眼中，有形的粗迹皆可模仿，世间万物皆会流转变幻，唯有日本人民对帝室的感情是历史久远、亘古不变的，是外国人绝无可能模拟的，此种感情即是日本人的国民性、国民精神，因而它就是日本的"国粹"。

与菊池熊太郎的视角不同，作为生物学、地理学爱好者的志贺重昂并没有将"国民对帝室的感情"看作是国粹，而是将关注的视线投向了日本的风景，"从日本特有的地理环境（风景）中来寻找日本国粹和日本国民自我认同的依据是志贺重昂国粹主义思想的一个主要特点"。[2]

早在政教社成立之前，志贺重昂就在德富苏峰创办的《国民之友》杂志第10号上发表了题为《如何使日本成为独立之日本》一文，阐述过他的"国粹主义地理学"主张。志贺重昂在文章中写道："弥望一色如春海，樱花树上樱花朵朵盛开，红白浓淡相交辉映，无边无际，令人陶醉。于花幔缝隙之处，望芙蓉峰[3]顶，千仞之岳上，朝阳冉冉升起，映红天际。东海之波涛闪闪烁烁，变换着颜色，依稀掩映，渐渐与远处景色相接。瞩望这般美景，纵然是奔走于黄尘堆里、唯黄金是崇、无情冷淡之行商，也会驻足

---

[1] 菊池熊太郎：《国粋主義の本拠如何》，《日本人》明治二十一年（1888）十一月十八日第16号。

[2] 戴宇：《志贺重昂国粹主义思想研究》，吉林教育出版社2009年版，第156页。

[3] 芙蓉峰：富士山的别名。

踌躇，情不自禁地咏叹'啊，绝美之景色，百万黄金亦难换'。而此花乃日本固有之物，此山乃日本固有之物，此水乃日本固有之物，既知此，则任何人皆不能不为日本风土之优美而叹赏，更何况生长栖息在日本土地上的大和民族，所谓'人问敷岛①大和心，朝阳映照之下飘香的山樱'……这并非是对自然流露之情的写实性描写，而是我欲利用此感情来论述，如何在隐约之间，使日本国家之基础得以强固。"②

从这篇文章中不难看出，在志贺的眼里，"何谓日本？何谓日本固有之物？那便是美丽的风土"。但是，正如志贺自己所言，"这并非是对自然流露之情的写实性描写"，而是"欲利用此感情来论述，如何在隐约之间，使日本国家之基础得以强固"。志贺重昂不吝笔墨，用一大堆美词佳句来赞美日本风景的秀美，并不是文人墨客的感物伤怀或借景抒情，而是想通过对日本风景的赞美，激发起日本人对自己家园的热爱，使日本人树立起民族自尊和自信，从而阻止崇洋媚外的欧化风潮的进一步蔓延。志贺重昂认为培养人们对日本风土的热爱是国家保持独立的基础。"强固日本国基之方策，其者为何？曰：一层层涵养（国民）叹赏日本山水风土花鸟之优美之感情，培养之，在冥冥之中、隐隐约约之间积蓄起爱慕日本国土之观念。"③也就是说，人们有了对日本风土、国土的热爱之心，便有了热爱国家之情，而"爱之心"才是"强固日本之国基"的根本。这是志贺重昂不断强调日本风景之秀美的主要原因。

在这篇文章中，志贺重昂尽管尚未开始使用"国粹"、"国粹主义"等词汇，也没有将风土与日本人的国民性联系在一起，但是，他的"国粹主义地理学"思想已经初露端倪。政教社成立以后，志贺重昂对他的国粹主

---

① 敷岛：日本的别名。
② 志贺重昂：《如何ニシテ日本国ヲ（シテ）日本国タラシム可キヤ》，《国民之友》明治二十年（1887）十月第10号。
③ 同上。

义思想阐述基本上也是沿着这一思路展开的。

在《〈日本人〉怀抱主义之告白》一文中，志贺重昂开篇即写道："圆锥形的火山，秀然挺拔于大海之上，屹立一万余仞①，千年万年之冰雪，皑皑堆积于峰顶，此乃富士之峰，而几多山脉与之绵延相连，青翠的树木直插云霄，云海之中透出几分绿意，远处望去，恰似一幅活生生的图画，愈发使人在不知不觉之中孕育出美术之观念。……我日本之海岛，点缀在温带圈的中央，沿岸均受到暖潮的洗涤，气候和煦，风土润泽，故樱花于此处盛开，与旭日交相辉映之处，一双丹顶鹤翱翔其间，观赏这般风景，人自然会养成温婉高尚之观念。"②

这是志贺重昂为阐述"国粹"的概念所作的文字铺垫，但其实这也正是志贺重昂想要特别强调的日本国粹的本源。志贺重昂首先列举了富士山、樱花、日本的地理环境、气候，指出了日本风景独特的美，然后向人们阐明，所谓日本的国粹（Nationality），正是在这样独一无二的风土美景中孕育出来的。这说明，一方面志贺重昂受西方"地理环境决定论"③思潮的影响，认为地理环境、风景是决定一国国民性的决定性因素；另一方面，志贺重昂也是有意识地将地理、风土融入了他的国粹主义思想中，欲通过对

---

① "仞"是中国古代用来表示高度或深度的单位，有"千仞之谷"的说法，形容山谷之深。"一仞"相当于5尺左右，志贺重昂用"一万余仞"来形容富士山之高，显然是一种夸张的说法。

② 志贺重昂：《〈日本人〉が懐抱する处の旨義を告白す》，《日本人》明治二十一年四月十八日第2号。

③ 这种理论认为，地理环境决定了一个民族的性格、风俗习惯，进而对一个民族的精神生活、道德、法律制度等产生制约。这一理论起源于古希腊时代，由希波克拉底、柏拉图等人提出，后经过亚里士多德、孟德斯鸠、博丹、巴克尔等人的论证和发展，到18、19世纪，成为西方普遍流行的一种思潮，产生了广泛而又重大的影响。尤其是许多传统的地理学家，都在不同程度上受到了"地理环境决定论"的影响。志贺重昂在札幌农校学习期间，也从他的老师那里接受了这种观念。关于这一点，具体可参阅戴宇《志贺重昂国粹主义研究》，吉林教育出版社2009年版，第81—82页。

日本风土的赞美唤起国民对日本的热爱，换言之，即志贺重昂的地理学知识是服务于他的国粹主义思想宣传的。

在志贺重昂看来，日本既然有如此美丽的风土美景，又岂能没有自己的美处、长处、粹处？"予辈所说的国名，指优美的日本邦土，所谓国家，指日本国土以及对于日本国民势力之凝聚而言具有最重大意义的帝室。所谓国粹，则是指大和民族固有特立之精神，以及作为其最大优点的美术之观念。"① 这里，志贺重昂将日本的美处、长处、粹处即"国粹"归结为"大和民族固有特立之精神"，以及从日本的风土中孕育生成的"美术之观念"，即审美情趣。不过值得一提的是，在另一篇文章《大和民族的潜势力》里，志贺重昂又把日本"国粹"单独对应于"美术之观念"，称"予辈敢言，所谓日本之国粹，即为美术之观念"。② 从逻辑的严密性来看，志贺重昂对"国粹"的阐释的确存在模糊性和歧义性，如日本学者荻原隆所说，"说明不充分，存在逻辑上的矛盾和破绽"，③ 但是，从大的方向上看，这并不影响我们对志贺重昂国粹主义思想核心的解读。志贺重昂寻找出来的"国粹"无论是什么，他想要达到的目的只有一个，那就是要求尊重、保护、发展日本固有的文化特色，树立起日本人的爱国观念，使日本避免在追赶西方的近代化过程中迷失自我，失去民族独立的精神。即找寻"国粹"、倡导"国粹保存"只是维护日本民族独立的一个手段。

志贺重昂在政教社成立初期所阐述的国粹主义"风景论"不乏对日本风景的溢美之词，且偶尔也流露出一些"膨胀性"的倾向，如他在《〈日本人〉怀抱主义之告白》一文中感慨："嗟呼，富士之峰，琵琶之湖，美丽的

---

① 志贺重昂：《日本国裡の理想的事大党》，《日本人》明治二十一年六月三日第4号。
② 志贺重昂：《大和民族の潜勢力》，《日本人》明治二十一年七月三日第7号。
③ 荻原隆：《志賀重昂における国粋主義の観念——概念の両義性と論理の混乱》，《名古屋学院大学論集·社会科学篇》2008年10月第45卷第2号。

邦土啊，此山、此水，岂是上帝偶然赐予给日本人民的，推测神算之所在，必是要大和民族利用此山、此水，在历史上留下自己的伟绩。"① 这可谓志贺重昂企盼日本有朝一日能够"雄飞海外"的心迹表露。但总体上说，这个时候的志贺重昂还没有倒向所谓"日本风景秀绝万邦"的唯我独尊的极端国粹主义阵营，在他的视线里还能看到他国与众不同的风景的存在。进一步讲，此时志贺重昂的国粹主义文化理论一方面反映了近代化后发国家对待西方文明的矛盾心态，另一方面也表达了弱小民族希望维护国家独立、谋求国际平等的强烈愿望，带有明显的"防御型民族主义"的特点。但是，在 1894 年出版的《日本风景论》里，志贺重昂的"国粹主义地理学"思想却完全是另外一种基调了。

关于《日本风景论》，我们将在本书第三章中详细探讨。

三　对东西方文明的哲学性思考——三宅雪岭的国粹主义"文明观"

三宅雪岭也是《日本人》杂志的主笔之一，不过，在《日本人》创刊的初始阶段，三宅撰写的文章主要集中在政论方面，对明治政府的藩阀政治抨击较多，而对于国粹主义理论阐述较少。除了前面提到过的《予辈倡导国粹主义岂是偶然》一文以外，三宅雪岭发表在《日本人》上的文章鲜见有对国粹主义的正面理论阐述，甚至连"国粹"、"国粹主义"这样的词汇也很少能够见到。但是，这并不意味着三宅雪岭的国粹主义立场与志贺重昂等人有什么大的不同，只不过是他们表达国粹主义思想的方法和途径有所区别而已。事实上，三宅雪岭的国粹主义思想大多体现在他的个人著述里。

---

① 志贺重昂：《〈日本人〉が懐抱する処の旨義を告白す》，《日本人》明治二十一年四月十八日第 2 号。

与志贺重昂着眼于对日本风景之秀美的发掘不同，哲学科出身的三宅雪岭主要是站在对东西方文明哲学性思考的角度来阐述他的国粹主义思想的。明治二十二年（1889），三宅雪岭出版了他的处女作《哲学涓滴》。①《哲学涓滴》共由五部分内容组成，第一部分"绪论"，第二部分"独断法的哲学"，第三部分"怀疑法的哲学"，第四部分"批判法的哲学"，从其内容上看，基本上是对近世西洋哲学发展史的概述，但是，三宅在书中对东西方文明、东西方哲学的评价却基本上勾勒出了其国粹主义文明观的框架。在绪论"东洋哲学与西洋哲学"一章中，三宅雪岭这样阐述道："说到东洋、西洋，似乎其优劣判然自明，然在马克·波罗来航的元世祖时代，恐怕是东洋要胜过西洋。若再往前追溯到秦、周时代，东洋之优越则更是不言自明。黑暗世纪的欧洲又是何种状态呢？有名的希腊的繁荣虽然并非微不足道，但岂能与周朝郁郁昌盛的文化相媲美。印度也有过冠绝世界的时候。松柏腐朽会成薪，桑田久变可成海。"② 也就是说，在三宅雪岭看来，西洋文明并不是先验性的存在，因而其优越是相对的。文明有兴衰更替，"一盛一衰只是自然之势。盛即为贵，衰即为贱"。"东洋岂会永远甘居下位，西洋又岂能常以优秀夸耀于世？文明的兴衰有时运、势运。东洋和西洋并无资质优劣之分"，"一概抑东扬西，实为不妥之举"。③

具体到哲学问题上，三宅雪岭认为"东洋最重要的儒释道三教足可与西洋各派学理相抗衡"。东洋哲学实质上并不逊于西洋哲学，孔子、孟子、

---

① 三宅雪岭从东京大学毕业后，由他的老师外山正一举荐，进入东京大学编修所任职。后该编修所并入了文部省，三宅雪岭也随之成了文部省的一名官员。在东京大学和文部省任职期间，三宅曾编辑出版了《日本佛教史》和《基督教小史》，但这两部著述都是业务书籍。真正称得上是三宅雪岭个人著述处女作品的，应该是1889年由文海堂出版的《哲学涓滴》一书。
② 三宅雪嶺：《哲学涓滴》，《三宅雪嶺集·明治文学全集33》，筑摩书房1966年版，第150页。
③ 同上。

荀子、程子、朱子之说皆"玄奥冥妙"、"见识卓越",至于王阳明,更是可与黑格尔比肩的伟大哲学家。东洋哲学之所以在世界上受到轻视,原因在于东洋哲学只注重"寻章逐句",而缺乏系统的说明。"西洋哲学也并非无有缺漏,但西洋哲学能熟察前后之关系,数万言的议论亦可贯穿于一线,进行解释说明。而东洋哲学则拘泥于字句,存在先后分离之弊风。"① 只要矫正了此般弊风,则"久蒙尘垢、乱发遮颊的东洋哲学也可把镜新妆,花颜带笑,恼杀寰区之观者"。② 三宅进一步指出,世界上的哲学可以一分为三,"支那哲学主情,印度哲学主意,欧洲哲学主智",即"儒教唱道仁义,眷顾鳏寡孤独疾病,可涵养感情";"佛教教导人们修苦业,守戒律",可"激励意志";欧洲哲学重事物的试验及现象分析,推理演绎,可"磨炼智慧",三者都是哲学王国中不可或缺的存在。这样,三宅把长久以来备受冷落、几乎不被人们问津的东洋哲学重新"摆放"回世界思想的宝库里,并给予了它与西洋哲学同等的地位。这种对东西方文明的历史性、哲学性思考是三宅雪岭国粹主义思想的立论依据,同时也是雪岭哲学的核心思想。接下来,三宅提出,日本人应该整合东洋哲学,以弥补西洋哲学的缺陷,进而以哲学来成就日本的国际地位。"我国儒教传来久矣,佛教传来也久矣。若将泰西哲学加以吸收,浑然和合,达成新的进化,则可于东海支配宇内第二十世纪的哲学界。想来我国乃一贫国、弱国,锐意追求富强之道虽是必然选择,然无需等待财富的增殖、军队的整顿,掌握海外强国元精之方略即在研磨此学,追寻真理。"③ 即在三宅看来,日本要想赶上世界潮流,在世界上占得一席之地,富国强兵是必要的举措,但不是唯一的方略,日本完全可以通过学术钻研,在世界上凸显自己的存在,炫耀国光于外。

---

① 三宅雪嶺:《哲学涓滴》,《三宅雪嶺集·明治文学全集33》,筑摩书房1966年版,第151页。
② 同上。
③ 同上书,第198—199页。

具体来说，就是将西洋哲学与东洋哲学融合在一起，取其精华，成就新哲学，首先在文化上实现"与万国对峙"的目标。

1890年发表在《日本人》第57号上的《泰西史家的妄见》一文可以说是三宅雪岭上述国粹主义文明观的再现。在该文中三宅谈道："泰西史家将白种人的历史视为世界史，可谓荒谬之极。……历史并非只限于当代事迹，还包括中古、上古的事迹。试问白种人在四百年前如何，八百年前又如何？是哪个种族将成吉思汗视为鬼神？又是哪国国民闻土耳其之名便颤栗胆寒？……发达并非白种人专有之物，黄色人种也曾有过辉煌的时候。试看，夏商周好比希腊，周公旦不逊于佩里克莱斯，齐桓公可比亚历山大，孔丘可比苏格拉底。"[①] 三宅雪岭在文中将中国的历史人物拿出来与西方作对比，借以阐明东洋在历史上并不逊于西洋，东洋也产生过很多值得人们敬仰的伟大人物，东洋也有丰厚的历史遗产。这种类比虽然难免存在牵强附会之处，但是，三宅将东方文明和西方文明看作是两个相互平行且完全不分上下的"独立的区域性文化体系"的见地，在当时以欧化主义为主流的日本学术界，不能不说是深刻而又独到的。不过，需要明确一点，三宅雪岭的国粹主义思想虽然表现出浓厚的"亚洲主义"倾向，但这并不代表他就是一个真正的亚洲主义者，他对亚洲文化遗产的抬高和强调，不外乎是想借由东洋这个整体的概念来提升日本的国际地位，想就此说明作为东洋的日本在文明程度上并不逊色于西洋。事实上，随着时间的推移，三宅国粹主义思想中急欲伸张国权的倾向表露得越来越明显，而他的"文化亚洲主义"也日益凸显出了"日本要做亚洲文化领袖"的"日本亚洲盟主论"的色彩。

最能集中体现三宅雪岭国粹主义文明观的著述当数《真善美日本人》和《伪恶丑日本人》。这两部书是三宅雪岭众多著述中影响最大、

[①] 三宅雪嶺：《泰西史家の妄見》，《日本人》明治二十三年十月十八日第57号。

至今仍被广泛阅读的国粹主义经典读本,日本学者鹿野政直称其为"真正称得上明治二十年代的民族主义所遗留下来的古典",① 中野目彻则评价其"是力图说明在当时的国际状况之下日本人应该做什么这一课题的警世之作"②。

《真善美日本人》和《伪恶丑日本人》分别成书于 1891 年 3 月和 5 月,是在杂志《日本人》接受停刊处分期间,由三宅口述,由政教社成员内藤湖南和长泽别天笔录而成的。《真善美日本人》由"日本人的本质"、"日本人的能力"、"日本人的任务"三部分组成。关于"日本人的本质",三宅从斯宾塞"国家有机体"的理论出发,将日本人定义为"有悠久历史的日本这一国家的分子",③ 日本人的任务则在于"尽其可能发展增长自己的技能,以弥补白人的缺陷,向极真、极善、极美的圆满幸福的世界迈进"。④ 至于日本人的能力,三宅从日本人的体格、智力、人种等方面做了细致的分析考察,指出日本人虽然不及欧美人身材高大、体格健壮,但在智识方面却并没有输给欧美人。纵然是体格差异,那也是由于各自所处的自然环境、生活环境造成的,与文明开化并无必然的联系。"凡腕力竞争之风久存之民,皆身躯高大,便于执棍格斗。……趋水草迁徙于平原,逐猛兽跋涉于山谷,拙于群居相资之法的民族,盖有伟岸的体魄,原因皆出于此。那些成市邑、知农耕,各安其业,自古已成邦土社会、和平共聚的民族,其作战皆作队成伍,不靠一个勇者前进,不因一个懦者后退,不尚个人角力竞争之事。"故"身躯大小、肢体匀称与否,只与该民族自古所处的生活境遇

---

① 鹿野政直:《近代精神の道程——ナショナリズムをめぐって》,花神社 1977 年版,第 74 頁。
② 中野目徹:《政教社の研究》,思文閣 1993 年版,第 162 頁。
③ 三宅雪嶺:《真善美日本人》,鹿野政直《日本の名著・37》,中央公論社 1977 年版,第 289 頁。
④ 同上书,第 292 页。

有关","仅瞥一眼外貌就断定日本人的智力不及亚利安种族是何等的轻率"。① 三宅指出，欧洲有苏格拉底、亚里士多德、培里克里斯，日本则有丰臣秀吉、德川家康、西乡南州、伊能忠敬、曲亭马琴，更有才女作家紫式部，从智力方面比较，"我日本岂会居于欧美之下"。② 三宅充分肯定了日本人的优秀之处，并认为日本人是有为的种族，为世界"肩负着伟大的任务"。

三宅认为日本人可以在"真、善、美"各个领域为世界做出贡献。所谓"真"，指的是人类的"学理探究"。三宅认为，人类智识的发展进步，如同成就美玉一般，只有通过不同文化之间的"智识竞争"，相互切磋、相互磨砺，才能达到学术的最高境界。如今，"贫弱国家难于以武力与强国相抗衡"，但是"以'理义'在世界上占据一席之地却可谓事半功倍之道"。③日本虽然不及欧美国家强大，但在"学理探究"方面并不逊于欧美。亚洲大陆与日本一衣带水，在对亚洲史迹、文化的研究方面日本有得天独厚的便利条件。在学术领域，日本人应该尽全力去探究日本史迹和东洋史迹。以日本人的智力和能力以及融东西文明为一体的文化优势，日本在"探究新理义"、挖掘新学问方面完全有望成为"东洋的亚历山大"。④ 为此三宅建言，要完善图书馆、博物馆、大学设施，并向亚洲大陆派遣学术探险队。如此，日本即可推动世界向极真的道路迈进，为人类最终走向"圆满幸福"做出贡献。

所谓"善"，即人类"正义的自在发扬"。三宅认为，日本人应该以在

---

① 三宅雪嶺：《真善美日本人》，鹿野政直《日本の名著・37》，中央公論社1977年版，第293页。
② 同上书，第296页。
③ 同上书，第305页。
④ 同上书，第299—305页。

世界上伸张正义为己任,这是"日本人为人类至善应当尽力尽份的职责所在",[①] 但"正义的伸张需要相互间权力的平等",[②] "我日本现代的势力,果真有保持权力的均衡、向海外诸强国伸张正义的实力吗?抑或不然呢?""考察我国的财富多寡,果真有大力扩张军备的节余吗?"[③] 对于这两个设问,三宅的看法是否定的。他认为,日本尚不具备在西方列强面前伸张正义的实力,国家财富积累有限,不具备大力扩张军备的财力,因此要想抵抗来自欧美列强的压力,当前最重要的课题是产业立国,只有增殖财富,才能扩张军备。

所谓"美",即指"人类的艺术之美"。"极美即协调培育由审美观念孕育而生的各种情趣,对这些情趣有所淘汰,有所助长,以期发挥其真髓。"三宅认为,日本山水秀美,风光明媚,世世代代生息在这里的日本人无论贫穷或富裕,其生活皆充满了艺术的情趣。古代的建筑、雕刻、茶汤之道以及艺能等,都凝聚了日本人的美学智慧。三宅主张,应该重新认识日本古代艺术的优越性,要在世界上发扬日本的美。三宅将古代日本艺术的特色归结为"轻妙",他认为"轻妙是日本人独有的特质",应该更进一步将日本人的美学观念"轻妙"的特质加以发扬光大,不断研究磨砺。"要参与世界竞争,与各国艺术执簪相竞,表现本国特色是有利的方策。这也可谓是达成人类极美的一个手段。"[④]

从《真善美日本人》不难看出,三宅雪岭是意在"以日本历史、传统、文化的独特性来展现日本人的姿态和气概",[⑤] 力图唤醒在强势的西方文明

[①] 三宅雪嶺:《真善美日本人》,鹿野政直《日本の名著・37》,中央公論社 1977 年版,第 315 頁。

[②] 同上书,第 307 页。

[③] 同上。

[④] 同上。

[⑤] 松本三之介:《国权与民权的变奏:日本明治精神结构》,李冬君译,北京北方出版社 2005 年版,第 112 页。

面前自惭形秽、失去民族自信心的日本人的自觉。站在客观的角度来看，三宅雪岭的国粹主义文明论中不乏健康合理的因素，他所强调的东西文明的融合、协调，也是符合历史发展逻辑的。另外，三宅虽然极力论述日本民族的独特性，强调日本人的"思想精微，悟性明敏"，但并没有陷入唯我独尊的狭隘民族主义的泥淖。正因为有这样的现实主义与世界主义的眼光，三宅才能对日本人的缺点进行理性的批判。在《伪恶丑日本人》中，三宅对日本人在近代化的浪潮中表现出来的腐败进行了深刻的揭露，对学术界的"伪"、绅商的"恶"、日本人"唯欧风是拟、西人是仿"的狂热西化风潮的"丑"进行了辛辣的嘲讽。在《伪恶丑日本人》的最后，三宅这样谈道："我日本开国与欧美通交仅30年，即所谓世界文明的后进国，故急于从所谓先进文明国家的欧美引进吸收新事物，此乃理所当然。然冷静考察两千年来的发展，（我日本的）风俗习惯、礼文艺术，在与他人交际之时断不至于感到羞耻。举凡社会事物，与其模仿他人，莫如发展自家固有的特质。岂能将我国固有之风俗悉尽抹煞。"① 这里体现了三宅雪岭对当时政府极端欧化主义的批驳和对社会上弥漫的媚外风气的反感。近代化并不等同于欧美化，在学习西方先进文化的同时还要维护日本的民族主体性，创造出日本独特的文明，这是三宅雪岭国粹主义文明观所要阐明的核心问题。

不过，需要留意的是，在《真善美日本人》以及《伪恶丑日本人》中，三宅雪岭也流露出了"日本凌驾于亚洲之上"的优越意识。他虽声称"为本国尽力即为世界尽力，发扬民种特色即裨补人类化育。护国与博爱焉有矛盾"，② 但是，他的"为世界尽力"却意味着日本要在"复兴亚洲文化事

---

① 三宅雪嶺：《偽悪醜日本人》，鹿野政直《日本の名著・37》，中央公論社1977年版，第355—356頁。
② 同上书，第286页。

业中起先行者的作用",带有明显的"日本振兴亚洲文化天职论"① 的色彩。这种"文化亚洲主义"的观点为其后明治政府的亚洲扩张政策提供了非常重要的文化上的支撑。另外,三宅雪岭始终强调日本要对外伸张国权,在世界上伸张正义,这种国权主义、国家主义的思想主张随着日本国力的日益增强,最终不可避免地异化为帝国主义、侵略主义。

四　陆羯南的"国民主义"理论

在致力于国粹主义思想宣传的政教社同人中,志贺重昂从地理环境的角度来强调日本的"国粹",三宅雪岭站在对东西方文明哲学性思考的角度来论述日本应该如何彰显其"国粹",而陆羯南则是以政治评论的格调来强调日本国民的团结和国民精神的独立。

"国民主义"是陆羯南对其国粹主义思想主张的概括。如前所述,所谓"国民主义"即是指"主张英语中所谓'ナショナリチー'的思想",而"ナショナリチー"是指一国国民所具有的"相对于其他国家国民而言的独立特殊的性格",即"国民性"、"国民精神",从概念上简单归纳,陆羯南的国民主义即是强调"国民精神之独立"的主义,与志贺重昂、三宅雪岭等人倡导的国粹主义在思想上是一脉相通的。

在《日本文明进步的歧路》一文中,陆羯南指出:"凡国民,都存在一种由历史上发达起来的特有性格,不能妄自打破之。故采用外国的文化,也要注意不能损害此性格,应该将外国文化同化于其国民的性格。如果不能将其同化,则说明一国文明的精神已经灭尽。观欧美各国,尽管其均包括在欧洲文化的名义下,然各国国民间各自皆有自己特有的性格,成国民主义的气象。譬如德国与法兰西,皆为欧洲文明之国,而且土壤相接,尽

---

① 盛邦和:《19 世纪与 20 世纪之交的日本亚洲主义》,《历史研究》2000 年第 3 期,第 133 页。

管如此，其国民主义却使彼此相互对峙，互不相让，缘此而保存了一国的体面，维护了一国的国权。国民主义与文化，两者有密切的关系，如果文化上完全失去了自国特有的性质，则国民主义也会瞬间消亡，一国之元气即再无可能恢复。"① 即在陆羯南看来，所谓"国民"，是以本国特有的文化为纽带而形成的一种文化共同体，文化是国民精神的载体，文化也是一个国家赖以存立的基础。一个国家如果在文化上失去了自立，也就意味着其国民精神的消亡。因此，一个国家要想"保存一国的体面，维护一国的国权"，必须"成国民主义的气象"，即维护文化上的独立性，培养独立自主的国民精神。

陆羯南强调，"国民主义"是产生"我国、我国权利、名誉、利益"等观念、培植"爱国心"或者"国民自负心"的根源。"倘若作为国民主义产物的我国、我国权利、名誉、利益等思想被一扫而光的话，所谓的爱国心又该向何处去求。国民既已失去了爱国心，国家的存立又焉能有望。"② 也就是说"国民主义"是一国在国际关系中维护自主独立的前提，"国民主义的气象"如果不存在，那么国家的存立也就无望了。

由上不难看出，陆羯南极力论述的是作为文化共同体的"国民"精神的自觉，强调的是国家的自主独立。在陆羯南看来，对于一个后进国家而言，在文化上受他国的支配，比政治上的支配更具致命性。这是因为，"政治支配在尚未发展到文化支配时，作为文化共同体的'国民'还有再起的可能，而一旦在文化上受到别国的支配，那么这种再起的可能性就会被彻底根除"。"如果一国的文化受他国文化的影响，以至于自国特有的性格全然尽失，其国民也就丧失了自主独立的基础。"③ 简言之，文化的独立便是

---

① 陆羯南：《日本文明進步の岐路》，植手通有《近代日本思想大系4·陆羯南全集》，筑摩書房1987年版，第187页。
② 同上书，第188页。
③ 同上。

国民精神的独立，国民精神的独立便意味着国家的自主独立。这里，陆羯南首先从国家的独立、社稷的稳固出发，对明治政府推行的极端欧化主义政策的弊害进行了警告和批判。学习欧美文化应该是在坚持自己固有文化传统的基础上，有选择地吸收欧美文化中的有益成分，并将之完全同化于日本文化，而不是反过来抛弃自家固有的文化特色，将自己完全同化于欧美。维护日本国民精神文化的独立，是陆羯南"国民主义"的思想出发点和立足点。

陆羯南对"国民主义"必要性和重要性的强调不仅仅是源于他对日本民族精神独立的丧失抱有畏惧之心，很大程度上也是基于他对国际关系现状的把握。陆羯南多次强调，国民主义是近代世界的普遍现象，"近世国家都是以国民主义为基础建立起来的"。"国民主义是近世各国竞争时代出现的一大倾向"。[1] 在《世界的理想与国民的观念》中，陆羯南这样说道："（观现今世界之情状）一方面有万国红十字会的设立，唱说一视同仁，彼我无差别，而另一方面又在国内的小学校里挂起与邻国开战的地图，鼓舞国民复仇的志气。万国和平虽受到世界有识之士的赞同，然杀人利器的发明者依然作为优秀技师受到国民的尊敬，万国邮政之制虽促进了经济社会的统一，然贸易保护政策却在不断得势，还有将鸦片之类的毒害物强卖与他国国民的利己国家。国家学者在倡导'宇内国家'的理想，讲说各国法理的归一，而经国的豪杰们则在奖励国语的特立，致力于自国观念的强固。""今日之世局一方面闪耀着世界主义理想的光辉，另一方面由历史发达起来的国民主义势力又甚是强大。……观世界各国，德国以文学的兴隆自负，法国以美术的秀逸自负，英国以商业的昌盛自负，美国以崇尚自由自负，支那以陈腐的文化自负，这些国家无一不是自负的国家。观他们对待劣等国家之态度，遵从博爱主义者甚少，凌辱后进国者甚多。而追求所

---

[1] 陆羯南：《日本文明進步の岐路》，植手通有《近代日本思想大系4·陆羯南全集》，筑摩书房1987年版，第188頁。

谓合乎博爱主义者，又多偏惠小信，看不出是在追求真正的世界理想。唯有美国是其中为数不多的侠义国家，但是，美国也不可能独自超然于他国之外，按照自己的旨意行事。博爱主义虽受到有识之士称赞，但能付诸实际行动者甚少。"① 陆羯南认为，之所以产生这样的现象，是因为原本在国际社会中，"国家的存在不是以个人为本位，而是以国民为本位"，"国民共同体"要受"国民自负心"即"爱国心"的支配。换言之，各国都在为自国国民的利益而行动，在一般人们的意识里，维护国民的利益是理所当然的。也就是说按照"国民的意志"即"国民的自负心"行动本身是正当的，增进国民的福祉是国家政治的最大目的。

基于上述对国际关系的认识和把握，陆羯南指出，对于后进国日本而言，增进发达"国民观念"尤为重要迫切。不过，值得注意的是，陆羯南在阐释国民主义的必要性和重要性时，并没有彻底否定"博爱主义"、"四海同胞主义"等人类的远大理想。毋宁说他是想在二者之间寻求一种平衡。陆羯南强调"家族、部落、国家等各种生活共同体要求维护其特立的本来目的，原本是为了应对那些破坏博爱之道、侵害他国的外敌，未必一定是要去侵害他人。吾人祖先依凭我国民之秉性，业已保持了其独立之生活，保全了我同胞间的博爱。吾人若想达到世界理想之域，完善人类之理性（博爱），必先努力维护国民之独立繁荣。如果只是一味心醉于高远的理论，失去国民之观念，忽略国家之生活，结果必定是其目的（世界理想）还未达到，自家存立之余地就已丧失殆尽"。② 这里陆羯南一方面否定了其国民主义动机的侵略性，另一方面指出，他倡导的"国民主义"与"博爱主义"并不矛盾。陆羯南承认"世界理想"的高尚性，也认为"博爱主义"、"四海同胞主义"应当是人类追求的终极理想和目标，但是，在现

---

① 陆羯南：《世界の理想と国民の観念》，植手通有《近代日本思想大系4·陆羯南全集》，筑摩書房1987年版，第244—245页。
② 同上书，第248页。

阶段，应该是"国民观念"优先，在一定意义上，"国民观念"、"国民主义"可以说是"达到世界理想的必由之路"。总之，在陆羯南看来，"如果不能保护同胞国民的权利福祉，又焉能谈及世界人类"，国民主义是为了维护一国的独立当然应该行使的权利，是合乎世界潮流的、具有普遍性的理念。

综合上面的考察分析，我们可以看出，首先，陆羯南的"国民主义"主张虽然着力强调国民精神的独立和"自国固有文化"特色的保护，但本质上并不是排他性的文化保守主义。和志贺重昂、三宅雪岭等国粹论者一样，陆羯南也并不是一个"文明开化"的反对者。如他在《近时政论考》中表白的那样："吾辈倡导国民论派，并不担心那些学识浅薄之人的嘲笑，反倒是担忧那些偏见固陋之徒的欢欣。"[①] 即国民主义不是攘夷论的再兴，也不是对欧化主义的否定，"国民主义"所追求的是"对外发扬国民精神的独立，对内实现国民精神的统一"，强调的是民族文化、民族精神的自立。其次，在提出"国民主义"的初始阶段，陆羯南基本上是站在防御性的立场上来论述他的"国民主义"主张的，他虽然也清楚地看到了弱肉强食的国家生存竞争的残酷性，极力强调"国民主义"之于国家存立的重要性，但同时他也表露出了对"博爱主义"、"四海同胞主义"等人类理想的尊重和憧憬。正是因为还有这样的人文情怀，陆羯南才反复地强调他的"国民主义"是"公法上公认的自卫的国家主义"，而非"彼以文明富强自负的诸大国抱有的侵略性的国民主义"。

作为国粹主义的主要代表人物，志贺重昂、三宅雪岭、陆羯南各自分别从不同的角度对国粹主义进行了阐释，志贺重昂的国粹主义地理学、三宅雪岭对东西方文明提出的哲学性思考、陆羯南具有现实主义色彩的政治评论，尽管是"三人三样"，但是从他们的论述中不难看出，他们的思想出

[①] 陆羯南：《近時政論考》，鹿野政直《日本の名著·37》，中央公論社 1977 年版，第 117 頁。

发点和立论的目的是一致的，即意图唤起日本人的爱国热情和民族精神的自觉，维护日本的独立，反映了正处在上升时期的日本近代民族主义的主要面貌和特征。

◇第二节 国粹主义的"国民国家"构想

近代民族国家的建构通常包含两个层面的内容，其一是国家的形成，其二是国民的形成。在日本近代民族国家确立的过程中，国民的形成、国民的"定位"一直是朝野之争的焦点所在。国粹主义与明治政府国家主义的对峙很大程度上也是围绕着"国民像"的设定展开的。明治政府通过颁布《大日本帝国宪法》与《教育敕语》，将日本国民定格在"忠良臣民"的位置，试图在天皇制绝对主义的框架之内，以自上而下的国家主义方式实现富国强兵的国家目标。这即意味着国家权力在国家生活的各个方面对国民权力的压制。国粹主义与明治政府"国民不在"的国家主义不同，它强调国民政治权利、国民福祉的保障，主张以自下而上、由国民全体参与的方式，来推动日本走向国富民强，国粹主义所揭示的是另外一种国家发展的构图。本节主要从国粹主义对劳动问题的关注以及国粹主义的政治构想、经济构想几个方面来探讨其与明治政府国家主义之间存在的异质性。

一 国粹主义者对劳动问题的关注——以高岛煤矿事件为中心

明治政府推行的自上而下的殖产兴业政策对于日本近代产业化的发展起到了重要的作用。但是，从其本质来看，日本的产业化"并非作为一种经济价值，而是作为一个应当实现的国家目标（富国强兵）即一种集体主义价值而被追求的"。① 也就是说,明治政府所推动的"殖产兴业"措施,其终极目的是为了尽快扭转日本封建落后的经济状态,积累国家财富,以实现"富国强兵"。"富国"而不是"富民",这种国家主义的经济思想决定了明治政府自上而下的经济近代化必然是与广大劳动人民的福祉相脱节的。众所周知,明治政府的殖产兴业政策,保护的是政商、财阀的利益。在急速发展的产业化浪潮中,财阀手中的财富积累越来越多,而付出了辛勤劳动、为国家创造了财富的工人、农民生活却越来越贫困。工人不仅劳动强度大、工资低廉,而且劳动条件极为恶劣、严酷。在缫丝、纺织业的手工工场中,工人每天的工作时间长达十五六个小时,而矿工的生活境遇则更加悲惨,可以说日本近代资本主义的急速发展是以残酷压榨工人、农民,牺牲他们的利益为代价的。明治十年代后半期,随着日本人近代国民意识的形成,劳动问题逐渐引起了媒体及社会的关注。"高岛煤矿虐待矿工事件"即是"明治前期资本主义原始积累过程中出现的最大的劳动问题"。②

高岛煤矿在江户时代末期由佐贺藩锅岛家所有。1868 年,锅岛直大命家臣松林源藏与英国人合作,开始采用西方先进的矿山开采技术进行开采经营,高岛煤矿作为幕末雄藩锅岛家殖产兴业的一环获得了快速发展。1874 年,高岛煤矿收归国有,置于工部省的管辖之下,但是很快就在同年的 12 月,以 55 万日元的价格出售给了后藤象二郎经营的蓬莱社。1881 年 3 月,高岛煤矿由于经营不善,负债累累,不得已让渡给岩崎弥太郎的三菱会社,此后,在三菱的经营下,高岛煤矿的规模不断扩大,至明治二十年代前后,达到了最为鼎盛的时期,而"高岛煤矿虐待矿工事件"的发生和曝光,恰

---

① 富永健一:《日本的现代化与社会变迁》,李国庆等译,商务印书馆2004 年版,第117 页。
② 佐藤能丸:《明治ナショナリズムの研究:——政教社の成立とその周辺》,芙蓉書房1998 年版,第93 页。

恰就发生在这一时期。

最先关注到高岛煤矿矿工遭受非人待遇，并将其作为社会问题进行报道的是福冈县的《福陵新报》。《福陵新报》从1887年11月开始连续数天对高岛煤矿矿工遭受苛刻待遇的实际情形做了报道。12月17日，该报又刊载了《高岛煤矿矿工的惨状》一文，该文是原三菱公司职员吉本襄[①]对自己所见所闻的记录，因此引起了媒体舆论的密切关注。紧接着《大阪日报》以同样的标题进行了转载，同时，大阪的《东云新闻》在其创刊号上也以《矿工的惨状》为题做了报道。[②] 但是高岛煤矿事件演变成全国性的一大社会问题而引起明治政府的关注，还是在政教社的机关杂志《日本人》对此进行了大力宣传和报道之后的事情。

杂志《日本人》有关高岛煤矿的报道，最早见于第6号（明治二十一年六月十八日）杂录一栏中登载的松冈好一[③]《高岛煤矿的惨状》一文。以后一直到第14号（明治二十一年十月十八日），连续四个月，《日本人》对高岛煤矿问题进行了大量的报道，刊载了包括社论、评论、社外来稿在内大大小小19篇文章，其中尤以第9号最为集中。《日本人》第9号所刊载的有关高岛煤矿问题的文章有社论《舆论为何漠视高岛煤矿的惨状》（无署名）、今外三郎的《高岛煤矿》、三宅雪岭的《应该如何对待三千奴隶》和松冈好一的《告〈日本人〉读者诸君》。除了政教社成员的评论以外，还集中登载了吉本襄的《向天下人士控诉》、《记述高岛煤矿矿工之惨状以告世之志士仁人》、《高岛煤矿矿工被虐待之境遇实况》三篇文章，足可见政教社同人对于高岛煤矿问题的高度关注。高岛煤矿问题经过《日本人》集中

---

① 吉本襄：长崎县人，曾在高岛进行过为期一年的矿工生活调查，是第一个将高岛煤矿虐待矿工事件曝光的人。
② 佐藤能丸：《明治ナショナリズムの研究——政教社の成立とその周辺》，芙蓉书房1998年版，第94—95页。
③ 松冈好一：政教社成员，曾在高岛煤矿担任过监工，《高岛煤矿的惨状》一文即是松冈实地考察和体验的记录。

火力、连篇累牍的报道，终于引起了社会舆论的强烈反响。随着事态的扩大，明治政府不得不开始插手调查此事。1888 年 8 月 16—24 日，内务省警保局局长清浦奎吾受命赴高岛进行了为期 9 天的实地调查，《朝野新闻》《邮便报知新闻》《东京电报》以及《国民之友》等各大媒体都分别派出记者进行了跟踪报道。清浦在实地视察结束之后，于 8 月 24 日对高岛煤矿发出了九项整改劝告，事件才渐趋平息。在高岛煤矿事件上，《日本人》发挥了重要的舆论影响力。

从《日本人》所刊载的上述文章来看，政教社同人对高岛煤矿矿工虐待事件的关注主要集中在如下几个方面

第一，从生命、人的尊严、人权等人道主义的立场出发，对矿工所处的奴隶般悲惨境遇给予了深切的同情。在社论《舆论为何漠视高岛煤矿的惨状》一文中，作者这样写道："予辈——替天疾书，代地呼吁，其者为何？曰唯救济高岛煤矿矿工一事。所谓救济高岛煤矿矿工一事所由何来，曰：生于明治太平之世，栖息在鼓腹击壤、国泰民安之国度，而其身却沉沦在人生最悲惨之境遇，虽是有情之人类，却被驱使如无情之机械，欲回归故里却无船舶搭载，想留在原地，又恐遭受笞杖鞭挞之责，没有快乐，没有希望，没有骨肉团聚之幸福。邮件往来被阻断，与内地交通被离隔，自杀者之多占各国统计数字之最。（予辈）欲救助高岛煤矿三千矿工，其因在此。"① 三宅雪岭在《应该如何对待三千奴隶》一文中也深刻揭露了九州高岛煤矿矿工所受的奴隶般的悲惨待遇，抨击了经营煤矿的三菱财阀对矿工苛刻的剥削和压榨。文中写道："难以置信，（虐待）奴隶的陋习就存在于肥前的高岛，虐待奴隶之状如同人类驱使牛马一样，此种古代异域之恶弊，而今就存在于号称我国第一煤矿的肥前高岛。并非戴罪之身却被鞭挞至皮开肉绽，此乃奴隶之境遇，日夜劳作却苦死街头，此乃奴隶之命数。

---

① （無署名）《輿論は何が故に高島炭鉱の惨状を冷眼視するや》，《日本人》明治二十一年八月三日第 9 号。

世上令人哀怜之人无数，然最令人哀痛者莫若奴隶，最令人悲叹者莫如奴隶。"① 从这些论述中不难看出，政教社同人将高岛煤矿暴露出来的劳动问题与奴隶问题联系起来，是希望从人的尊严、人权等人道主义的角度唤起舆论对事件的关注。三宅雪岭在《应该如何对待三千奴隶》、今外三郎在《高岛煤矿》文中都列举了欧美奴隶制废除的历程，以及发生在1872年的"玛利亚·路斯号事件"② 等禁止人身买卖的事例，强调了对"人命"、"人权"的尊重是世界通行的人道主义原则，谴责了高岛煤矿对待矿工如奴隶般是文明世界中难以容忍的野蛮行为。

第二，从国家体面、国家荣辱的角度强调了高岛煤矿事件性质的严重性和恶劣影响。松冈好一在《告〈日本人〉读者诸君》中说："矿工救济，并不是仅仅关乎到一个公司、一部分人民的利害的事情，而是关系到国家荣辱的一大事件。"③ 三宅雪岭在《应该如何对待三千奴隶》文中也呼吁："高岛煤矿奴役三千奴隶，势将妨碍正当之工业。高岛煤矿奴役三千奴隶，势将损害素有仁慈之名的帝国人民的体面。高岛煤矿奴役三千奴隶，势将毁灭锐意发展文化的整个东洋的光荣。高岛煤矿奴役三千奴隶，势将阻碍经千秋万载进化发达起来的人类社会的大道。"④ 可见，在政教社国粹主义者看来，"高岛煤矿奴役三千奴隶"，不仅是对日本产业正常发展的阻碍，更是一种与日本帝国"文明形象"格格不入的陋习，是日本的耻辱。这种陋习会损害欧美"对于日本的评价"，也会"毁灭整个东洋的光荣"，最终

---

① 三宅雪嶺：《三千の奴隷を如何にすべきや》，《日本人》明治二十一年八月三日第9号。

② 1872年，一艘名为玛利亚·路斯号的俄罗斯船偷载了230名中国人，试图贩卖到欧美等地。在横滨停泊期间，一名叫木庆的广东人因不堪忍受船长的虐待而逃脱，引发了人口贩卖事情的败露。后在英国及日本政府的斡旋下，船上的中国人被全部释放。

③ 松冈好一：《〈日本人〉読者諸君に告ぐ》，《日本人》明治二十一年八月三日第9号。

④ 三宅雪嶺：《三千の奴隷を如何にすべきや》，《日本人》明治二十一年八月三日第9号。

阻碍日本为世界做贡献。换言之,"高岛煤矿的实态对于当下的日本而言,不论是从产业兴隆等国内方面考虑,还是从国际层面来判断,都是产生负面影响的要因"。① 这种观点可以说是政教社同人的共识。国粹主义者将高岛煤矿事件这一国内的劳动问题与日本的国际形象联系在了一起,充分反映出了其欲与欧美列强对峙,伸张发展亚洲及日本固有长处的国粹主义的立场。

第三,从日本产业发展的前途对政府以及企业家提出了警告。在《高岛煤矿》一文中,今外三郎表明:"予辈之所以始终关注评论此事件,并不仅仅是出于对矿工的怜悯,而是希望国家事业的强盛,希望不要妨碍到文明的发展。今日我国若欲以商业主义立国,则可知予辈痛言之目的。"他强调:"高岛煤矿的事态如果在今日不改,则不仅是彼三千矿工之不幸,我国以后可勃兴之事业,其萌芽也会受阻。"② 这里今外三郎指出了高岛煤矿的问题不仅仅是人道主义的问题,还是关涉到国家今后产业发展的大问题。在《要闭目塞听吗》一文中,今外三郎再次敦促,"予辈断言矿工虐待在经济上绝不是善策",对高岛煤矿的矿工虐待放置不管,不仅不利于企业的长远发展,也将对国家的发展产生不利影响。"如若今日之状况,永远这样持续下去,其结果必然是自己招致意外的损耗。社主们啊,你们如果没有耳聋目盲,就听从予辈的忠言吧。予辈并非以吐激愤之言为快之人,予辈喋喋不休,只是主张矿工虐待对于事业的发展有弊无利,矿工虐待不仅影响波及经济,也会影响到政府的施政以及社会的稳定。如今事情已经披露在世人面前,改良之、救济之,不正是一国政府应尽的义务吗?"③ 松冈好一

---

① 佐藤能丸:《明治ナショナリズムの研究:——政教社の成立とその周辺》,芙蓉書房 1998 年版,第 104 页。
② 今外三郎:《高島炭礦》,《日本人》明治二十一年八月三日第 9 号。
③ 萝卜居士(今外三郎):《耳聾せるか目盲せるか》,《日本人》明治二十一年八月十八日第 10 号。

在《告〈日本人〉读者诸君》中也提出质疑，指出靠苛刻的劳动条件压榨工人，是不可能使产业走上正规发展道路的，产业不能发展，国家又岂能在弱肉强食的国际环境中存立？由此可知，对于政教社同人来说，虽然国家的强盛是他们追求的最终目标，但是，产业的发展、国家的强盛不能够以牺牲国民的幸福和权利为代价，"殖产兴业的大目的是要利民，造福于民，工业获得了兴盛，而遭受虐待的矿工人数增加，这绝不能说殖产兴业的目的就达到了。……损害人命，侵害人权，唯期待（产业发展的）结果，不是予辈发展产业的目的所在"。①

从政教社同人所作的上述评论来看，国粹主义者对高岛煤矿事件的关注并不只是站在远处，对矿工的悲惨处境一洒同情泪而已，他们更多地将这一劳动事件作为日本资本主义发展过程中凸显出来的内部矛盾来加以把握，试图在产业的发展或者说国家利益与国民的福祉之间寻求一种平衡，即在增进国民的民生与福利的基础之上，达到"富国"的目的。国民的福祉、国民的权利与国家利益、国家的名誉在国粹主义的思想里占有着同等重要的位置。

二 国粹主义的"立宪政治"构想

三宅雪岭、志贺重昂在政教社成立初期都不同程度地在《日本人》上发表过时论、政论，尤其是三宅雪岭。《日本人》创刊初期，三宅雪岭在《日本人》上撰写了《占卜萨长前途》（第2、3、5号）、《对森文部大臣的期望》（第11号）、《有时弹劾是非常必要的》（第18号）、《官吏的辞职是为己、为国》（第20号）、《评大日本帝国宪法》（第22号）等文章。在这些文章中，三宅一方面对明治政府的藩阀专制体制给予了批判，另一方面

---

① 今外三郎：《高島炭鉱》，《日本人》明治二十一年八月三日第9号。

也阐述了自己的政治理想和思想主张。

在《有时弹劾是非常必要的》一文中，三宅将国家的政治体制区分为"完备的专制政治"、"错杂的专制政治"、"错杂的立宪政治"、"完备的立宪政治"四种。三宅认为"完备的专制政治，弹劾是非常必要的"。这种体制"由英主总揽大政，克己而励精图治，宵衣旰食"，如无"下士对有司之贪污的弹劾，则无法显示治理之实效"。"错杂的专制政治，弹劾并不是非常必要的"，因为在这种体制下，"朋党竞相谋取私利，指鹿为马"，"即便弹劾也只不过徒然激发一些纷扰而已"。对于"完备的立宪政治"，弹劾也不是非常必要的。因为这种体制"已然十全十美"，弹劾只不过是一个功能性的程序而已。相比之下，"错杂的立宪政治"，弹劾是非常必要的。通过弹劾可以"逐渐消除擅断之风，使官制走向公正，施政变得精确"。① 三宅指出，日本"绝非专制政治。明治十四年敕谕②有云，'朕早已期待建立立宪之政体，以成后世子孙相继之业'。又云：'以明治二十三年为期，召集议员，开设国会'"，所以，日本定然会走向立宪政治。但是这种立宪政治是错杂的还是完备的呢？三宅认为，如同人"不能从生下来就会走路、说话、读书"一样，立宪政治也一定会经历一个由"错杂的立宪政治"到"完备的立宪政治"的转变。"明年宪法颁布后，认为弹劾无关紧要者，即是想把我国变为专制政治……"③ 从这篇文章中不难看出，三宅所向往的是英国、美国那样的"完备的立宪政治"，他主张在日本的立宪政治建立起来以后，还应该建立起"弹劾制度"，促动政治向"完备的立宪政治"转变。

明治宪法颁布后不久，三宅即在《日本人》第22号上撰写了《评大日

---

① 三宅雪嶺：《弾劾ノ切要ナル時アリ》，《日本人》明治二十一年十二月十八日第18号。

② 明治十四年，政府以天皇敕谕的形式发布公告，承诺在十年以后颁布宪法，开设议会，建立立宪政体。

③ 三宅雪嶺：《弾劾ノ切要ナル時アリ》，《日本人》明治二十一年十二月十八日第18号。

本帝国宪法》一文，再次表达了他对立宪政治的拥护和期待。三宅在文中开头即列举了宪法中的五项条款，认为"作为臣民无不欣喜感佩"。这五条分别是：第37条，所有法律要经过帝国议会的协赞；第41条，帝国议会每年举行；第55条，国务大臣辅弼天皇，为天皇尽其责；第64条，国家的岁出岁入应以每年预算的形式经帝国议会的协赞；第73条，将来此宪法的条款若有改正之必要，应有敕命，议案应付帝国议会审议。由此可见，三宅所重视的是有关立法、预算、宪法修改等规定议会权限的条文，显然，他的立场是议会主义。三宅认为："宪法应该欣然接受。然不能以此来约束执权者，此乃人民之罪。不能以此确保国家安宁，也为人民之罪。不能以此来彰显帝国荣光，也为人民之罪。宪法既出，若人民能奋发有为，摆脱屈辱压迫则指日可待。人民如若依然碌碌无为，甘愿忍受不法待遇，则恐难对得起天皇陛下之恩赐，实乃国家之罪人。"① 对于三宅而言，人民不仅应当享有"居住迁徙、信教、言论、著作、集会、结社、请愿等的自由权利"②，而且还应该由人民来正确恰当地应用宪法，通过议会发挥各自的能力，这才是"约束当权者"、"确保国家安宁"、"对外显现帝国荣光"的唯一手段。这是三宅雪岭"国民国家"理念的基本架构，用三宅自己的话来概括，即是"君民共治"。

主张"日本国粹帝室论"的菊池熊太郎在《欲保存助长日本国粹，必需设立宰相责任制》一文中也阐述了与三宅雪岭类似的立宪政治主张。菊池认为："若要巩固我国之国体，必须实行宰相责任即政党内阁制。比如像英国政体那样，以舆论的力量来弹劾内阁的政治失误和弊端，使内阁进行更迭，如此，当政者虽为少数政治家，但其进退要随舆论的潮势，所以，

---

① 三宅雪嶺：《大日本帝国憲法を評す》，《日本人》明治二十二年一月十八日第22号。

② 同上。

实质上是由全国人民来支配国家。"①

志贺重昂也认为实行立宪政治,赋予国会弹劾内阁的权力是一件利国利民的大事。在《赋予国会弹劾的权利丝毫无害,反有巨大益处》一文中,志贺将赋予国会弹劾之权利的益处归结为"可保帝室之安全、国民之和平,促使执政者尽到其责任"。②

关于实行立宪君主制的主张,陆羯南在《近时政论考》里也有明确的表述。他在论述"国民论派在政事上的主旨"时说道:"所谓国民政治(ナショナル・ポリチック),对外意味着国民的独立,对内意味着国民的统一。而国民的统一,其本来意义即是指,属于国民全体的事情,必须有国民全体的参与。昔日并不存在国民的统一,纵然有,也只不过是外观而已,实质上是一个种族、一个地方或是一个党羽的恣意专权。帝室、政府、法制、裁判、兵马、租税等,这些事物原本都是属于国民全体的,但在过去,这些都成了国民中一部分人的私有物。这不是真正的国民统一。国民论派对内意欲匡正此等偏颇、分裂的现状。所以,所谓国民政治,在这一点上可称为世俗的舆论政治。'天下是天下人的天下',将此理念贯彻于实处,由全体国民来掌管国事,这就是国民论派在内政方面的第一要旨。基于这一理由,国民论派确定立宪君主政体为良善之政体。"③

由上可知,国粹论者虽然都是天皇、帝室的拥护者和崇拜者,但是对帝室的情感在他们的思想主张中并不拥有排他性、独占性的绝对价值,他们并不主张君主专权,而是倾向于建立真正意义上的君主立宪体制,主张实行政党责任内阁制,由民意来决定内阁的去留,通过弹劾来监督执政者,

---

① 菊地熊太郎(菊池熊太郎):《日本国粋を保存し助長せんとすれば責任宰相の制を設けざるべからず》,《日本人》明治二十一年十二月十八日第18号。

② 志賀重昂:《弾劾の権利を国会に付与するは些害なくして巨益あり》,《日本人》明治二十一年十二月十八日第18号。

③ 陸羯南:《近時政論考》,鹿野政直《日本の名著・37》,中央公論社1977年版,第121頁。

是一种强调国民存在的政治理念。对于皇室，国粹论者的基本主张是："帝室直接承担政治上的责任，恐怕损害国民（对帝室）的感情，妨碍国粹的助长"，[①]"王室应卓立于（政治）风波之外，如此，则王室愈加神圣，愈能赢得国民赤子的尊敬"。[②] 即"精神上的权力与实际权力相互分离"，[③] 皇室作为日本国民情感、精神的寄托，不受世俗政治权力的制约，是一种超政治、超世俗的存在。

不过，需要特别指出的是，国粹主义者虽然都是立宪政治的热烈支持者，在政治领域内采取的都是进步主义的态度，但是他们的政治追求与西方国家的君主立宪政治还是存在一些本质上的不同。这一点，我们可以从陆羯南的政论里获得佐证。

如在《家族的生活以及政治的生活》一文中，陆羯南有这样的论述："人生以理立足、以情行事。……凡人事关系不外两种，其一为政治关系，其二为家族及社会关系。政治是每个人行使理的场所，故其关系必以理的制裁为主。与之相反，家族及社会是沟通情谊的地方，其关系必以情为主。古人以情施政，此为族长政治、寡人政治、门阀政治。此种政治以人之德性为基础，以老为老、以长为长，唯以崇敬二字为人生之第一要义。今人则以理为家族、社会之准绳，此乃19世纪无君无父之社会。此种社会以人之理性为基础，强调权利和义务，以平等二字为人生之第一要义。吾辈既嫌恶古人的族长政治、寡人政治、门阀政治，同时亦嫌恶19世纪无君无父之社会。若以情克理，则政治绝无正义；若以理克情，社会相爱之风则灭。人类社会以理、情组成，其中有一个要素欠缺，则社会就不可能成为完整的社会，如同一个半身不遂

---

① 菊地熊太郎：《日本国粋を保存し助長せんとすれば責任宰相の制を設けざるべからず》，《日本人》明治二十一年十二月十八日第18号。

② 志賀重昂：《弾劾の権利を国会に付与するは些害なくして巨益あり》，《日本人》明治二十一年十二月十八日第18号。

③ 菊地熊太郎：《日本国粋を保存し助長せんとすれば責任宰相の制を設けざるべからず》，《日本人》明治二十一年十二月十八日第18号。

之人难免残疾者之名。不是以情克理即是以理克情，欲医治寒病却反而患了热病，此乃吾人社会之常态。其缘由所在，吾辈以为即在家族与政府之关系。家族生活发端于（人类）自然之德性，且能够启发人类自然之德性者，主要在于情。政治生活发端于自然之理性，且充分利用了此种自然之理性，其核心在理。故由外观之，家族生活与政治生活似乎判然有别，然进一步由内观之，二者之间却有密切的关联。政治生活中未必不需要家族生活的要素，而家族生活中亦不能说完全排除政治的要素。即政治生活中也需要崇敬、相爱、同胞主义等家族生活的要素，而严格、方正、威令等虽为政治生活的要素，但在家族生活中也并非无用。"①

从这篇文章中我们不难看出，陆羯南对于西方政治制度中的所谓民主、法制是抱有深深的怀疑和反感的。他认为君主独裁的寡人政治、门阀政治固然有很多弊端，但是西方的政治体制也绝非尽善尽美。在陆羯南看来，欧洲社会是一个"无父无君"、不讲道德仁义的冷酷的社会，欧洲的政治文明强调的是利己主义和竞争主义，在这样的社会里，法理湮灭了人类应有的君臣大义、父慈子孝、兄弟相爱等"自然之情"，因此，欧洲社会绝非理想的"完备"的社会。陆羯南认为欧洲的立宪政治、政党政治、法治主义这些所谓的近代政治形态"是将人的本质做了低劣的解释"，是强调"利己心、党派、生存竞争的政治"，"表面看起来先进，实则阉割了人的道德心、责任意识，是霸道而非王道"。② 陆羯南所憧憬的理想的政治形态既不是"族长政治、寡人政治"，也不是西方社会那种"君可不君、臣可不臣、长可不长、幼可不幼"，一味强调"民主、平等"的法理主义政治，而是主张

---

① 陆羯南：《家族の生活及び政治的生活》，《東京電報》明治二十一年十月二十一日第638号，植手通有《近代日本思想大系4・陆羯南全集》，筑摩書房1987年版，第192頁。

② 陆羯南：《原政及国際論》，西田長寿、植手通有編《陆羯南全集》Ⅰ，みすず書房1968—1985年版，第132—133頁。

营造一种"理与情"相结合的、上下有别、长幼有序、君主贤明、臣子忠义的政治生态环境,按陆羯南自己的话来讲,即"在上仁下忠,君民和合蔼然相接之际,确立起立宪政体"。① 可见,陆羯南的"立宪政治"主张其实是儒教思想伦理与西方近代政治制度的结合体。

三 国粹主义的"富民"理论

国粹论者强调"国民精神的发扬",认为"保存国粹、助长国粹"是维护日本民族独立、实现"与万国对峙"的根本途径,但是,他们并不是精神万能论者。国粹论者对于物质财富之于国民、国家的重要性有着充分的认识。志贺重昂指出:"确定日本立国之根本唯有两种方策,一为无形的,即日本国民思想之独立;二为有形的,即增强日本国民的实力。前者即所谓培养大和民族每一个国民的自主精神,不去一味模仿他邦之开化,而是要养成、积累自己的特性、才干、技能、精神、秀萃,并进行淘汰改良,即'国粹保存主义'。后者即发展日本的生产力,增加每个国民的财富。此二者恰如辇车的两轮、禽鸟的双翼(缺一不可)。不管国民拥有多么高尚的独立精神,如果财力软弱,终究还是无法创造出真正的文明开化。反过来,即便是财富富饶,国民若无高尚的自主独立的精神,国家终究也会为他邦所灭,其国民只能尽皆流离漂泊,如同犹太人之亡国一般。"② 志贺重昂认为,物质的富足是国民精神独立的基础和保证,因此,发展生产、增值财富、使国民富裕,与"国粹保存"同等重要。

在政教社同人中,对"殖产兴业"有过较多论述的是志贺重昂和今外三郎二人。志贺重昂曾在《日本人》第 8 号、第 10 号、第 12 号、第 15 号

---

① 陆羯南:《日本国民の新特性》,《日本》明治二十二年二月十一日第 1 号,植手通有《近代日本思想大系 4·陆羯南全集》,筑摩书房 1987 年版,第 208 页。
② 志贺重昂:《日本生産署(緒論)》,《日本人》明治二十一年七月十八日第 8 号。

上发表《日本生产略》，阐述了他的经济主张。志贺重昂认为："放眼通观蜻蜓州①首尾，其财力不仅远在西洋诸国之下，就连近邻的中国都无法匹敌。想来所谓文明开化乃意味着生活情趣趋于高尚，然若探究其源泉，终究来源于财力即生产力的高度发展。既然输入西洋的文明开化，并欲将其放在（国策的）首位，则必然需要具备有与之相称的生产力。如若不顾国内的生产力状况，只妄自追求文明开化的外观，只能招致国家破产、国民流离失所。古人云，量入为出。然像当今这般量出为入（的做法），本不为深谋远虑之人所取。"② 即志贺认为，学习西洋文明，首先要考虑国家的财力，不能只图文明开化的外观，而使国民生活穷困潦倒。"穿着锦衣而乞食街头，绝不是文明的真正之所在，名实、表里兼具，尔后才能夸耀为真正的文明。"③ 因此，在日本国力还很落后，国民物质生活还很贫穷的情况下，日本应该更加"奖励生产的发展"。按照志贺的设想，日本应该成为一个"生产的大国"，日本国民应该成为"大生产者"。在这一点上，志贺的主张可以说与倡导"平民主义"的德富苏峰在思想主旨方面有异曲同工之妙。④

---

① 蜻蜓州：指日本列岛。
② 志贺重昂：《日本生產畧（緒論）》，《日本人》明治二十一年七月十八日第8号。
③ 同上。
④ 德富苏峰的平民主义一方面对明治政府不顾国力、民力，一味崇洋、媚洋的贵族欧化主义做派给予了批判，另一方面也对政府的军备扩张优先政策提出了异议。在《将来之日本》一书中，德富苏峰指出维持社会生活的手段大致可分为两类，一种靠武备，一种靠生产。"武备社会"受专制主义、贵族主义、侵略主义支配，是不平等的社会，而"生产社会"崇尚自由、平等、和平，正义受到尊重，是能够带来平等的社会。他主张日本"应当成为生产的国家，遵从生产机构发展的必然原理，根据自然的结果，应当成为平民社会"。日本应当"采取和平主义，以成为商业国、平民国"（德富蘇峰：《将来之日本》，《明治文學全集34》，中央公論社1935年版，第56頁）。在反对军备扩张优先的这一点上，国粹主义论者与平民主义论者之间存在一些相通之处。志贺重昂、三宅雪岭等人也主张日本应该优先发展生产，让国民的生活富裕起来，而不是优先扩张军备。但不同的是，德富苏峰的"平民主义"标榜和平主义，崇尚自由、平等，而国粹主义论者则始终对内谋求国民爱国心的树立，对外强调国权的伸张，是强硬的"国权主义"论者。

志贺重昂在《日本生产略》的绪论中列举了日本可以成为"一大生产国"的十大条件，并相应地提出了一些"殖产兴业"的构想。志贺认为，第一，日本的地形细长狭窄，南北绵延伸展，有着漫长的海岸线，有利于海运事业的发展。同时气候寒温、干湿偏差较大，故物产种类繁多。第二，日本的地形细长狭窄，南北绵延伸展，而成分水岭之处，有巍峨的山脉与海岸线并行，绵亘于国土中央，生长出半寒带与温带圈里的植物。第三，日本的地理位置不是与地平线平行，而是呈纵向状，其山脉走势也多呈纵向，从地质学的角度来看，日本全国到处都有煤层分布，煤炭供给富足，可成为将来制造业发展的基石。第四，日本为岛国，四周海水环绕，近海鱼类繁多，海产丰富，可以大力发展渔业。志贺建议，应该改良繁殖鱼类、捕捞等的作业方法，组织渔民成立渔业公司，政府应该保护渔业的发展，特别是要庇护从事捕鲸事业的渔民，制定渔业法。日本将来可成为北洋水产渔业的中心。第五，日本位于亚细亚与北亚米利加（北美）两大陆之间，东南靠近南亚米利加，西南与东印度群岛相对，且与濠太利（澳大利亚）、南洋群岛正面相隔；东面以富庶雄踞于宇内的北美合众国可成为日本绿茶杂货的贩卖市场；北面俄国领的浦盐斯德、黑龙江，将来可成为北海道农产物销售贩卖的好市场；西面的中国，是日本水产品和食盐的市场；南面的澳大利亚、新西兰，将来可以成为日本杂货、纺织品的贩卖市场。第六，日本与澳大利亚、南美之间的航海贸易，可利用东北、东南季风，缩短航海的时间，减少煤炭燃料的使用。第七，日本与北美间的航海贸易往返都可以利用顺风和海潮。第八，北半球和南半球季节相反，日本在北半球，澳大利亚在南半球，所以，日本和澳大利亚之间可以开通贸易，进行物产交换和互补。第九，日本蕴藏着丰富的天然山水，风景优美，芙蓉峰（富士山）顶的雪、吉野的樱，风土之秀美已在不知不觉之间孕育出了日本国民的美术观念（审美情趣）。第十，日本国民富有独特的审美情趣，所以，日本国民未来可成为"精妙的大美术家、大制造者"。①

志贺重昂的生产设想虽然难免存在一些牵强附会之处，但从中不难看出，志贺的总体思路是主张日本利用自身的地理条件优势，发展国内生产，开拓国际贸易，即志贺首先是一个生产立国、贸易立国论者。除了主张大力发展生产，增值国民财富以外，志贺重昂还强调政府要节约开支，减轻人民的租税负担。从前面的引文中也不难看出，志贺对于下层劳动人民的疾苦一直都抱有同情之心："草根掘何苦，未掘泪先垂，树皮剥更艰，未剥腹先饥。嗟哉太平日，不异扰乱时，使民至此极，其罪可归谁。"② 志贺认为，"拯救哀哀多数生民之方策"在于"减轻彼等负担，以此间接地增殖其生产力"。"一般减轻租税，即意味着政府岁出的节减"。在《日本生产略》里，志贺以明治二十一年为例，对政府的军费、内务省的各项开支、任用官吏的费用等逐一进行了核算，指出日本存在"经济世界中财富分配的不均，由此而导致了融通的迟缓、生产发展的迟滞"。应当"减轻日本人民之负担，使其衣食住有余裕，进而产生创业之动力"，如此，则可"增殖资本，使金融通畅，使国内百般事物富有活力。资本家为事业繁多、利润增加而愉悦，贫民各个拥有职业，丰衣足食，烟火千里，鸡犬声相和"，其和谐繁荣之景象犹如米尔顿③诗赋中所描绘的景色。④ 可见，志贺重昂对于明治政府以牺牲多数国民的利益，一味追求贵族式的"文明开化"，不顾民力、扩张军备的"富国强兵"政策是持反对态度的，志贺的理想是要构建一个没有贫者、人民共同富裕的"大同社会"。即先富民，后富国，"民富"才是真正的"国富"，这是志贺重昂所提示的经济构想的核心。

但是另一方面，作为一个国粹主义思想家，志贺重昂的"生产谋略"、

---

① 志贺重昂：《日本生産畧（緒論）》，《日本人》明治二十一年七月十八日第8号。
② 志贺重昂：《日本生産畧（四）》，《日本人》明治二十一年十一月三日第15号。
③ 约翰·米尔顿（1608—1674），英国诗人，著有叙事诗《失乐园》、《复乐园》。
④ 志贺重昂：《日本生産畧（四）》，《日本人》明治二十一年十一月三日第15号。

"富民"构想又始终是围绕着国家利益展开的。如他在批判官商勾结恶习的时候这样说:"必须杜绝绅商依傍权门、仰赖(政府)保护的弊风。这般不良风气妨害了生产社会诚实健全的发达,业已引起了社会舆论的不满。凡人心皆有脆弱之处,既然接受了人的贿赂,就会产生保护赠予者的念头。予辈寄希望于诸公,切勿接受这般贿赂。予辈并非是想劝告诸公完全杜绝与绅商诸士的交际,只是祈愿诸公坚决树立起公私区别(之观念),切勿(对绅商)进行保护干涉。在此,或有人会说,保护干涉一两个绅商,不会造成什么后果。然而,其影响所及之处,即是竞争心的消弭、企业思想的杜绝、依赖卑屈观念的发达、怠惰骄慢恶德的养成,在不知不觉之间,无以名状的恶劣影响会波及生产世界,终会招致实业的不振、腐败。故消除保护干涉绅商的恶弊,也是促进我实业社会发达的一个方策。借问诸公,招致一国生产世界之腐败,与满足一人一己的中饱私囊,孰大孰小,一国与一人孰轻孰重?"[①] 即志贺重昂对于官商勾结、相互牟利,不是从社会公平正义的角度去看的,而是从影响社会风气、损害国家利益的角度来把握和给予批判的。由此我们可以再次窥见,在国粹主义者的思想意识里,维护日本的国家利益始终是一个至高无上的命题。

与志贺重昂从地理环境、自然条件出发寻找日本产业发展的出路不同,今外三郎主要是从商业道德的养成和政策层面来阐述其殖产兴业主张的。[②] 今外三郎的"经济构想"大致可归纳为:①主张废除政府对政商的经济保护,肃清奸商,"净化实业界腐败之空气"。今外三郎指出:"政府的保护干涉违反了堂堂不可侵犯之自然大法(指自由经济原则),保护政策容易陷入不正当、

---

① 志贺重昂:《日本生产畧(二)》,《日本人》明治二十一年八月十八日第10号。
② 今外三郎的"殖产兴业"论主要见于《日本殖产策》(《日本人》第1号)、《日本的实力》(第4号、第7号)、《日本产业的前途》(明治二十一年十二月三日第17号)、《实业之困难》(明治二十二年五月十八日第25号)、《为了产业社会》(明治二十二年九月三日第32号)、《实业界之大波澜》(明治二十三年七月三日第50号)、《商法的实施》(明治二十三年七月三日第52号)等。

偏颇、党派的保护，招致产业界的腐败。保护政策往往为了保护一两种产业而殃及其他产业，使一般人民无端背上沉重的赋税。"而奸商则"蹂躏吾国之产业"，"只知今日而不知明日，为图一日之利而破百年之大计"，置信誉于不顾。"此种势力若长久横行于世，则吾国之前途无望。"所以当务之急，是要"排除实业界的腐败空气，渐次净化之，以巩固实业之基础"。① ②重视实业教育，强调商业道德的培养。今认为要想"净化实业界腐败之空气"必须仰赖教育，即"德义心"的培养，"教育乃最安全之道，也是一条捷径"。③主张健全产业制度。今外三郎强调"予辈虽因袭教育主义，然其制度选择亦颇有必要。若制度不完备，则会招致产业上的颓废，不道德的公司亦会因保护政策而生"。② 即在培养人们商业道德的同时，还应该选择适当的产业制度。④奖励国际贸易，发展商业。今主张应该充分利用日本是一个岛国，航海便利的优势，积极拓展海外贸易，"我国商人要培养起航海精神，商业活动不能仅局限于国内，还应该有与遥远的外国经商的观念"。③

与志贺重昂强调"减轻赋税"有所不同，今外三郎特别强调的是实业的发展，他认为虽然减轻赋税、休养民力需要倡导，但是，"减轻赋税、休养民力只能是一时的救助策略，绝不能定为永远的实业方向"。④ 即在今外三郎看来，建立良好的商业秩序，选择恰当的产业制度，"人人树立起发展经济的精神和德义心"，"人人确立起安身立命的基础"⑤ 才是日本通向富强繁荣的必由之路。

志贺重昂、今外三郎原本并不是经济学出身，所以他们的产业发展设想更多体现的是国粹主义者的国家建设理想，换句话说即是国粹主义的思

---

① 今外三郎：《日本殖産策》，《日本人》明治二十一年四月三日第1号。
② 同上。
③ 今外三郎：《日本産業の前途》，《日本人》明治二十一年十二月三日第17号。
④ 同上。
⑤ 今外三郎：《日本殖産策》，《日本人》明治二十一年四月三日第1号。

想价值大于经济学价值。国粹主义的经济主张,与其说是一种经济理论,毋宁说是一种"富民"的构想更为贴切。

◇第三节 国粹主义的"亚洲连带意识"

明治维新以来,日本政府确立的基本外交策略是"对外和亲、开国进取","与万国对峙","宣扬国威"。对于西洋,明治政府的基本态度是在"对外和亲"的同时,修改幕末以来签订的不平等条约,确立国家主权的独立。对于亚洲,则谋求确立对于中国、朝鲜等近邻诸国的优势地位,"宣扬国威,伸张国权"。简而言之,即是要"失之东隅,收之桑榆","将失落于西方的利益,补得于周边邻国"。[1] 国粹主义作为反对政府的一种舆论存在,其兴起本身即已表明在对待西方国家的态度上,国粹主义者虽然不是"攘夷论者",但却是"对外强硬论者",他们的"西洋意识"在文化上表现为对西方文明优越绝对性的质疑和对抗,在国际交往层面上则表现出对西方国家的警戒和排斥。[2] 那么,在关涉到亚洲问题的时候,国粹主义的思想意

---

[1] 盛邦和:《19世纪与20世纪之交的日本亚洲主义》,《历史研究》2000年第3期,第133页。

[2] 政教社国粹主义团体是反对不平等条约修改的中坚力量。尤其是在反对大隈重信不平等条约修改的运动中,政教社(包括《日本》报)同人始终站在舆论阵地的最前沿。杂志《日本人》在此期间发表了多篇评论文章,如三宅雪岭的《法典编纂之事业》(1889年6月3日第26号),1889年7月3日第28号的无署名社论《关于条约修改提请各方注意》以及无署名评论《修改条约的利害》、《令人恐惧的是劳动力的输入》、《强硬政略》,署名为三溪居士的《日本人相对于白人之位置》(1889年7月18日第29号)、无署名社论《条约修改、秘密与舆论》、评论《条约修改(案)实施前我政府应将全国枢要土地尽皆买收》等,这些文章除了对日本政府的秘密外交展开攻击以外,主要对大隈重信不平等条约修改草案中的"内地杂居(开放日本内地)"、"任用外国法官"等条款给予了批判,一方面体现出国粹主义者抵御西方势力入侵的民族主义情绪,另一方面也流露出对西方国家的恐惧和排斥。

识又有什么特征呢？探明这一点，对于我们解析国粹主义的思想本质有着重要的意义。

从明治十年代（1878年起）至中日甲午战争这段时间，是东亚传统的国际秩序开始逐步走向崩溃的时期。自从鸦片战争打开了中国的门户，东亚的政治格局就在悄然之间发生着巨大的改变。昔日的中华帝国在与西欧列强的较量中元气尽失，不仅丧失了原来在东亚的宗主国地位，而且自身也面临着被西欧列强奴役、宰割的殖民地、半殖民地的命运。亚洲成了欧美帝国主义势力角逐的竞技场。在这样的国际情势下，日本国内出现了对于亚洲问题的不同看法。是继续作为亚洲一国生存下去，还是要成为西欧列强的一翼，成了日本思想界关注争论的焦点。明治十八年（1885）三月十六日，福泽谕吉在《时事新报》上发表《脱亚论》一文，福泽认为"日本之国土虽在亚细亚的东边，然其国民精神早已脱离了亚细亚之固陋，进入到西洋文明（之行列）。然而不幸的是（日本）有邻国，一曰支那，一曰朝鲜"。此二国"不知一身、一国改进之道"，一味恋慕"古风旧习"，"照此下去不出数年，国家必亡，其国土必为世界文明诸国所分割"。"如今的支那、朝鲜不仅于我日本毫无援助"，反倒是"三国地理相接"，在西洋人看来，难免不会等同视之，以对支、韩的评价来评价日本，"可谓我日本国一大不幸"。因此，"为今日谋，我国与其坐待邻国之开明，共兴亚洲，不如脱其伍，与西洋文明共进退。对待支那朝鲜之法，也不必因其是邻国而给予特别对待，只按西洋人对待之办法处理即可。亲近恶友者难免共担其恶名。我们当彻底地谢绝亚细亚东方之恶友"。① 启蒙思想家福泽谕吉的"这一见解不仅与明治政府，即便是与政府处于对立状态的自由民权运动，

---

① 福沢諭吉：《脱亜論》，《時事新報》明治十八年三月十六日。芝原拓自、猪饲隆明、池田正博《近代日本体系12·対外観》，岩波书店1988年版，第313—314頁。

在思根底上都是相同的"。① 作为日本"国民的导师",福泽谕吉的上述"脱亚入欧"思想在日本近代史上所产生的影响是无须赘言的。

但是,与"脱亚入欧"的主张相对,明治二十年前后,日本社会同时还存在另一种主张"亚洲一体"、"振兴亚洲",实现"亚欧对峙"的"亚洲主义"思潮。这一时期的"亚洲主义","作为一种思想体系,是一种以欧美和世界为参照物的亚洲观,是关于亚洲的思想认知、价值判断和行动主张",② 与中日甲午战争以后出现的"征亚"、"侵亚"的"亚洲主义"有着较大的区别。我国学者杨栋梁将其称为"早期亚洲主义",③ 并认为"肯定和伸张亚洲的价值,呼吁亚洲联合对抗西方是早期亚洲主义的一般特征"。④ 这样来看,以反对"欧化主义"而起的政教社国粹主义者基本上都属于"早期亚洲主义"论者。不过,同是"早期亚洲主义",在不同的倡导者那里,其出发点、思想内涵、目的等都存在差异,正如杨栋梁先生所言:"在'早期亚洲主义'的思想箩筐中,'真、善、美'和'伪、恶、丑'乃至无法以此标准画线的诸种思想混杂在一起,共同构成了日本近代亚洲主义的'早期形态'。"⑤ 那么,国粹主义的"亚洲连带意识"在本质上具有什么样的特征呢?下面让我们先引用一段国粹论者福本日南的论述。

"我伟大的东洋亚细亚洲即将灭亡。坤舆之中,土沃物殷,堪称天府者非天竺莫属,然却为英人所并吞,极尽其骄横粗暴。广漠的西伯利亚占亚

---

① 広瀬玲子:《国粋主義者の国際認識と国家構想——福本日南を中心として》,芙蓉書房2004年版,第29页。

② 杨栋梁、王美平:《日本"早期亚洲主义"思潮辨析——兼与盛邦和、戚其章先生商榷》,《日本学刊》2009年第3期,第127页。

③ 杨栋梁认为,甲午战争前日本人的有关思想和主张,均应纳入"早期亚洲主义"研究的视野。按照这一观点,国粹主义思想中所蕴含的亚洲主义因素也可以视为"早期亚洲主义"的一种形态。见杨栋梁、王美平《日本"早期亚洲主义"思潮辨析——兼与盛邦和、戚其章先生商榷》,《日本学刊》2009年第3期,第127页。

④ 同上。

⑤ 同上。

洲三分之一，而成俄国蚕食之地，俄人呈其陆梁。蒙古、西藏、阿富汗、菲律宾，蒙昧不足论，朝鲜、安南（越南）、缅甸诸国弱小不足以成事，交趾（今越南北部，历史上曾是中国的一个郡）隶属于法国，鞑靼（蒙古族的一部分）被俄国占领。大宛（今伊朗的一部分）、波斯日渐衰微。唯剩日本、满清、土耳其三大帝国，然而土耳其战败之后一蹶不振，日本与满清也无法雄飞宇内。由是，人皆曰：'天下乃欧洲人的天下，非白种人不能称之为人。'呜呼！我亚洲之广大为欧洲三倍，人口为欧洲的两倍，却要受欧人如此支配。六亿五千万人之中，难道就没有像亚历山大、成吉思汗、拿破仑那样可以使落日回天、力挽狂澜的英雄吗？吾览坤舆之图，愤愤不已，按剑仰天长叹久矣。"① 这是福本日南于明治十五年（1882）五月十八日在函馆武藏野的一处旅馆里写下的感想。亚洲虽大，却尽皆沦入英、法、俄列强之手，亚洲人口虽众，却不能起而与欧洲人抗衡，亚洲物产丰饶，却成为欧洲列强的囊中之物。这里充分反映出了福本日南对于亚洲沉沦的不甘和对欧洲列强在亚洲土地上飞扬跋扈的愤恨。显然，在福本日南的观念意识里，亚洲在地理和历史文化上都是一个相对于欧洲的"整体存在"。

这种视亚洲为一体的"亚洲主义"情感和意欲有朝一日振兴亚洲、与欧洲相抗衡的"兴亚"意识可以说是国粹主义者在亚洲问题上的共同点。如志贺重昂曾经在《南洋时事》里呼吁："黄、黑、铜色、马来诸人种若不在今日自谋，此世界必将为白种人专有。予辈黄种人于今当与白种人竞争，探讨防御白种人、保存维护予辈国旗之性命的方策。"② 即志贺重昂是从黄种人对白种人的人种竞争的角度来阐述他的"亚洲一体"、"兴亚"思想的。这里值得一提的是，在《南洋时事》里，志贺重昂基本上是站在呼吁亚洲

---

① 福本日南：《文稿》，引自広瀬玲子《国粋主義者の国際認識と国家構想——福本日南を中心として》，芙蓉書房2004年版，第27页。
② 志賀重昂：《南洋時事》，志賀富士男《志賀重昂全集》第3卷，東京志賀重昂全集刊行会1927—1929年版，第7页。

人民起来一起与欧美列强对抗的逻辑思维的角度来看问题的，因此，他的"兴亚"思想主要表现为"亚洲各国携手"，尤其是强调中日携手，共同应对西方的挑战。志贺这样说："其策别无他，以黄色人种成立强国的相互翼赞联盟，与欧美列国周旋。亚细亚大陆有一国，曰支那。黄河、扬子江两大河流相并行，横贯其（国土）中央，沃野千里，人口众多，物产富饶，若支那人民发挥多年积淀而成的势力，则与白种人诸国轩轾，必定一步亦不会退让。观望此国近时外交上的举措，预想将来彼此（指中日两国）于东洋贸易上的关系，予辈以为切不可忽略（彼此间的合作）。我日本若与此国协同联盟，再与英国气脉相通，以此强固立国之基础，逐步与欧美列国形成对峙，则保护国旗之性命至永远亦绝非难事。若因些许琐碎之怨恨而失却唇齿善邻之交谊，彼此产生隔阂，此绝非智者所取。"① 可以看出，此时的志贺重昂对于中国的确寄予了厚望。但是，这并不能说明志贺重昂始终是一个真心实意的主张中日平等合作的"亚洲主义者"，他的"中日提携、中日联盟"思想只不过是以现实力量的权衡对比为出发点的。他认为中国作为一个历史悠久的老大帝国，实力依然不可小觑，因而主张重视中日"唇齿善邻间的交谊"，中日提携，共兴亚洲。

正是基于这种现实主义的思维方式，志贺重昂在主张"中日提携"的同时，又时不时地流露出与中国竞争，甚至是防范中国的意识。如他在《日本人》第27号的《台湾论》中这样阐述了他的"台湾观"："我琉球之南，海水一苇、潮汐相通、帆影低迷之处，有一大岛，曰台湾。槟榔树叶婆娑之处，披发赤脚之生蕃呼号着挥舞木枪，追逐几群野猪——此乃十五年前之事。谁能料想今日此处已是汽笛回响，铁车吐着浓烟，铺设海底电缆与世界消息相通，架石桥，开道路，浚海湾，筑码头，期间诸多工业发达……呜呼，是谁成就了这般事业？太子少保福建台湾巡抚之一流男儿刘

---

① 志贺重昂：《南洋時事》，志贺富士男《志贺重昂全集》第3卷，東京志贺重昂全集刊行会1927—1929年版，第7页。

铭传氏其人是也。"① 即志贺认为，台湾原本是一"生蕃"、未开化之地，然而，在精明强干的福建台湾巡抚刘铭传的经营之下，现在已经是一个"诸多工业发达"，能够"与世界互通消息"的"崭新的商贸之地"。基于这一认识，志贺一方面评价"台湾的生产世界正以加速度扩张"，另一方面又对台湾在刘铭传将军的治理下商贸日益发达产生了强烈的不安。他指出，"台湾基隆的采矿事业渐次兴盛"，"刘将军致力于台湾所产的樟脑、硫黄、乌龙茶的出口，意欲压倒日本此般产品的贸易"，"台湾乌龙茶早晚会在亚米利加市场上压倒日本茶"，"日本国内的一部分生产者今后必会遭遇到一个可怕的竞争对手"，对此，"予辈岂能冷然坐视"。他强调为今之计日本应该在与台湾的贸易上掌握主动权，密切与台湾的关系。他建议日本首先应该派遣精通生产、贸易的"名誉领事"进驻基隆港，周密细致地考察当地的工商业状况。"我国人首先应考虑选择抵抗力最小、利益最大之地，从此地染手"，如果日本的廉价工业产品能够进出台湾，则台湾会是日本的一大"崭新的贩卖市场"。② 这里，志贺呼吁日本政府、日本商人要对台湾给予足够的重视，通过跻身台湾的商贸竞争来伸张日本在台湾的权利。

如果说上述对台湾的考察和"进出"台湾的策略建言是出于经济竞争意识和发展日本海外贸易的考虑，那么接下来志贺的一番言论却在有意无意之间道出了其对台湾的"特殊感情"。"想来我镇西之地脉延伸止于萨摩，转而进入南洋，经琉球群岛，至台湾忽然崛起，台湾之地势真个宛然在我版图之中。予辈祖先称此岛为高砂。足利幕府末期，我西海所在之不逞之徒、冒险家组成党羽，以此为据点，进入明朝，侵掠江南。当时彼等改称台湾为'日本甲螺'。所谓'甲螺'，即'かしら'，'頭'，意即'日本之首'。呜呼，我日本当年未能占领台湾，实为终天恨事。然其贸易之权尚未落入他人之手。寄予日本好男儿，汝等与其周旋于日本国内纷繁杂扰之小

---

① 志贺重昂：《台湾論》，《日本人》明治二十二年六月十八日第27号。
② 同上。

内治、小时事，何不利用此势力对外以谋大计。"① 这里，志贺重昂以一个地理学家的所谓"实学"知识，站在"历史主义"的角度告诉人们，"台湾本来就是日本版图中的一部分"，日本早应该将其纳入囊中。他认为，日本在明治七年（1874）的"征台之役"②中"放弃"占领台湾，实在是"终天恨事"。幸运的是，目前台湾的贸易权还没有为他人所夺，日本在台湾还有大展身手的机会。此时的志贺重昂虽然提示的是和平主义、商业主义的扩张策略，但我们不能不说，在他的潜意识里已经有了对台湾领土的觊觎之心。随着其后中国局势的进一步恶化，他的殖民亚洲、侵略中国的思想也进一步凸显了出来。③

与志贺重昂初期的"对清认识"相似，陆羯南也是一个重视中日贸易的"日清提携论"者。陆羯南认为中国是一个"富国"，所以，"于国利上不可失"，因为是"邻国"，"于国安上不可失"。④ 所谓"于国利上不可失"，即是说从国家利益的角度考虑，日本不能失去中国这个重要的经贸伙伴。"于国安上不可失"，即是说从国家领土安全的角度考虑，日本不能失去中国这个重要的屏障。简言之，陆羯南主张为了日本的国家利益和安全利益，有必要与"清国"相互提携。陆羯南虽然也批评清王朝的文化守旧

---

① 志贺重昂：《台湾论》，《日本人》明治二十二年（1889）6月18日第27号。

② 征台之役：吞并琉球，占领台湾是明治政府成立以来早就拟好的扩张计划。按大久保利通、大隈重信的话，即"台湾土蕃部落乃清政府政权所不及之地"，"可视为无主之地"，日本可取之。1874年，发生了台湾土著杀害琉球漂流民的事件，日本借机出兵台湾。5月22日日军开始军事行动，到6月3日，日军基本上控制了台湾土著居民区。但是由于列强的干涉，日本被迫从台湾撤兵。

③ 《日本人》有关台湾的论述，还有署名为慕顾学人的文章《台湾屿议》。该文与志贺重昂的《台湾论》在旨趣上可以说一脉相承，也在强调台湾之于日本的重要性，认为"台湾是南洋的第一门户屏藩，是日本制茶的有力竞争对手"，主张尽早"着手"台湾，通过通商手段维护日本的利益。参见慕顾学人《台湾屿议》，《日本人》明治二十二年七月三日第28号。

④ 陆羯南：《对清如何（下）》，《日本》明治二十六年六月九日，《陆羯南全集》Ⅳ，みすず书房1968—1985年版，第148页。

与自负，但是他承认中国社会依然具有"生产力、发展力、社会凝聚力以及世界性的膨胀力"，因此，对于当时在中日贸易中中国人握有商业主导权的现状，陆羯南建言，日本商人应该在贸易实践中"学习清国的商业习惯"。另外，陆羯南不仅没有否认中国人民的政治改革能力，反而还从批判日本政府欧化主义的角度，对中国清政府的洋务运动给予了积极的评价。[1] 但是，陆羯南的这种基于平等竞争意识的"中日提携"思想，到中日甲午战争前后也不可避免地为"对清强硬论"、"支那保全论"取代了。

与志贺重昂、陆羯南从现实的利益得失出发，强调"中日提携"相比，三宅雪岭所重视的是亚洲的悠久历史和传统文化价值，如前文所述，三宅雪岭始终是站在哲学思考的角度来区分东洋和西洋的。也就是说三宅的"亚洲一体"或者说"东洋意识"主要体现在他对亚洲或者东洋在传统文化上所具有的共性的肯定。如他在《哲学涓滴》《真善美日本人》以及《学术上的东洋西洋》《东洋教政对西洋教政》《东西美术的关系》[2] 等诸多著述中所阐述的那样，东洋、西洋在人类学术的发展史上都是不可或缺的重要存在，"西洋在近代通过其智能的集中出色的发挥而成就了其伟大的功绩，但是东洋在古代所做出的贡献以及其学术天才虽然有分散的倾向，但作为学术整体的发展，依然（与西洋）具有对等的意义。将来，二者应相互裨补，朝着达成（人类）学术本来目的的方向前进"。[3] 但是，值得注意的是，三宅雪岭虽然在学术上承认中国古代文明的辉煌，但他是把中国文明放在"东洋"这一整体的框架内来论述的。在三宅雪岭所谓"东洋西洋学术对峙"的概念里，中国的传统文化价值以及中国的古老文明始终是他用来强

---

[1] 李向英：《政教社の対清認識——雑誌〈日本人〉を中心に——》，《日本研究》18，《日本研究》研究会 2005 年版，第 94 页。

[2] 《学术上的东洋西洋》、《东洋教政对西洋教政》、《东西美术的关系》是在三宅雪岭去世后，由野依秀市经营的实业之世界社在 20 世纪 50 年代先后整理出版的。

[3] 柳田泉：《哲人三宅雪嶺先生》，実業之世界社 1955 年版，第 117 页。

调"东洋之伟大"的凭据和理论依托。三宅一方面承认东洋文明起源于邻邦中国，另一方面又极力强调日本作为亚洲文明的"先觉者"，汇聚了东西方优秀的文明，在学术上理应成为"东洋的亚历山大"。显然，三宅是有意通过"东洋"这一模糊的概念，来提升日本的国际地位。三宅雪岭在对待中国的问题上，与上述志贺重昂、陆羯南早期思想中期待建立"中日联盟"、"共兴亚洲"的态度有所不同，他强调的是日本之于中国的优越性，主张由日本来改造中国。

明治二十三年（1890），三宅雪岭在《日本人》第43号（三月十八日）、第44号（四月三日）以及第45号（四月十八日）上连载了《亚细亚经纶策》一文。① 在《亚细亚经纶策》中，三宅从历史、地理、政治、经济、文化等方面对当时的亚洲（主要是中国）形势作了周密细致的考察，并对英、法、俄、德等欧洲列强在向亚洲侵略扩张的过程中，各自所占的优势和不利之处进行了全面的分析，指出亚洲可以利用欧美各国势力相争的机会，在夹缝之中求生存，振兴亚洲，与欧美相抗衡。但是，"振兴亚洲"的领导者非日本莫属。三宅雪岭如是说："（支那）乃拥有亚细亚东南一百五十万哩农业地及渤海南北广漠牧场的老大帝国，可成为世界未来之工业地。物产之丰富，绝无可比之国。人口众多，劳力低廉，地处（大陆）中部，海岸出入虽少，然有深广之大河横贯中腹。无数支流，纵横全国。驾汽船，可悠悠上溯一千五百哩。曼彻斯特的上空煤烟覆盖，其锻铁之声响彻云霄，格拉斯哥都府号称地下藏有无尽之炭铁，然与（支那）十九省之矿藏相比，亦只不过九牛一毛而已。据近时西人之概算，（支那）矿脉绵延之长，胜于全世界总和。而有煤炭之处，即不乏铁矿。上天赐予支那工业之资质可谓厚矣。有如此资质，却长眠不醒，背后究竟有何缘故？无他，无知之罪也。支那乃世界之旧国。在四千年前的蒙昧时代，汉人种由黄河

---

① 《亜細亜経綸策》是无署名社论，但一般认为其作者为三宅雪岭。参见本山幸彦《編者後記》，近代日本思想体系5《三宅雪嶺集》，筑摩书房1975年版，第401頁。

上游迁徙而来，发达增进自家文化，崛起于黄河沿岸偏小之地，征服合并四邻人种，遂成今日广大无比之帝国。就武力而言，鞑靼、蒙古之野民勇猛善战、侵掠四方，（汉土）屡屡受到进犯，或局部、或全部落入彼野民之手。然如同彼等以武力胜敌一样，（汉人）又以文化征服了敌人。其影响波及邻国，尽皆蒙受此开化。如此，终成东洋一家之文明，而无匹敌者。天山之高峰，葱岭之险难，道途辽远，东西间长期消息隔断。……如是，国家以同色人种组成，由同一政府统御，发育生长出本国之开化。"然"与欧洲相比，其停滞腐朽至极，不足为奇。岂止是文化，彼等民性重视顽固之习惯，壅蔽耳目，偏信，自以为是。——故以为自家文化乃世界无比，不曾有求知识于他邦之意"。① 在此，三宅雪岭一方面赞叹中国疆土之辽阔、物产之丰饶，另一方面又批评了中国人固守本国文化的自负和不知世界情势之变化的愚昧腐朽。据此三宅断言：中国"尽管以东洋文明之先登者自负"，"然要看到其工业之勃兴，还需二十年。在此期间，欲振兴工业，谋求富强，压倒（东洋之）后进国，绝无可能"。"无论西邻之老翁如何想永留华胥之乐土，然西来之风云终将促成东洋革命之风。"② 即三宅认为，中国不可能在短暂的时间内有所作为，这个"老大帝国"注定要面临"东洋革命者"（意指日本）的挑战。

当然，三宅雪岭也清楚地看到了英、法、德、俄等欧洲列强分割中国的意图，但是他认为"英国已老"，"法国人眷恋故土之繁华，不堪忍受异乡之风月"，"殖民政略非法人所长"，"（德国）处在四面仇敌围绕之中心，无悬崖峭壁可成疆界之墙塀，只能靠其精锐部队与老相宿将之威望支撑，暂且可免累卵之危"，故"其东洋政略亦只不过欲图贸易利益而已，缺乏深厚之根据"。所以，英、法、德三国不足为惧。但是对于俄国，三宅抱有高度的警惕，他认为："露西亚是一个有着特别性质的国家，其发展壮大，其

---

① 《亚细亚经纶策》，《日本人》明治二十三年三月十八日第43号。
② 同上。

未来之命运，不可预计。是为东洋国民最终无法回避之大敌，必定要决一雌雄，方可决定孰生孰亡。"① 值得一提的是，三宅把日本未来在亚洲的竞争对手锁定在俄国身上，这一预想在后来的历史发展中得到了验证，由此，足可见三宅在谋划东洋方面有着过人的"敏锐嗅觉"。

"支那"不能自立，英、法、德在经营亚洲方面又心有余而力不足，那么，谁能担当起经营亚洲的重任呢？三宅认为，非日本莫属。"经营支那者，最要紧的是需兼有文明之精神与健壮之身体，欧美人已是身心疲惫，而支那人不可能瞬即移植开明之精神，故二者尚不具备（经营支那的）适当的资格。……兹东洋有一国。古来以君子之邦相称，人民遗传了聪明节义之性情，樱花烂漫之处，士气高尚廉洁，一旦激发起斗志，可蹈水火之难，为守节义，纵受汤镬之苦也在所不辞。（生性）锐敏，自古知晓文明之真意。"② "若将南州③之雄图付诸实践……以空费于内讧之资财，振邦家之元气，举国之民心，兴掌握东洋霸权之观念，临机应变，善于经营，则夺取俄英之先鞭以制东洋之命运，绝不难也。"④

三宅进而呼吁："（我日本）人多地狭，倜傥不羁之士，慷慨悲愤之徒，为当局之无为而怏怏，苦于才略无用武之处，空叹年华之流逝。（期盼彼等）尽早离别绝望之岸，振长风渡过希望之海洋。""鸣呼，东起黄波滔滔之扬子江口，西达赤峰突兀之天山雪岭，南起青翠如春、景色秀美之僻乡，北及白雪皑皑之黑龙江畔，四百万方哩之地，举汉、满、蒙、西、苗回诸族，以革命之洪水洗涤其宿弊痼疾，使黄色人种振起于积弱陵夷之极，创设一大新国，输入泰西之文化，讲殖产工业之策，楚闽之茶叶、云贵之矿

---

① 《亚细亚经纶策》，《日本人》明治二十三年四月十八日第45号。
② 同上。
③ 指西乡隆盛，明治维新的功臣之一，明治初年因"征韩论"而下野，后发动士族叛乱，失败后自杀。
④ 《亚细亚经纶策》，《日本人》明治二十三年四月三日第44号。

物、塞外之畜牧，可采无尽之天惠。江南之绢业、江西之陶器、河北之制铁、岭南之纺织，兴此等产业，以压英法之工厂，移东南过剩人口于满蒙，开拓其旷野，兴交通之便，电线如飞梭，铁路如蛛网，纵横国内，与境外相连，朝发帆樯络绎之扬子江岸，夕破秦岭陇山之云，汽笛相和，行驶于昆仑山下的暮色里，整顿军备，陆地掌控貔貅数百万之精兵，泛艨艟数千之铁舰于海上，乘革命之余势，向西进发，则前进的路上无有可阻挡者。有朝一日，世界混同，归于一政之统御，此绝非学者之空想。"① 在此，三宅为日本人描绘出了一幅"壮丽"的"新日本帝国"的图景。

从《亚细亚经纶策》中不难看出，三宅雪岭的所谓"亚洲一体"意识，是意欲将中国乃至黄色人种生存的整个亚洲置于"大日本帝国"的统治之下。他反复强调"日本乃东洋之英国"，说明三宅雪岭在为日本的发展寻找方策的时候，早已将谋划东洋、经营亚洲当成了对抗、制衡欧美的手段，将"执东洋之牛耳"、做"东洋之霸主"当成了追求的目标。

当然，在《亚细亚经纶策》中，三宅并没有明确具体地揭示出如何"入主中原"，如何"经营亚洲"，但是从他对西乡隆盛当年未能实现"征韩""宏图大业"的遗憾来观察，我们很难说他没有侵略中国领土的野心，他的"兴亚主义"思想里其实已经蕴含了"征亚主义"的因子。

从以上对志贺重昂、陆羯南、三宅雪岭等国粹主义思想家的亚洲连带意识的考察，我们不难看出国粹主义者都将亚洲视为日本的依托，主张亚洲一体，形成亚洲与西方列强的对抗。但是在对待中国的问题上，不同的人又有不同的看法和主张。大致归纳起来看，在国粹主义的早期阶段，国粹论者的亚洲主义主要表现为两个倾向，其一是基于现实利益考虑的"中日提携"、"共兴亚洲"，这种主张的前提是对清王朝实力的认可；其二便是"日本亚洲盟主论"，主张由"先知先觉"的"文明国"日本来改造中国，

---

① 《亜細亜経綸策》，《日本人》明治二十三年四月十八日第45号。

进而经营亚洲。随着日本国内以及国际情势的变化、日本自身实力的不断累积增长，国粹主义者的亚洲连带意识也在发生变化。到甲午战争前夕，前述"中日提携"、"共兴亚州"的主张已经不复存在，"日本亚洲盟主论"成了其亚洲认识的全部。

◇本章小结

"明治时代，国家不是放在人们眼前的既成事物，而是作为一个本身就充满了各种可能性的变数，需要这个时代的人们赋予和确立它的存在。"[①]日本应该如何建设？日本人在国家建设的过程中又该发挥什么样的作用？这是明治维新以来日本朝野上下都在不断思索的一个重要政治课题。国粹主义所揭示的也正是一幅有关日本国家建设和发展的构图。

通过上述对国粹主义文化理论、政治、经济构想以及对外意识的考察分析，可以看出"国民"和"国权"是国粹主义思想理论的两个主要支点，或者说对内强调日本国民在国家建设中的主体作用，对外强调日本主权的独立和国权的伸张，是国粹主义思想的两条主线。国粹主义的思想主张具体可以概括为：在文化上强调以"国粹"为纽带增进国民的文化一体感，强化民族独立的意识。政治上主张国民的政治参与，希望通过"舆论政治"实现国民对政府的监督。经济上强调殖产兴业要以增殖国民财富为目标，反对不顾民力的军备扩张。在对外关系方面，则是一方面强调日本之于西方国家的主权独立，另一方面主张"联亚制欧"，强调"亚洲一体"。当然所谓的"联亚"并不是亚洲国家在平等意义上的联合，而是日本要充当亚洲的"盟主"，在一些国粹主义思想家如三宅雪岭那里，业已流露出对中国

[①] 松本三之介：《国权与民权的变奏——日本明治精神结构》，李冬君译，东方出版社2005年版，第11页。

领土的野心。

综合起来看,"第一次《日本人》"时期,国粹主义对内政问题关注较多,其言论活动主要是围绕着国家建设、维护日本民族独立、抵御西方势力的入侵和压迫展开的,虽然在亚洲问题尤其是中国问题上已经流露出一些不安分的想法,但是此时的国粹主义基本上还处在防御型民族主义的阶段。正是因为这个原因,我们才能在国粹主义的思想主张中看到一些健康、正当、合理的因素,尤其是其文化主张,不仅体现了民族独立的气节,也体现了"民族文化对欧化的吸纳和整合"。[①] 但是,遗憾的是,在国粹主义自身的发展过程中,这种原本是健康的因子却在"优胜劣汰"、"弱肉强食"的生存信条的作用下发生了异变,蜕化为"唯我独美"、"唯我独尊"的"日本民族优越论"。下一章我们将对国粹主义的发展、流变作进一步的分析讨论。

---

① 郑师渠:《晚清国粹派》,北京师范大学出版社1997年版,第151页。

第 三 章

国粹主义的发展

　　《日本人》自从创刊以来，因其批判藩阀政府的政治言论而屡遭停刊、罚款等处罚。① 1891 年 6 月，《日本人》再次受到长期停刊的处罚。29 日，政教社同人另创办了杂志《亚细亚》，以此为言论阵地，继续延续着其"国

---

　　① 从明治二十一年四月三日《日本人》创刊，到明治二十四年六月二十九日《亚细亚》创刊，《日本人》共受到了四次停刊处罚。其中尤以第三次处罚最为严厉。此次处分起因于《日本人》第 68 号（1891 年 1 月 27 日）"江湖"栏中有关青木周藏外相就不平等条约修改在议会演讲的报道，《日本人》的名义编辑高贺左近被指犯有侮辱官吏罪，被监禁 1 个半月，并处罚金 70 日元。《日本人》被处停刊 2 个月。而以《亚细亚》的创刊为契机，政教社的杂志发行也从此进入了一个非常不稳定的时期。明治二十六年十月，《亚细亚》受到停刊处罚，同月，政教社立即发行《日本人》，此为"第二次《日本人》"。此后不久，《亚细亚》的发行禁令解除，有一段时期《亚细亚》与《日本人》交替发行。"第二次《日本人》"的发行也屡遭政府的弹压。明治二十七年五月三日的第 14 号受到停刊 2 个月的处罚，八月十八日的第 16 号受到停刊 4 个月的处罚。明治二十八年二月的第 18 号以后，《日本人》再次休刊。甲午战争结束以后的明治二十八年七月五日，政教社再度发行杂志《日本人》，此为"第三次《日本人》"。参见有山辉雄《雑誌〈日本人〉・〈日本及日本人〉の変遷——その言論と同人——》，日本近代史料研究会编《日本近代史料叢書 C—3 雑誌〈日本人〉・〈日本及日本人〉目次総覧 I》，1977 年。另外，与《日本人》的经营多变相比，陆羯南的《日本》报有谷干城等政治家作后援，运营相对较为稳定，但是，因其屡屡发表抨击政府的强硬言论，也难免遭受政府的舆论弹压。从 1889 年到 1896 年的 7 年时间里，《日本》报被勒令停止发行有 30 次之多，日数总计达 230 天。参见松本三之介《国权与民权的变奏——日本明治精神结构》，李冬君译，东方出版社 2005 年版，第 119 页。

粹主义"的言论活动。但是，以《亚细亚》的创刊为转折点，"国粹主义"言论内容的风向标出现了明显的变化。如同杂志《亚细亚》的名称所昭示的那样，国粹主义关注的焦点开始由国内政治转向了国际问题。《亚细亚》第1号上刊登的《日本的亚细亚》一文如是说："《日本人》虽遭废刊，然又有《亚细亚》之发行。此意即扩大我日本版图及至亚细亚全州。……使我日本人发展增进其（国民）特性，成为亚细亚之主导，此乃新刊《亚细亚》自任之所在。《日本人》一变而为《亚细亚》，其期待之处盖于此。"①可见，《亚细亚》的创刊主旨与政教社成立之初《日本人》的创刊主旨相比，已经发生了很大的改观，也就是说国粹主义所要探讨的问题，已经不再是停留在"选择与日本人民之意匠及存在于日本国土之上的万般围外物相适应的宗教、教育、美术、政治、生产制度，以此来裁断日本人民现在未来之向背"的初始阶段，而是要重点探讨日本帝国如何扩大版图，如何向亚洲膨胀。通观《亚细亚》【明治二十四年（1891）六月二十九日——明治二十六年（1893）九月十五日】以及"第二次《日本人》"【明治二十六年（1893）十月十日——明治二十八年（1895）二月三日】时期政教社的言论内容，可以发现国粹主义尽管依然还保持着过去在野政治批判的作风，但是比起内政批判，国粹论者关注的焦点更为集中地体现在"帝国版图的扩大"方面，国粹主义成了鼓吹日本殖民扩张、向外膨胀的急先锋。本章主要考察《亚细亚》以及"第二次《日本人》"时期，也即《亚细亚》创刊到中日甲午战争这段时间，国粹主义的思想活动状况。

---

① 栗原亮一：《日本の亚细亚》，《亚细亚》1891年6月29日第1号。

◇◇第一节　从《日本人》到《亚细亚》
——国粹主义言论方向的转化

一　政教社言论集团的变迁

政教社是由一些青年知识精英自愿集结而成的思想言论团体，反对明治政府的极端欧化主义，主张"保存国粹"、"彰显国粹"，维护日本民族精神的独立是他们的共同思想出发点。但是，从组织的角度来看，政教社只是一个松散的同人结合体，成员们在以杂志《日本人》为言论舞台，展开社会活动的同时，各自也在从事其他的文字或者教育、实业、政治等活动。因此，随着同人各自社会活动轨迹的变化，政教社组织也会自然而然走向变迁。

政教社组织的分化从明治二十三年（1890）起就开了端绪。这一年，志贺重昂与三宅雪岭分别成了《国会》报与《江湖新闻》杂志的主笔，井上円了与棚桥一郎开始专心经营哲学馆和郁文馆，杉江辅人、菊池熊太郎投身实业界，辰巳小次郎与杉辅重刚则试图转入政界，忙于参加议员竞选的准备活动。同人独自社会活动的加强，也意味着其与政教社关系的疏远。政教社的原有组织由此开始走向松弛化。[1]

1891年《亚细亚》创刊之时，政教社成员除了《日本人》创刊时的13名同人以外，还有后来陆续入社的长泽说（长泽别天）、内藤虎次郎（内藤湖南）、畑山芳三、浅水又二郎等若干年轻社员。新入社的"政教社第二代社员"大多来自秋田师范学院，从人脉关系来看，带有明显的秋田出身的地域性特点。[2] 对此，三宅雪岭在《忆内藤湖南君》一文中有这样的记述：

---

[1] 参见中野目徹《政教社の研究》，思文阁1993年版，第191页。
[2] 同上书，第198—214页。

"内藤君从事杂志《日本人》的编辑，无论是为别人的口授作笔记，还是自己亲自执笔写作，都可以自由安排，所以陆续带了乡里的友人来，(《日本人》的)编辑几乎都是秋田县人。起初是带了畑山芳三来，畑山是（内藤）在秋田师范学校时的同学，自己执笔写作的文章都署名为吕泣。浅水又次（二）郎是南部八户人，号南八，虽不是秋田人，但却与秋田县有相似的地方。后来，秋田县人后藤祐助也加入进来。他们不仅擅长文章的写作，也擅长著书，内藤君和浅水尤为出色。"① 由此可见，随着"第二代社员"的加入，政教社似乎出现了新老社员交替的迹象，而从杂志《日本人》上所刊载的文章来源看，"第一代社员"在杂志《日本人》上的投稿不似以前那么频繁了。

《亚细亚》创刊之后，政教社同人进一步分化。1891年9月20日，三宅雪岭搭乘日本海军练习舰比叡号进行了为期7个月的南洋巡航考察。在此期间，今外三郎病逝，长泽别天赴斯坦福大学留学。1892年4月，东京的神田发生大火灾，政教社的编辑部、出版所未能幸免于难。而以此为契机，井上円了、杉江辅人、菊池熊太郎、岛地默雷、棚桥一郎、加贺秀一、中原贞七等政教社的"第一代社员"基本上退出了杂志《亚细亚》论客的阵营，只剩下志贺重昂、三宅雪岭、辰巳小次郎、杉辅重刚、宫崎道正五人继续为《亚细亚》撰稿，而负责《亚细亚》运营的则主要是内藤湖南等政教社的"第二代社员"。② 从明治二十六年（1893）四月十五日发行的《亚细亚》第2卷第3号开始，封面上出现了"三宅雄二郎执笔"、"志贺重昂执笔"的明确标识，这说明政教社同人只剩下了三宅雪岭和志贺重昂在坚守故垒。

---

① 三宅雪嶺：《内藤湖南君のこと》，《書苑》1934年第四卷第九号，第21頁。引自中野目徹《政教社の研究》，思文閣1993年版，第49頁。
② 参见中野目徹《政教社の研究》，思文閣1993年版，第192—198頁。

另一方面，陆羯南所在的日本新闻社在后来的经营中也发生了一些变化。在反对大隈重信修改不平等条约的运动中，《日本》报可谓"战功"赫赫，[1] 但是随之同人之间的关系却出现了裂痕。反对不平等条约修改运动告一段落后，谷干城计划建立新党，试图将"国民主义者"集结在一起。浅野长勋对谷干城对社内事物的主导怀有不满，三浦梧楼对谷干城成立新党的计划也持反对态度，杉辅重刚等乾坤社成员则对新闻活动逐渐失去了热情，随着政治路线分歧的表面化，同人关系开始逐渐变得疏远起来。明治二十三年（1890）三月，在浅野长勋的带领下，杉辅重刚等乾坤社成员退出了日本新闻社。此后，陆羯南逐步取得了日本新闻社的主导权，在谷干城和长州藩阀品川弥二郎的资金援助下，继续着《日本》报的经营。[2] 政教

---

[1] 井上馨修改不平等条约的努力失败后，由大隈重信继任外相，继续与欧美各国展开"改约"谈判。大隈重信的条约修改草案与井上的方案相比，在法权问题上有所改进，但作为给予西方国家的补偿，依然保留了"开放内地（内地杂居），在大审院（最高法院）任用外国法官"的条款。与井上馨时期一样，大隈外相修改不平等条约的谈判也一直都是在秘密状态下进行的，然而，不巧的是，伦敦的《泰晤士报》在1889年4月19日刊载的社论中透露了大隈关于条约修改草案的内容，并指出新条约的要点是预定聘用外籍法官和编订法典，认为其"主旨大纲""确实是合理的"。该报教促英国尽快同意修改条约，以加快英国对日贸易的发展。《泰晤士报》的这篇社论最先引起了陆羯南主办的《日本》报的注意。从1889年的5月底至6月，《日本》报连载了《〈泰晤士报〉关于修改条约之评论》一文，将《泰晤士报》的上述社论全文译出。大隈的条约修改草案一经媒体曝光，旋即再次引起了来自政府内外各方面的舆论谴责，出现了新一轮的"反对条约修改运动"。1889年8月，政教社与大同协和会、大同俱乐部（二者属于旧自由党系即民权派）、保守中正党、九州团体联合（熊本的紫阳会、福冈的玄洋社）组成了"五团体联合"。"五团体联合"频频集会，发表演说，是反对大隈重信不平等条约修改的一股重要势力。由于舆论的激烈反对，再加上大隈本人也遭到了极端民族主义右翼团体玄洋社成员的袭击，明治政府对不平等条约的修改不得不再次搁浅。参见信夫清三郎《日本外交史》，商务印书馆1980年版，第223—229页；酒田正敏《近代日本における对外硬运动の研究》，东京大学出版会1978年版，第24页。

[2] 参见有山辉雄《陆羯南》，吉川弘文馆2007年版，第128页。

社与日本新闻社组织规模的不断缩小，无疑也是促成后来二者合流的一个重要因素。

二 国粹主义言论内容的转化

国粹主义发展到《亚细亚》时期，无论是作为言论集团的政教社，还是作为其思想载体的机关杂志的运营方式，都发生了较大的改观，自然，国粹主义的言论内容也发生了相应的转变。中野目徹认为，从《日本人》到《亚细亚》，政教社言论内容的转变主要表现在两个方面，其一是"政治的后退"与向"生产"的转移，即政教社言论活动的重点由政治领域转向了以"殖产兴业"为表征的经济领域；其二是政教社"思想活动的领域"从国内问题转向了国际问题。[①] 中野目徹的第二个论断，应该说与事实是基本吻合的，但是第一个判断似乎有一些牵强附会之处。通观《亚细亚》创刊以来，包括"第二次《日本人》"在内的国粹主义论者的主要言论内容，我们发现国粹主义对于国内政治的关注与评论虽然不像以前那样集中，但是依然能看到大量抨击时弊的文章，从根本上来看，并没有失去过去在野政治批判的作风。实际上，"第一次《日本人》"的末期、杂志《亚细亚》以及"第二次《日本人》"时期，即明治二十四年至明治二十八年的这段时间，是政教社的言论活动与政治的联系最为紧密的时期，[②] 尤其是在明治二

[①] 中野目徹：《政教社の研究》，思文閣1993年版，第192—193頁。

[②] 这期间，有大隈重信、青木周藏、陆奥宗光三任外相相继就不平等条约的修改展开了外交活动。而围绕不平等条约的修改与政府展开对抗一直是政教社国粹主义者言论及政治实践活动的中心之一。有山辉雄《雑誌〈日本人〉・〈日本及日本人〉の変遷——その言論と同人—》，日本近代史料研究会編《日本近代史料叢書C—3 雑誌〈日本人〉・〈日本及日本人〉目次總覽I》，1977年，第25頁。

十七年反对不平等条约修改的"对外强硬运动"[①]中，《日本人》（第二次）要求"实行责任内阁"、实现"自主外交"，再次对政府展开了猛烈的攻击，缘此，《日本人》也受到了政府严厉的弹压。所以，很难说政教社的言论出现了"政治的后退"。

另外，在国粹主义的主要论客里，对于"殖产兴业"有过较多论述的主要是志贺重昂和今外三郎二人。志贺重昂曾在《日本人》第23号《日本民族独立的方针》一文里将"国粹主义"、"大同团结"、"殖产兴业"作为"在当代优胜劣败的竞争中维护日本国旗之荣辱命脉"的"鉴急责务"，[②]并且在《日本生产略》里较为详尽地阐述过他的"殖产兴业"主张。不过，志贺的"殖产兴业"构想作为一种"经济理论"显然是粗杂的，毋宁说是国粹主义者的一种"富国富民的理想"而已。况且，志贺在《日本生产略》以后再没有对"殖产兴业"进行过系统的论述，最终志贺也没有提出一个"与国粹主义相关联的具体的实业构想"。[③]比较而言，今外三郎对于"殖产兴业"的论述相对较为具体一些。今外三郎除了阐述他的"殖产兴业"构想外，还对北海道的拓地殖民给予了特别的重视，曾专门撰写过《北海道移住论》（1890年2月3日《日本人》第40号）一文，可以说在国粹主义论者里，今外三郎是关注北海道的第一人。但遗憾的是，今外三郎因为身患疾病，在明治二十五年（1892）三月已经去世。有关北海道拓地殖民的问题，杂志《亚细亚》设了

[①] 日本近代史上围绕对外问题而产生的民间的大部分政治运动基本上都是主张强硬外交、对外强硬的运动，诸如明治初年的"攘夷运动"、明治十年代末二十年代初曾经轰轰烈烈、躁动一时的"反对（外国人）内地杂居"、"厉行条约"的运动（针对井上、大隈不平等条约修改而引发的反对运动）、明治二十年代后半期出现的"日清开战"以及20世纪初的"日俄开战"等政治宣传，无一例外，都可称为"对外强硬运动"。这里所谓的"对外强硬运动"是指陆奥宗光外相时期政教社展开的反对不平等条约修改的运动。

[②] 志贺重昂：《日本民族独立の方针》，《日本人》明治二十二年三月三日第23号。

[③] 松田道雄：《日本の知識人》，《近代日本思想史講座》Ⅳ，筑摩書房1959年版，第27頁。

"扩大乎哉"专栏，进行了为期一年多的讨论和关注。① 不过，杂志《亚细亚》对北海道问题的关注，其目的与其说是"殖产兴业"，毋宁说是立足于追求"帝国版图之扩大"。另一方面，从《亚细亚》以及"第二次《日本人》"所刊载的文章来看，专门系统阐述"殖产兴业"的文章也似乎并不多见，反倒是"第一次《日本人》"时期对殖产兴业论述要更多、更集中一些。基于以上分析，笔者以为中野目彻关于政教社言论出现了"政治的后退"与"向生产的转移"缺乏足够的说服力，与事实也存在一些相悖之处。

笔者认为，从《日本人》到《亚细亚》，国粹主义言论内容的变化主要体现在如下几个方面。

第一，国粹主义的文化色彩减弱，政论性色彩进一步增强。国粹主义的兴起缘起于对明治政府极端欧化主义的对抗，因此，《日本人》创刊初期，文化民族主义的色彩较为浓厚。批判政府华而不实、一味粉饰太平的欧化政策以及日本社会上流行的崇洋媚外风气是其言论活动内容的主基调。但是随着宪法的颁布、议会的开设以及日本社会欧化主义的退潮，②《日本人》不再执着于国粹主义的文化理论建构和宣传，而是将言论方向转向了政论和时评。从《日本人》杂志刊载的文章来看，自三宅雪岭在《日本人》第25号上发表《余辈倡导国粹主义岂是偶然》一文以后，在《日本人》的社论里基本上很难再直接看到关于"国粹主义"的论述文章，只是在"读者来稿"一栏里偶尔会出现一些相关的短文。如《日本人》第29号署名为

---

① "扩大乎哉"专栏始设于《亚细亚》第1卷第11号（明治二十四年九月七日），一直持续到第77号（明治二十五年十二月二十六日）。

② 平民主义、国粹主义的兴起，反对不平等条约修改的群众运动的高涨，使井上馨修改不平等条约的外交努力以失败而告终，作为欧化主义代名词的鹿鸣馆外交也基本上落下了帷幕。1889年，在宪法颁布的同一天，文部大臣森有礼被极端国粹主义者西野文太郎刺杀，从某种意义上来说，森有礼的遇刺为明治维新以来的欧化主义政策画上了句号，而1890年《教育敕语》的颁布，更标志着日本社会由欧化主义向传统主义的复归。

笑天居士的《国粹保存主义的成长》①、第35号署名为天籁生的《国粹主义的气运》②、第45号秋山银二郎的《国粹保存旨义的势力》③等。这表明在政教社同人的言论活动中，国粹主义文化论的比重有了大幅度的减少。

明治二十三年（1890）十一月二十五日，《日本人》从第59号开始进行了杂志栏目和发行时间的调整，由原来的半月刊改为周刊。以此为契机，《日本人》更加强化了其政论性杂志的一面。该号卷首刊登的社论《〈日本人〉的革新》中写道："回想两三年前，值内卑外尊之风气四起，席卷此岛国之际，予辈之义气不能与当世苟合，孤愤难以自遣，遂振臂奔走于草莽之间，极言竭论国粹保存之大义。聊以一世之推许，进而成国粹彰显之新主义。④尔来矻矻，以至今日。呜呼！今日之时势如何？国内值帝国议会开设，政党雷同云集，勋阀之官府淹闷于财务制法，人事极尽倥偬，予辈不能等闲。国外欧洲列强企图虎裂狼分朝鲜半岛，中央亚细亚铁道、东京铁道竣工，催动大陆之风云剑气，真个乃千载一遇之机会。值此之际，一月仅发行两次深知迟慢，遂厘革为每周一次，设'精神'、'一家言'、'弱肉强食'、'随笔'、'江湖'五栏，意欲一月刊行四次乃至五次。虽此尚不足以酬诸位之知遇，然予辈欲尽职分，刻意励行，激发全国敌忾之气。"⑤这

---

① 笑天居士：《国粹保存主義の成長》，《日本人》明治二十二年七月十八日第29号。
② 天籟生：《国粹主義の気運》，《日本人》明治二十二年十一月十八日第35号。
③ 秋山銀二郎：《国粹保存旨義の勢力》，《日本人》明治二十三年四月十八日第45号。
④ 《日本人》第24号（明治二十二年五月七日）的发刊词中写道："予辈自不惮恐，率先唱道国粹保存之旨于世。兹一岁春阳归来，大有感悟之处。于今往后，当继往开来，奋起勇进，取国粹彰显之旨意，以振兴国之元气，开发帝国之秀美，并排除使帝国委靡之政治、宗教、经济、社交、文学、技艺等诸般弊风。"这是继《日本人》创刊辞之后政教社同人第二次以"发刊辞"并同人一起署名的形式表明政教社的立场和杂志《日本人》的言论宗旨。文中正式明确了以"国粹彰显旨意"取代过去的"国粹保存旨意"。三宅雪岭在《日本人》第25号的《余辈倡导国粹主义岂是偶然》一文中也有相关的阐释。
⑤ 《〈日本人〉の革新》，《日本人》明治二十三年十一月二十五日第59号。

段文章清晰地道出了政教社同人提倡国粹主义的动机、国粹主义的发展及今后的走向。有山辉雄据此将"第一次《日本人》"时期国粹主义的言论划分为三个阶段：第一个阶段为"一扫外人崇拜之弊风，逆时代之潮流而上，奋起倡导国粹保存主义"的时期；第二个阶段为"将'国粹保存'改为'国粹彰显'，为不平等条约的修改问题而奔走呼号的时期"；而第三个时期则是"革新的时期"，也是"《日本人》将创刊当初对'宗教、教育、美术、生产'等广泛的关心集中到'政治'方面来，将《日本人》转变为政论、时事评论性杂志"的时期。① 由此可见，国粹主义不仅一以贯之保持着其政论性的色彩，而且随着日本国内以及国际局势的变化，其对于政治的关心愈发强烈。尤其是在涉外问题上，其原本就属强硬派的立场变得愈发强硬。

第二，"与政府对立的激进立场"有所改变，内政批判的锋芒有所收敛。政教社成立之初，同人大多都是二十多岁血气方刚的青年，而且他们是明治政府采用西式教育培养出来的第一代"学士"，年轻与知识精英的光环很容易将他们推到时代变革的风口浪尖上。所以，《日本人》一经问世，就把批判的锋芒直接对准了政府。如同柳田泉所说："同人的立场、思想基本上处于与政府正面对抗的状态，（杂志《日本人》）几乎每一期都在刊登藩阀政府独善、排斥欧化、反对不平等条约修改、痛击官吏专横的文章，与政府当局从正面展开了对决，所以，政府当局也将《日本人》视为眼中钉，用尽一切手段加以迫害。"② "初期《日本人》——吵架式的议论颇多"，情感色彩很浓，但是到了《亚细亚》时期，尤其是"志贺重昂、三宅雪岭成为中心以后，评论的风格变了，无论是攻击藩阀政府还是叱责（政府的）软弱外交，虽然行文依然庄重，但是态度却转变成了对政府当局以

---

① 有山輝雄：《雜誌〈日本人〉・〈日本及日本人〉の変遷——その言論と同人——》，日本近代史料研究会編《日本近代史料叢書 C—3 雜誌〈日本人〉・〈日本及日本人〉目次総覧 I》，1977 年，第 21—22 頁。

② 柳田泉：《哲人三宅雪嶺先生》，实业之世界社 1955 年版，第 41 頁。

及有识之士的忠告，为了攻击而进行的攻击少了许多，单纯情感性的议论也消失了，其言论基调变得富有智慧、热诚和思考，给人感觉其完全是为了日本，为了日本人。"①《日本人》言论风格的这种转变，显然也是政教社国粹主义论者在政治上走向成熟的一种表现。当然，其中也不能排除有避免遭受政府当局弹压和惩处的考虑。《日本人》创刊之际，同人曾立下了"要将平生所怀抱之精神与姓名一道在定时刊行的杂志上告白"②的誓约，即各自都用真名实姓来发表自己的评论，以示该评论只是出于作者一家之言。因此，"第一次《日本人》"时期，除了社论偶有无署名现象以外，一般的时论、时评和杂文基本上都是署名文章。但是，进入《亚细亚》时期，无署名文章的出现已经变得相当频繁，尤其是"日本刀"栏目中刊登的时论和政论，大多都是无署名文章。以明治二十五年（1892）二月二十八日《亚细亚》第36号为例，"日本刀"栏目中的《反对内阁者就应该视为国贼吗》《大权以及军人的权力》《大武断哉大放任哉》等5篇文章均无署名。以匿名的形式发表时评，不能不说政教社同人在内政批判方面姿态有所改变。③

第三，《亚细亚》与"第二次《日本人》"时期，国粹主义论者依然是一股重要的在野政治势力，其抨击时弊、"与争政论"的性格在根本上没有

---

① 柳田泉：《哲人三宅雪嶺先生》，実業之世界社1955年版，第41頁。
② 《創刊の辞》，《日本人》明治二十一年四月三日第1号。
③ 杂志《日本人》从第9号开始出现无署名社论。但是这种现象时断时续，并非常态。有山辉雄认为，《日本人》无署名社论的设置，表明政教社在由起初的"学术交流、发挥的场所"向"拥有共同的主义、态度的集团"的转变。社论代表的是政教社所有同人的立场（有山輝雄：《雑誌〈日本人〉·〈日本及日本人〉の変遷——その言論と同人—》，日本近代史料研究会編《日本近代史料叢書C—3 雑誌〈日本人〉·〈日本及日本人〉目次総覧I》，1977年版，第17頁）。这种看法不无道理。但是，《亚细亚》创刊以后，无署名的时论、政论出现了很多，中野目徹认为这反映了政教社作为思想集团，其集结原理的某些改变。参见中野目徹《政教社の研究》，思文閣1993年版，第194頁。

改变，但是出现了从"民权"的后退，或者说是由民权倒向了国权。国粹主义兴起之初，反对藩阀政治、强调民权、关注民生是其言论活动的中心内容之一。如《日本人》第9号对于高岛煤矿问题的集中报道等，可以说"国粹主义起初的确是有过关注社会现实问题的眼光"。而且国粹论者与大同团结运动①也有着密切的联系。《日本人》第19号的社论《明治二十二年的新航路》中这样说道："吾人之所以舍家望身、忧国思世，唯在得一国之独立不羁与人民之自主自由。故明治初年以来至今月今日，天下志士之运动，即为达成此二目的。"② 即国粹主义的思想运动是以谋求"一国之独立不羁"与"人民之自主自由"为主眼的，显示出国粹主义与自由民权运动在思想上存在的连续性。《日本人》第8号杂报一栏刊登的《后藤伯的巡游》一文说："伯之所谓主义如何？曰踏公道，步正路，以此来永保日本帝国之独立。果若如此，则予辈亦表明与伯之主义同感。"③ 在《日本人》第11号的社论《予辈同志当执何种主义运动》里，又再次强调："祈望明治的志士们，如（尔）真有忧国之精神，则应舍小异，取大同，努力去组建一个强大的政党。"④ 志贺重昂也在《日本民族独立的方针》一文里将"大同团结"视为维护日本民族独立的方针之一，可见，国粹主义的立场起初是倾向"民权"运动的。但是，随着日本国内政治局势的演变，政教社的

---

① 如本文第一章第一节中所述，大同团结运动是自由民权运动的延伸。明治政府出台《保安条例》，对民权派进行镇压以后，后藤象二郎继续在全国各地展开"大同团结"的游说，吸引了不少有志青年加入。政教社成立以后，同人们对大同团结运动也投注了极大的热情，除了在杂志《日本人》上发表评论对后藤象二郎给予支持以外，也奔赴各地进行过演讲。但是，1889年3月，后藤接受了政府抛来的橄榄枝，出任黑田清隆内阁的邮政大臣，大同团结运动宣告瓦解，政教社也因后藤的入阁而对"民党"产生了看法。

② 《明治二十二年の新航路》，《日本人》明治二十二年一月三日第19号。

③ 《後藤伯の巡遊》，《日本人》明治二十一年七月十八日第8号。

④ 《余輩同志は何如なる主義を執りてか運動すべき》，《日本人》明治二十一年九月三日第11号。

态度逐步发生了改变。1890年7月，日本举行了宪法颁布以后的第一次选举，以自由党和改进党为核心的反政府派即所谓"民党"以"休养民力"、"减轻地税"为口号，赢得了国会中的过半数议席。围绕着"休养民力"、"减轻地税"，民党与当时的山县内阁展开了激烈的对决。而此时的《日本人》杂志对于"休养民力"却没有从正面发表任何评论。① 此后，国粹主义论者对于日本社会中存在的劳动问题没有再给予特别的关注，其言论活动中也鲜见当初同情弱者、关注民生的内容。对于国粹主义在"民生"、"民权"问题上虎头蛇尾的表现，外山正一用"蒟蒻主义"② 来形容也是不无道理的。

政教社国粹主义论者在政治立场上从"民权"的后退，其中的缘由虽然不可臆测，但是有一点应该是肯定的，那就是政教社与民党的疏远。中野目彻指出："政教社从本质上并不太适应旧自由党的派阀性质的运动原理以及其所谓壮士风格的运动形态。"③ 政教社是"在（明治）二十一年初的政治空白期"，作为新的政治主体登场的知识分子团体，保持着浓厚的"学士社会的特质"，尽管他们"在原理的层面上有继承自由民权运动的一面"，但是，他们强调的是"公益"，对于派阀争斗和政治野心在情感上是排斥的。所以，当后藤象二郎入阁、大同团结运动走向分裂、党派纷争迭起的时候，政教社转而明确表达了对旧自由党的批判立场。关于这一点，柳田泉在《哲人三宅雪岭先生》一书中也有提及："在发行《日本人》，结成政教社的同时，先生（三宅雪岭）的周围与时代的政治运动产生了直接的联系，从明治二十一年至二十二年，对于后藤象二郎发起的大同团结运动介入尤深。但是，不久，因为对后藤表里不一的言行感到愤慨，于是自己退

---

① 参见中野目彻《政教社の研究》，思文阁1993年版，第191页。
② 歴史学研究会编：《明治维新史研究讲座5》，平凡社1968年版，第202页。
③ 中野目彻：《政教社の研究》，思文阁1993年版，第180页。

出了运动，此后，再没有涉足实际的政治运动。"① 值得一提的是，作为国粹主义另一重镇的《日本》报的陆羯南，对于"民党"，一直以来都是持批评态度的，有山辉雄说他是"既反对藩阀政府，也反对民党"。② 如他在《近时政论考》中，把政府的反对派"自由党派"与"改进党派"视为是与伊藤博文之流同样的欧化主义者，"当时的自由论派或改进论派都是政府攻击派。……当时的政府主要效仿德意志，改进论派反对政府援引的是英国式的政体，自由论派反对政府依据的是法国式政体，两种论派都反对效仿德国的政府，或以为王权的强大不符合英国政体，或以为贵族的爵号有悖于法国、美国政体，如此，二派所争论的只是政体风格的不同，在欧化主义这一点上可谓意趣相同。"③ 陆羯南认为，自由党派、改进党派等欧化主义诸论派，以"文明"的名义来论说"自由"、"进步"，都只不过是"借着流行的理论轻率地主张政体的变更"而已，并没有领悟到泰西政治的本质。只有国民论派（国粹论派）主张的"国民政治"（国民主义、国粹主义）才能够使日本成为真正意义上的西欧式国民国家。可见，国粹主义一开始就与自由民权运动存在不相容的一面，二者的政治理念虽然存在一部分交集，但是动机和追求并不是完全相同，所以国粹主义出现从"民权"的"政治后退"在所难免。

第四，国粹主义所内含的"国权主义"倾向开始凸显。随着欧化主义的退潮，国粹主义论者关注的焦点逐步由国内移向了国外，"保存国粹"、"彰显国粹"进而演变成"东洋霸主"的角逐。早在1890年年初，三宅雪岭就在《日本人》第43号、44号、45号上连载了《亚细亚经纶策》一文，福本日南在《日本人》第44号、45号、46号、47号上连载了《日本及南

---

① 柳田泉：《哲人三宅雪嶺先生》，実業之世界社1955年版，第22页。
② 有山輝雄：《陸羯南》，吉川弘文館2007年版，第158页。
③ 陸羯南：《近時政論考》，鹿野政直《日本の名著·37》，中央公論社1977年版，第110页。

洋》，这些实例都表明了国粹主义的言论方向在由偏重国内政治批判逐步向偏重国际问题"探讨"转变。而这种"探讨"主要是围绕着日本如何对外伸张"国权"、如何在海外拓地殖民、如何能成为亚洲霸主、如何让日本"雄飞海外"展开的，即国粹论者早已经开始有意识地"将日本人的关心引向亚洲问题"。① 至《亚细亚》时期，政教社国粹主义论者的这种向外膨胀的舆论导向更加明朗化。《亚细亚》创刊号的社论里对于今后国粹主义的基本方针有这样的表述："今日观察之急务，不在（审度）亚细亚是否具有势力。若（亚细亚）有势力，我们是应该避让，还是与之集结有所作为。若无势力，（我们）是助长之，还是乘其弊自己成就一番作为。今日应该探究的问题实在于此。"② 也就是说，杂志《亚细亚》的课题是：在观察考究亚细亚现今正在发生的诸问题时，不是作"势力"的分析，而是要依据"势力"的有无来选择行动。具体说来，即是要在"与亚洲强国一道携手兴亚"还是"乘亚洲衰弱之弊成就自己的一番霸业"之间确定一个日本在亚细亚"进退去就"的方针。与政教社几乎是"一心同体"的《日本》报的陆羯南大致也在同一时期开始了他对于东亚问题的密切关注。"大津事件"之后，即1891年5月，陆羯南与三宅雪岭、福本日南、白井新太郎、副岛种臣等成立了"东邦协会"。该协会的旨趣是"以东洋先进国自任的日本帝国，要熟悉近邻诸邦现状，向外扩展实力，以此谋于东洋保持与泰西诸邦均衡之大计"③，其指导思想凸显了"日本东洋盟主论"的旨趣。协会主要从事东南洋地域及相关国际法的考察和研究、报告调研的结果、收集该地域的相关资料、派遣探险员、设立学馆、培养人才、举办研讨会、设置图

---

① ケネス・B・パイル：《新世代の国家像——明治における欧化と国粋》，五十嵐暁郎訳，社会思想社1986年版，第226頁。
② 《発刊の辞》，《亜細亜》1891年6月29日第1号。
③ 《東邦協会報告》，中野目徹《政教社の研究》，思文閣1993年版，第210頁。

书馆或博物馆等。① 毫无疑问,"东邦协会"在当时所发挥的舆论引导作用是不可小觑的。对于"东邦协会"的成立,陆羯南曾说:"吾辈站在此风潮的最先端,敢于掉转对外论的船头,不懈地对藩阀政府痛言谏诫,也是希望将世人的关心引向外,将此(对外问题)作为首要问题,而为之努力。"② 在朝鲜问题、中国问题成为日本社会舆论的焦点,向亚洲的扩张成为日本朝野上下的一致诉求以后,陆羯南欣慰地说:"今年初以来,人心渐渐厌倦了内讧,对外思想勃兴于都鄙,以往对吾辈极尽嘲讽之人,亦追随其后,一改从前之论调,对外人之跋扈表现出愤慨的姿态。于国家,此乃值得庆贺之事。去年,朝鲜事件③发生之际,对外论愈发激烈,东京大小报纸一致将议论的矛头转向对外论,意欲引起官民的注意。"④ 可见,在对外问题上,国粹主义者不仅仅是对外强硬论者,更是殖民扩张的积极鼓动者和谋划者。

总而言之,国粹主义发展到《亚细亚》时期,其思想中所蕴含的国权主义倾向日益显在化。比起内政批判,国粹论者更加关注日本帝国版图的扩大,关注日本如何成就"东洋霸主的伟业"。国粹主义成了日本帝国走向对外膨胀、发动对外战争的一股重要的推力。

---

① 中野目徹:《政教社の研究》,思文閣1993年版,第210頁。
② 陆羯南:《对外論の風潮》,《日本》,明治二十六年五月二十五日第1416号。植手通有:《陸羯南集》,《近代思想大系4·陸羯南全集》,筑摩書房1987年版,第338頁。
③ 1893年,朝鲜爆发了东学党起义,朝鲜政府请求清政府出兵帮助镇压,日本也借此机会出兵朝鲜。此处的"朝鲜事件"即指东学党起义。
④ 陆羯南:《对外論の風潮》,《日本》明治二十六年五月二十五日第1416号,植手通有:《陸羯南集》,《近代思想大系4·陸羯南全集》,筑摩書房1987年版,第338頁。

◇◇第二节 国粹主义的殖民政略

海外殖民是15、16世纪以来西方资本主义国家所推行的侵略主义策略之一。所谓"殖民",意指"将本国人民移植到他邦"。① 但"殖民"并不是简单的人口迁移,而是伴随着武力征伐、暴力压迫和奴役的强者对于弱者的征服。近代西方资本主义国家的发达史,其实也是强者奴役弱者的一部罪恶累累的殖民主义的历史。日本作为亚洲最先走上资本主义道路的国家,不仅全面学习了西方资本主义国家的制度、文化,同时也忠实地继承了西方国家殖民主义的"衣钵"。在日本自身尚未摆脱西方国家压迫的时候,就已经有不少"智者""有识之士"开始为日本的拓地殖民谋划,为"日本帝国版图的扩大"多方寻求路径。国粹主义论者正是这样的一些"意见领袖"。

刊登在《亚细亚》第2卷第3号(明治二十六年四月十五日)上的社论《殖民探检的指南针》一文这样说道:"观日本之现在与未来,方域仅限于区区两万五千方里,不能向外伸展一根羽翼,而人口却在年年增殖,至百年以后,人口将增至九千甚或超过一亿。渺渺弹丸黑子之地,何以承载此般众民。振兴商业,发展工业,原本是应对人口增殖的策略,然若欲发展制造工业与贸易,则必先拥有可供日本人居住的殖民地。其殖民地应星罗棋布,且与本国相连,互通气脉,如此,贸易制造之事业始成。开拓殖民地,必先稽查有哪些地方尚未落入西人之手,将日本人移往障碍较少之地,于此地建设新的日本国。若非如此,日本之国家将来必定难免困厄。

---

① 《殖民探検の指南針》,《亜細亜》明治二十六年四月十五日第2卷第3号。

应将此确定为国家百年之长计，确定为国是，依此方针循序渐进。"① 即作者认为，日本国土狭小，又面临着日益增加的人口压力，要想获得长远发展，建设一个强大的日本，必须向外伸展势力，获取殖民地。作者将"拓地殖民"提到了日本"国是"的高度，足可见其对于海外殖民的关注和对殖民地的渴求。这位作者还写道："试想一下，日本假如能占领南洋一处岛屿，陆续送移住民于此，飘扬着日章旗的帝国军舰常出入于所在港湾，这是何等名誉的一件事。"② 即在国粹主义论者看来，殖民不仅是关系到日本未来生死存亡的大事，还是向海外证明和炫耀日本国力，以此来表明日本也是世界一流的"文明国家"的、关系到日本国家体面和"荣誉"的事情。那么，应该向何处殖民？如何殖民？在中日甲午战争以前，国粹主义者提出的殖民构想大致是朝着四个方向展开的，其一是北海道的拓地殖民；其二是以夏威夷为中转地，向美洲大陆的移民；其三是"南进论"，即向台湾、菲律宾、南洋群岛、澳大利亚一带扩张日本的势力；其四是"北进论"，即通过朝鲜半岛，将日本势力延伸至中国"满蒙地区"。国粹主义者所提示的"开疆拓土"的构想，"恰如一个人伸展开四肢时的样子"，是"以日本为基点"，向四方的延伸。③ 从一般意义上来讲，北海道的殖民属于"内地殖民"，即日本在疆土之内的殖民活动，但是，由于北海道特殊的历史以及地理位置，当时日本许多人都将北海道视为类似英属印度一样的殖民地。所以北海道的拓地殖民曾经是国粹主义者着力提倡的殖民政略之一。另外，殖民政略中的第二个方向，即向美洲大陆的移民，因为存在西方国家对于亚洲移民的人种歧视，所以没有成为国粹主义者重点关注的对象。国粹主义者对于殖民美洲的关注，与其说是鼓励殖民，莫如说是更多地表

---

① 《殖民探検の指南針》，《亜細亜》明治二十六年四月十五日第 2 卷第 3 号。
② 同上。
③ 参见中野目徹《政教社の研究》，思文閣 1993 年版，第 210 页。

达了对于日本移民在美洲受到歧视而感到愤懑和无可奈何的感情。① 这样来看，国粹主义者积极倡导的殖民政略应该是集中在另外三个方向，即北海道殖民、"南进论"和"北进论"。

需要说明的是，尽管国粹主义发展到《亚细亚》时期才将其言论的主要内容放在了对外扩张的问题上，明确宣布了其由关注国内政事转向关注对外问题的立场转变，但是，作为一以贯之的"对外强硬论者"，国粹主义论者对于殖民问题的关注，早在政教社结成之时就已经开始了。考察国粹主义的殖民理论是我们准确把握国粹主义思想特质的一个非常重要的环节，所以在本节中，我们将着力就国粹主义者所提示的殖民政略进行逐一的分析探讨。

一 北海道的拓地殖民

北海道位于日本列岛的最北端，面积约7.8万平方公里，古称虾夷岛或虾夷地，原住民为阿伊努人。12世纪初，日本人开始进入北海道。德川时代末期，日本全面控制了北海道，并设了开拓使。1868年，明治新政府在虾夷地设立箱馆裁判所，1869年虾夷地改称北海道，同年7月，设置了北海道开拓使，正式开始了对北海道的开发。从1871年至1881年，明治政府以十年规划的形式投入了一千数百万日元的巨资开拓北海道。北海道虽然早已纳入了日本国的版图，但是，按照近代以前日本人的"华夷秩序"观，虾夷地的阿伊努人当属"化外之民"，北海道自然也属"蛮荒之地"。所以，

---

① 政教社成员中对于移民美洲给予较多关注的是长泽别天。他在留学美国的时候，曾经亲眼目睹了中国以及日本等亚洲移民在当地受到歧视的情形。长泽对于西方怀有自卑感，曾慨叹日本移民多为年老体弱，或是风貌猥琐、不善言辞者，对殖民美洲流露出悲观情绪。参见中野目徹《政教社の研究》，第213页。另外日本新闻社的福本日南对于移民美洲也持消极态度。

在当时日本人的观念里，北海道只不过是日本的一个原料供给地和解决内地人口过剩、失业士族就业问题的殖民地。《东京横滨每日新闻》在明治十四年六月十九日的社论里写道："（北海道）现今生产的制造物虽是小量，然将来可成为我帝国之印度。其地海草海鱼非日本内地所能比，矿产物如砂金、银、铜、铅、亚铅、沼铁、石炭、泥炭、燧石、葡萄石、硫化铅、硫化亚铅、石膏、版石等凡可称为矿物者，亦无不产于此地。于是内地资本雄厚的商人多将目光投向了北海道物产，只是因为航海之便尚未充分具备，陆路运送之法尚未健全，而其物产大多归开拓使厅直接管辖，故踌躇不能前往。"即北海道作为一个原料供给的殖民地，有很好的开拓前景，只是因为陆路交通的不便和开拓使的干涉，内地资本才不能自由进出。如果解决了这两个问题，北海道即是"日本人民他日可望获得的、可称之为日本的印度的地方"。[①] 志贺重昂在《南洋时事》里论及库赛岛土著人口的减少时也曾经说过："劣等人种之于优等人种，其精神、身体皆不能与优等人种轩轾。万般职业之竞争，劣等人种每每必败，以至衣食住竟失，人口渐次绝灭，犹如日本人移住北海道而使虾夷土人人口减少，新西兰、濠太利土人因英国人的殖民而人口减少。"[②] 在志贺重昂看来，北海道恰似库赛岛一般，是一个殖民地性质的存在，北海道土著虾夷人的人口减少，是因为与优等人种日本人竞争失败的结果，即所谓的"优胜劣汰"。可见，在当时日本人的观念意识里，"北海道＝日本殖民地"的想法是非常浓厚的。

国粹主义者在思考和谋求日本帝国版图扩大之时，最先关注到的即是在"疆土内的拓地殖民"，即北海道的开发和移民。如《亚细亚》第 10 号发表的"社告"中解释的那样："呜呼！（我日本）年年岁岁人口不断增加，

---

① 引自荒川幾男、生松敬三《近代日本思想史》，有斐閣双書 1972 年版，第 43 页。

② 志賀重昂：《南洋時事》，志賀富士男《志賀重昂全集》，東京志賀重昂全集刊行会 1927 年版，第 4 页。

发现可供四十余万生灵生存栖息之地,创造第二个日本国,此乃予辈生平刻意励行之处。而封疆之内,唯有北海道。予辈将平生怀抱之理想断然付诸实践之时,作为第一着手之要务,首先刊登北海道拓地殖民之报道,将北海道之真相告知八十四州之人士(意指日本人民),渐次振作开垦移住之事。(予辈)欲以北海道开拓之引导者、'殖民政略'之先驱自任。"[1] 也就是说殖民探险、在别的疆土上创造"第二个日本国",是政教社国粹论者"平生怀抱之理想",而北海道的拓地殖民即是其理想之一,即殖民探险从北海道拓地殖民始。

　　本章第一节中曾经述及,在国粹主义的主要论客里,最早对北海道的拓地殖民展开详细论述的是今外三郎。今外三郎出身于弘前藩的一个士族家庭,他的父辈在早些时候就移民到了北海道。今外三郎从小生长在北海道,后来又毕业于札幌农学校,他对北海道的关注大概与他自己的生活经历是有关系的。在今外三郎看来,北海道是他的"第二故乡",更是"帝国之金库"。[2] 在《北海道移住论》一文里,他这样谈道:"我辈关于北海道,陈述鄙见不止一二回,我辈是'北海道移住论'的认真提倡者。我辈相信,北海道今日之状,即是在等待内地人之移住与内地人之资本。内地人之移住(北海道),当是移住者之幸福,其资本收益亦比内地更为可观。"[3] 今外三郎呼吁内地人移住北海道,内地资本进入北海道,并将北海道描绘成一个很容易发迹致富的地方,一方面是出于他对自己"第二故乡"的"情感"和其"殖产兴业"的经济构想,另一方面,也有充实和加强日本边防能力、防范和抵御俄罗斯入侵的危机意识。"北海道未开拓之地很多,天产富饶,而为充满侵略主义意图之露人所窥伺",[4] 故日本政府应该大力奖励移民北

---

[1] 《社告》,《亜細亜》明治二十四年八月三十一日第10号。
[2] 参见中野目徹《政教社の研究》,思文閣1993年版,第201頁。
[3] 今外三郎:《北海道移住論》,《日本人》明治二十二年二月三日第40号。
[4] 今外三郎:《産業社会のために》,《日本人》明治二十二年九月三日第32号。

海道。杂志《亚细亚》创刊以后，政教社同人承继了今外三郎的思路，专门在《亚细亚》上设了"扩大乎哉"栏目，对于"北海道的拓地殖民"进行了为期一年多的详细考究。该栏目除了主要登载有关北海道的参考资料、各种统计（数据）以外，还刊载北海道内各地通讯记者投寄的稿件，其意在于营造一种社会氛围，吸引更多的人移居北海道。

与政教社的言论活动相呼应，《日本》报的陆羯南对于北海道的拓地殖民也给予了热切的关注。明治二十四年五月八日，陆羯南派日本新闻社社员岩田宗晴前往北海道考察，并在《日本》报上连续刊登了岩田撰写的《北海道巡览》。明治二十六年七月，谷干城也前往北海道视察旅行。陆羯南、谷干城等对于北海道的关心，其立足点与今外三郎大致相似，一是因为北海道的"位置与强邻相接"，二是"土地有待开发"。[1] 所谓"强邻"，即指俄罗斯。事实上，北海道地处寒冷地带，并不是一个理想的殖民去处。如福本日南所说，北海道"气候寒冽"，要将生活在"四时温暖之地之人民"迁往此寒冷之地有点过于勉强。[2] 也正因如此，明治维新以来政府尽管投入了大量的资金，也采取了许多鼓励北海道移民的措施，但是直到明治二十年代初，北海道移住民的增加"二十年如一日"，迟迟没有进展。显然，在殖民北海道问题上，同是国粹论者的福本日南要更加现实一些。福本日南认为"南移容易，北迁困难"，所以"尽管北海道土地如此广漠，殖民亦为吾辈所希望，然终究不能将如春草般繁殖之人口迁往此地。""今日之急务，在于采取方策，在海外寻求适当的殖民地。"[3] 后来在殖民问题上日本社会舆论的演变印证了福本日南的设想，即包括国粹主义者在内，人

---

[1] 参见有山辉雄《陆羯南》，吉川弘文馆2007年版，第158页。
[2] 福本日南：《人口の繁殖》，《東京電報》1888年11月9日，引自広瀬玲子《国粋主義者の国際認識と国家構想——福本日南を中心にして—》，芙蓉書房2004年版，第125页。
[3] 同上。

们把关注的焦点逐渐从日本国内的北海道转移到了南洋、朝鲜半岛，以及中国的满蒙地区。

与上述国粹主义论者的殖民论调相比，志贺重昂的北海道开拓理论显得更为独特一些。志贺关注的不是如何移民，而是如何管理、改造和利用当地的土著居民阿伊努人。在《我们拥有编成"哥萨克"军的材料》一文中，志贺这样说："阿伊努人乃蛮野无用之种属，然既是后天自然之民，天又岂能无长处授与之。而利用其长处，促致其发达，乃人生经济之大原则，予辈讲说利用阿伊努人之长处，使其变得有用，原因即在此。既如此，阿伊努人之长处为何？曰此辈蛮野，故能恬然跋涉于深山大泽之间，耐饥寒，天性擅长骑马，此辈从身体条件看完全具有成为兵卒之才干。……此辈亦捕获野马，饲养之，驯服之，其骑马技艺之驯熟巧妙，为所有游历北海道者所亲见。呜呼！此辈岂不是日本编成哥萨克军之材料？"①"今利用此辈之所长，编成如哥萨克军一般的一骑兵团，则此辈定会渐次变得得意、有为，进而发达进化，一方面免于成为圣代无用之民，一方面防遏其退化剿绝，另一方面可充当边防之要具。"② 即志贺重昂主张利用阿伊努人的"蛮野"即勇猛、彪悍和精湛的骑术，将其组编成俄罗斯哥萨克式的军队，使其成为守护日本边疆的精锐，抵御强邻俄罗斯的威胁，效忠天皇、效忠日本，成为"天皇圣君治世之下"的"茧茧皇赤子"，而不是"鼠屏于葭苇之间，与熊狼群居"，"徒然无为"，空度一生的"无用之蛮民"。在该文中，志贺还援引了法国、英国等"因地制宜"、利用殖民地土人的例子，来增强其主张的可行性。他说："想来将蛮野或未开化之民编成军队之事，近时实不乏其例。法国的邱尔克军、英领印度的西波军、英国陆军将军乌尔斯列子爵的黑奴兵，即是如此。这般军队实在是精锐完备之军，邱尔克军在近年来

---

① 志贺重昂：《我れに〈コサック〉軍を編成するの材料あり》，《日本人》明治二十二年十一月十八日第35号。
② 同上。

普法战役中的骁勇为时人传颂，西波军在过去的二百年间最为有用，也为英人所认可。至于乌尔斯列子爵的黑奴兵，该将军亦坦言其精锐，称'胜于寻常城市出身士兵不知多少倍'。如此这般，若加以训练，得其当，我阿伊努人亦可化成精锐之兵卒。"① 可见，志贺重昂是想效仿西方国家治理海外殖民地的做法来治理北海道，其思想主张与欧美国家的殖民主义是一脉相承的。

二 国粹主义的"南进论"

"南进"指的是向菲律宾、马来西亚等南洋群岛一带的殖民活动。志贺重昂于明治二十年出版的《南洋时事》一书可谓"南进论"系谱中的"先鞭之作"。②《南洋时事》大致来看包含了两个方面的主题。其一是通过考察南洋群岛的近况，揭露南洋在欧美列强殖民蹂躏下的惨状，唤起日本人独立自主的民族自觉和危机意识。如志贺重昂在《南洋时事》的序言里谈道："晚近南洋之事务日益告急，变故愈发增多。而造成此种趋势者，乃德意志、法兰西、英吉利是也。我日本于太平洋中离群独居，然与南洋诸岛地理相邻，又与濠州近在咫尺。苟不知，南洋之鲸鳄震荡其所在，其余波疾驰而来，有戛摩富士山麓之势"，故"在关注日本前途之大势时，岂能轻易忽略南洋之近况"。③ 其二便是通过介绍南洋的地理、气候、物产等状况，为日本人移民南洋提供必要的信息。如在该书的第十七章《布哇国与日本》和第十八章《布哇在留日本移住民》里，志贺专门细致论述了布哇国（夏

---

① 志贺重昂：《我れに〈コサック〉軍を編成するの材料あり》，《日本人》明治二十二年十一月十八日第35号。
② 参见本书第一章第一节。
③ 志贺重昂：《南洋時事》緒言，志賀富士男《志賀重昂全集》，東京志賀重昂全集刊行会1927年版，第2頁。

威夷）的物产及其社会发展状况，考察了日本移民在布哇国长期发展的可行性和必要性。志贺认为在布哇国殖民，其利益有四：第一，"日本下等社会可获得就业机会"；第二，"可引导日本下等社会建立成文的劳动法"；①第三，可"增殖日本国之资本"；第四，"涵养日本下等人民冒险进取之气象，同时增长其知识"。②

不过，此时志贺重昂的"南进"殖民理论更多地表现出"商业扩张"、"和平移民"的特色，虽然有时也流露出对于领土扩张的渴望，但尚未发展到要靠武力攫取他国领土的程度。在《南洋时事》里，志贺这样谈道："予辈每每观英国军舰吐着煤烟，国旗随着海风飘舞，进出于世界各地之港湾，所到之处，皆有英国移住民盛装炫服，或骑马，或驱车，诚实热心地前来迎接，目击此状况，心里不免燥痒难耐。然予辈并非怀抱兼并主义者，亦非唱道殖民政略者，唯希望海外所到之处皆有我同胞移住散在，讲说商业服务于营营农事。冀望海外所到之地皆能看到我大和民族莞然之温颜。希愿在海外所到之处创造商业之新日本。扩张兼并主义与保护商业，如何取舍？主张殖民政略与创造商业之新日本，我们倾向哪边？是在新殖民地配置军团，还是建设商馆？是在新殖民地建设武库，还是建设商库？世上的壮士们啊，莫再躲在旅馆楼上徒然妄想，吟诵'欲吞支那四百州'了，莫再漫无边际地建筑空中城楼，——于海外所到之处创造商业之新日本，为

---

① 布哇国虽有来自各个国家包括日本在内的大量移民人口，但操纵其政治社会运行的是西方人，主要是美国人。志贺认为劳动法没有规律，不辨时间之价值，是日本农工商社会之通弊，而西洋劳动法并非如此，有着严格的劳动纪律和时间观念。所以，志贺认为，日本下等社会之移民在布哇国就业，可以受到西洋劳动法之熏陶。参见志贺重昂《南洋時事》，志贺富士男《志賀重昂全集》，東京志賀重昂全集刊行会1927年版，第100頁。

② 志贺重昂：《南洋時事》，志贺富士男《志賀重昂全集》，東京志賀重昂全集刊行会1927年版，第100—101頁。

汝等今日之急务。"① 可见，此时的志贺重昂主张的是让日本人民大胆地走出国门，去发展商业贸易，将日本建设成一个商业强国。此后，志贺也关注过台湾、澳大利亚等地的殖民问题，② 但是在甲午战争以前，志贺的殖民主张基本上还是限定在"商业渗透"或是进行海外殖民探险，以快速占领未开发之地的方式来扩大"日本帝国版图"的范围之内。这大概是缘于他对欧美列强势力的敬畏或是对于日本尚不具备与欧美列强展开殖民地角逐的实力的清醒认识。

三宅雪岭、杉辅重刚等人对于南洋问题也给予了密切的关注。前文曾经论及，三宅雪岭于1891年9月动身前往南洋，做了长达7个月左右的巡航考察。《亚细亚》从第51号（明治二十五年八月八日）起至第55号（明治二十五年九月五日）连续刊载了与三宅雪岭一道前往南洋考察的富山驹吉、畔上启策撰写的《南洋探险报告书》，虽然三宅雪岭本人并没有对此次巡航的成果发表署名文章，但是"其持'南进论'的立场是可以推测的"。③ 这一点从三宅与东邦协会的关系中也可以获得佐证。而杉辅重刚早在1886年，就与日本新闻社的福本日南合作出版了《樊哙梦物语———新平民回天谈》④ 一书，描绘了向菲律宾殖民的构想。该书以一位隐遁者的梦话的形式，讲述了九万日本受歧视的部落民移居西班牙的殖民地菲律宾，与当地的菲律宾人密切交往，伺机发动起义，让菲律宾从西班牙的殖民统治下解放出来，建立独立的菲律宾国的故事。该书所强调的日本殖民菲律

---

① 志贺重昂：《南洋時事》，志贺富士男《志贺重昂全集》，東京志贺重昂全集刊行会1927年版，第102页。
② 这方面志贺代表性的文章有《台湾論》（《日本人》第27号）、《濠州列国の合縦独立せんとする一大傾向》（《日本人》第21号）等。
③ 中野目徹：《政教社の研究》，思文閣1993年版，第207頁。
④ 该书据说是由杉浦重刚口授大意，福本日南笔录而成的。由此可见，两者在海外殖民问题上的立场是相同的。参见広瀬玲子《国粋主義者の国際認識と国家構想——福本日南を中心として》，芙蓉書房2004年版，第48頁。

宾的意义有三点：第一，可以确保日本受歧视的部落民获得永久居住的地方；第二，通过殖民事业可以发扬日本的国威；第三，有助于日本"兴亚策略"的实施。① 实际上这也反映了当时日本社会上包括国粹主义者在内所有海外殖民鼓吹者的核心意图。

除了政教社成员以外，日本新闻社的福本日南也是"南进论"的积极推动者。在考察日本殖民的对象地方面，福本日南认为北海道气候寒冷，不是解决日本内地人口过剩的理想之地，而美洲大陆因为存在西方国家对亚洲的人种歧视，也不是日本人理想的殖民场所。最合适的地方应该是气候温暖的南洋一带。福本日南在《殖民的必要以及殖民的场所》一文中如是说："亚米利加农工事业之广大给没有资本的劳动者提供了极多的立足之场所，其土壤之广漠，给拥有资本的殖民者赋予了极大的出手的自由，社会的需要又使这般新起工业之成立无有任何风险"，然而，观"今日支那人之于合众国、加拿大被摈斥、被驱逐之原因"，一因工资低廉而与他者形成了竞争，二为"支那人民与欧美人人种不同"。故如果日本人将十万或二十万人口移住在美利坚合众国，则日本"最终沦为第二个支那，亦不稀奇"。加之，美利坚合众国距离遥远，航费昂贵，从各方面来考虑，美国大陆对于亚洲人而言绝非天堂。"吾辈以为首先应该施行殖民（策略）、且最能获得殖民实益之地，非遥远的亚米利加，而是近邻菲律宾群岛。"② 为了给自己的主张增加可信度和说服力，福本除了强调地理位置、气候环境以及菲律宾的土地广阔、物产富饶等因素之外，还举出了日本人与菲律宾原住民甚至是殖民者西班牙人在人种上存在相近似的地方，他认为，菲律宾人与

---

① 広瀬玲子：《国粋主義者の国際認識と国家構想——福本日南を中心として》，芙蓉書房2004年版，第49頁。

② 福本日南：《殖民の必要並に殖民の場所》（一），《東京電報》1888年11月15日，引自広瀬玲子《国粋主義者の国際認識と国家構想——福本日南を中心として》，芙蓉書房2004年版，第126頁。

日本人"容貌、骨骼相似,性格、情感亦存在相类似之处",而西班牙人则是"罗甸人种中与日本人种最相近似的种族,其国人与吾人会晤之时,往往被误认为与我为同一人种","日本人种与西班牙人种之关系,绝不像其他索逊人种之于支那人,冷淡而相互对抗"。① 从福本日南的上述主张中,我们不难读出其作为一个"把国家的体面"视作"日本民族种属之性命"的国粹主义者的矛盾心态,即既要追随西方、亲近西方,与西方国家为伍,又要努力与西方对峙,保持自己作为亚洲国家的"体面";既想在亚洲立足,又试图在"人种的优劣"问题上与亚洲其他国家尤其是中国划出一条隔离线来。此后,福本日南又在《日本人》第 44 号、45 号、46 号、47 号上连载了《日本及南洋》一文,足可见其对南洋问题的关注。

在"南进"问题上值得一提的还有菅沼贞风。菅沼贞风虽然不是政教社思想集团中的成员,但是其思想倾向与活动同政教社国粹主义有着密切的关系。尤其在海外殖民的问题上,其与福本日南可谓"两意相投"。菅沼贞风出身于平户,1888 年毕业于东京大学古典学科,据说在校时就读过福本日南与杉浦重刚合作撰写的《樊哙梦物语———新平民回天谈》一书,引起了思想上的共鸣。1888 年,菅沼贞风写了《新日本图南梦》,主张将菲律宾纳入日本的新版图,日本要成为亚洲的中心,与西欧列强对峙,其觊觎别国领土的野心已经表露无遗。②

"南进论"在明治二十年代前半期曾经风靡一时,持"南进论"立场的不乏其人,国粹主义论者尤为如此。不过,与北海道的拓地殖民论一样,当"东方问题"成为日本对外舆论的热点话题以后,"南进论"也逐渐淡出了国粹论者的言论舞台。

---

① 福本日南:《殖民の必要並に殖民の場所》(一),《東京電報》1888 年 11 月 15 日,引自広瀬玲子《国粋主義者の国際認識と国家構想——福本日南を中心として》,芙蓉書房 2004 年版,第 128 页。

② 同上。

三 国粹主义的"北进论"

1891年发生的"大津事件"①极大地刺激了日本人防范俄国的危机意识和向东亚大陆扩张的领土野心。"大津事件"发生后不久,稻垣满次郎②即出版了旨在宣传扩张主义的《东方策》一书。该书称:"露西亚占领桦太岛之主要目的,不为其炭矿之丰富,未来耕作收获之希望,也不在其可作为流放罪人之殖民地,不为其南北延伸的六百里之长,而完全因为桦太岛横亘日本海的北大门。(占据此地)即占有了好位置。且其如广大无边之堤防,为守护黑龙江口之要地。"③该书认为,俄国必将入侵中国"满洲"、蒙古,而东亚势必成为英、俄两大帝国势力角逐之地。作为应对日益严峻的国际情势的办法,日本应该基于万国公法确定对外方针,获得"东洋霸权"。《东方策》出版以后,立即成了畅销书,在日本社会引起了强烈的反响。志贺重昂称其为"近世之大著述",④陆羯南的《日本》报也连续刊载

---

① 1891年4月底,俄国皇太子尼古拉为了游历东洋各地并参加预定在符拉迪沃斯托克(海参崴)举行的西伯利亚铁路乌苏里第一工区的开工仪式,顺路访日。当时日本国内对于俄国修建西伯利亚铁路充满了危惧感,认为俄国有霸占朝鲜进而入侵日本的企图,此次俄国皇太子的访日即是怀着"霸占我日本国之野心,考察近江等地之地理,以便他日前来霸占",于是在5月11日,当俄国皇太子游历到滋贺县大津时,被当地的巡警津田三藏拔刀砍伤。"大津事件"给当时的日本社会造成了极大的恐慌。日本政府害怕由此引来俄国的报复,极力给俄国赔礼道歉,明治天皇也亲自前往京都探望了俄国皇太子。同时日本内阁承诺将按照对皇室的犯罪惩处凶手。但是内阁的要求遭到了日本司法省的拒绝,最终,津田三藏以谋杀罪被判处无期徒刑。这一事件再次引发了日本民间民族主义情绪的高涨,使对外强硬论者的态度愈发趋向强硬。此事件也是促动日本社会舆论焦点由内向外转变的重要诱因。

② 稻垣满次郎(1861—1908),长崎市平户人,明治时期日本外交官。

③ 稻垣满次郎:《東方策》,引自志贺重昂《〈東方策〉を評す》,《亜細亜》明治二十四年七月十三日第3号。

④ 志賀重昂:《〈東方策〉を評す》,《亜細亜》明治二十四年七月十三日第3号。

《读〈东方策〉》的社论，对该书给予了极高的评价。"大津事件"、《东方策》的出版、东邦协会的成立等一系列事件，使得"东方问题"很快成了日本社会舆论的焦点，正如陆羯南在明治二十七年《我东洋问题的起因》一文中回忆的那样："明治二十四年，真可谓是东洋问题的发端时代。"①

所谓"东方问题"或"东洋问题"大致相当于国粹主义论者所提示的殖民政略中的"北进论"。在西方国家的概念里，"东方问题"原本是指巴尔干半岛问题，而从明治二十年代开始，"东方问题"却成了日本人"解读日本周边国际形势的代名词"。②"东方问题"意指关涉亚洲、太平洋地域的国际问题，其核心主要指向朝鲜半岛以及中国东北，在中日甲午战争之前，尤指"朝鲜半岛问题"。如（第一次）《日本人》第71号的社论《朝鲜之存亡与日本》一文这样论述道："呜呼！朝鲜半岛乃亚细亚之巴尔干半岛也。今东方问题日渐紧迫，而朝鲜之存亡亦日渐紧迫。清国取之，还是英国取之，露人取之，抑或是我辈取之。呜呼！朝鲜之存亡关乎亚细亚之安危，得朝鲜者即可称霸雄飞，失之则必为奴雌伏。"③即占领朝鲜，也就意味着获得了通往中国大陆的跳板，为日本的亚洲扩张打开了通路，而朝鲜半岛一旦为俄国占领，则日本必将被限制在狭小的岛国空间内，无法施展拳脚，实现称霸亚洲的雄心。"东方问题"的显在化，意味着当时日本的殖民主义论者已经将向外膨胀的目标锁定在了朝鲜半岛和中国。

其实，"东方问题"的思想系谱可以追溯到幕末。江户时代末期的思想家吉田松阴早在日本"开国"之时就对日本的东亚政策提出了建言和规划，他说："今德川氏已同两虏（俄美）和亲，不能由我绝之。我若绝之，乃是自失信义。为今日计，莫如慎守疆域，严行条约，以羁縻两虏，趁间开垦虾夷，收琉球，取朝鲜，拉满洲，压支那，君临印度，以张进取之势，以

---

① 参见有山辉雄《陆羯南》，吉川弘文馆2007年版，第160页。
② 中野目徹：《政教社の研究》，思文閣1993年版，第208页。
③ （无署名）《朝鮮の存亡と日本》，《日本人》1891年4月7日第71号。

固退守之基，使神功未遂者得遂，丰国未果者得果。"① 所谓的"神功未遂者"是指《古事记》神代卷中记载的神功皇后征伐三韩，而"丰国未果"是指丰臣秀吉两次入侵朝鲜。吉田松阴的意图说得非常明白，"在交易上失之于俄美，在土地上取偿于满、鲜"。② 众所周知，吉田松阴的东亚战略构想对于日本近代史的发展而言，其影响是深远的。明治维新以来，日本所采取的外交政策基本上是沿着这样的"失之东隅，收之桑榆"的思路展开的，抵御欧美列强势力的入侵与向亚洲侵略扩张、征服朝鲜半岛、侵占中国东北，进而蚕食中国大陆可以说一直就是日本政府对外策略中两条并行不悖的主线。明治初年，在"征韩论"成为"政变"导火索之前，日本政府就已经派遣考察人员前往朝鲜和中国东北进行地理、风俗考察，同时东京、大阪的商人也开始进出朝鲜。"征韩论"之所以在当时遭到了明治新政府实权派领导人木户孝允等的反对，并不是因为"征韩"是一场不义战争，而是因为"国内维新大业刚兴，反对新政、心怀不满者甚多，全国民心尤未安定，战争有可能引起国民生活混乱并进而酿成骚乱的危险，有使政府创立之事业半途而废的危险"。③ 即日本实现富国强兵的当务之急不是发动对外战争，而是国内建设和国民的改造。木户孝允曾经明确表示"首先励精图治，强我国力，正我之名而后徐谋两国（朝鲜、中国），期以数年之后，未为晚也"。④ 1887 年日本参谋本部制定的《征讨清国策》中也写道："欲维持我帝国之独立，伸张国威，进而巍然立于万国之间，以保持安宁，则不可不攻击支那，不可不将现今之清国，分割为若干小邦。何以知之，

---

① 渡边几治郎：《日本战时外交史话》，转引自米庆余《近代日本的东亚战略和政策》，人民出版社 2007 年版，第 51 页。
② 米庆余：《近代日本的东亚战略和政策》，人民出版社 2007 年版，第 51 页。
③ 参见信夫清三郎《日本政治史》第 2 卷，周启乾、吕万和等译，上海译文出版社，第 391 页。
④ 信夫清三郎：《日本政治史》第 2 卷，周启乾、吕万和等译，上海译文出版社，第 377 页。

彼我之形势也——试看英国之于印度如何,则可明矣。英国之保持富强,要在不可无此印度。也即我当掠取土地于支那,以之为附属防御物,或以之为印度也,更何况彼我之间有终究不能两立之形势。"① 而1890年,时任内阁总理大臣的山县有朋更是提出了"主权线"、"利益线"的主张,称:"我邦利益线之焦点,实在朝鲜。西伯利亚铁路以进至中央亚细亚,不出数年,及其竣工,发自俄都,十数日则可饮马黑龙江。吾人不可忘记,西伯利亚铁路完成之日,即是朝鲜多事之时,也不可忘记,朝鲜多事之时,即是东亚发生一大变动之机。"② 由上可见,从明治初年至明治二十年代,"朝鲜问题"、"中国问题"一直是日本政府外交策略的核心所在。

国粹主义对于"东方问题"的关注实际上早在《东方策》出笼之前就已经开始了。本书第二章第三节中曾经论述过,早在1890年,三宅雪岭就曾撰写过《亚细亚经纶策》文,提出日本"人多地狭",而"支那不能自立",日本应该担当起"经营支那之重任","移东南过剩人口于满蒙",进而"朝发帆樯络绎之于扬子江岸,夕破秦岭陇山之云",创建一个将中国完全置于其统治之下的"新日本帝国"。在其国粹主义的大著《真善美日本人》中,三宅也多次强调日本要成为"东方的亚历山大"。在国粹主义论者中,三宅雪岭可谓"北进论"系谱的"始祖"。

国粹主义的"北进论"反映的其实就是其亚洲主义立场。在国粹主义兴起之初,志贺重昂、福本日南都曾有过"中日提携,共兴亚洲"的"兴亚思想",但是,随着亚洲情势的改变,这种基于现实考量的"亚洲连带"意识逐步为"日本东洋盟主"意识所代替。明治二十五年(1892)《亚细亚》第32号题为《何为亚细亚主义》的社论中,作者这样写道:"有着三千年史迹的东洋之帝国,孕育出了本国独有之精神、特有之形态,此种精

---

① 引自米庆余《近代日本的东亚战略和政策》,人民出版社2007年版,第102页。
② 大山梓:《山县有朋意见书》,转引自米庆余《近代日本的东亚战略和政策》,人民出版社2007年版,第119页。

神形态特立于森罗万邦之间，彰显其特长特美之处，以资与万邦共同建设圆满完美之世界大文明，称其为日本主义，岂有谬哉。""日本位于亚细亚之东海，先于亚细亚诸国达成了其文物之完美。在亚细亚诸国中，作为先觉者，其开导后觉者之责任重大。"① 即作者一方面声称要与"万邦"一道共同建设"圆满完美之世界大文明"，另一方面又强调"日本之于亚洲的责任"，认为日本作为亚洲诸国中"文明的先行者"，有"责任"和"义务""领导"亚洲各国"走向文明"，进而与西欧形成对峙。不难看出此时国粹主义的"亚洲主义"和欧化主义派福泽谕吉倡导的"脱亚论"在思想逻辑上已经找到了接合点。前者虽然强调亚洲传统文化的价值，但又"千方百计地证明中华文明的接力棒已转入日本之手，日本有资格取代衰落的清朝充当亚洲盟主，并在抵御西方扩张的斗争中担负领导责任"。② 后者则是"否定中华文明和亚洲文化的传统价值"，以日本率先在亚洲跨入文明之域为由，强调"亚洲东方堪当此魁首盟主者唯我日本"，③ "国粹主义"和"欧化主义"恰似两辆反向而行的马车，最后在"日本亚洲盟主论"这一点上达到了殊途同归的效果。

那么，国粹主义的"日本亚洲盟主论"，果真如同其表白的那样，只是主张"日本要引领亚洲各国走向文明"，共同应对来自西欧列强的压迫吗？

1894 年 7 月 25 日，日本海军在朝鲜丰岛海面突然袭击清政府北洋水师的"济远舰"和"广乙舰"，中日甲午战争爆发，日本政府酝酿已久的"霸占朝鲜，称霸东洋"的东亚策略进入了实质性的实施阶段。国粹主义者自然也是这场战争的积极支持者。《亚细亚》第 3 卷第 3 号上同时刊登了《帝国的扩大》与《征清的利害》两文，毫不隐晦地阐述了征服中国、将中国

---

① 《亜細亜旨義とは何ぞ》，《亜細亜》明治二十五年二月一日第 32 号。
② 杨栋梁、王美平：《日本"早期亚洲主义"思潮辨析——兼与盛邦和、咸其章先生商榷》，《日本学刊》2009 年第 3 期，第 128 页。
③ 同上。

乃至亚洲置于日本统治之下的侵略思想。如《帝国的扩大》一文称："帝国的版图不足以维持东洋之和平，为了维持东洋之和平，（吾辈）主张帝国之扩大。而时机即在今日。"①《征清的利害》一文则认为："今（支那）占世界人口四分之一，支那即东洋，东洋即支那，若将此盘曲半个东半球的巨龙击倒，使之屈服于我，则列国对我之情感必为之一变，尔后踏上征途之日本国、日本人当可阔步向前，焕发国威国权。不仅能改昔日之观，国内委靡拳曲之人心亦将为之一振，伸张之欲大增，开阔诸般事业之眼界，目的远大——此可谓征清之利也。"② 即在国粹主义者看来，征服中国是改变日本国际地位、获得西方列强认同的绝佳选择，同时也是振奋日本国民精神、对外炫耀国威的"非常之手段"。可以说，随着中日甲午战争的爆发，国粹主义论者通过"征清"、"征亚"来"扩大帝国版图"的构想也清晰地浮出了水面。

1894年12月25日《日本人》第17号集中刊登了《支那分剖论》《支那人的根性》《新日本》《檄佛教徒》等文章，除了为日本发动的侵略战争摇旗呐喊以外，更是提出了相当具体的肢解"支那"的"战略主张"。如《支那分剖论》一文开篇即称："邻邦扶持之义，必以朝鲜独立为要，王师膺惩之责必以（获取）巨额赔偿为要，此为媾和之时不可或缺之约。不单如此，为确保东洋之和平，帝国之扩大亦至为重要。故支那版图之割让，又必为我所持之议。其割让之地于何处求取，割地面积之大小广狭如何，虽因（我军）征伐所及之处及清廷之举措而异，然（我帝国）于万国环睹之间，震撼乾坤，弥漫战尘于东亚天地之间，击倒庞大之帝国，振祖宗数千年涵养之余烈，发挥上天赋予（我）东方一国之职分，值此千古之好机会，做好最后思量，将（支那之）领土置于我掌上，对其形势作大胆缜密之详查，再放眼仔细观察列国之情状，比较得失利害，以绝后患之忧，此

---

① 《帝国の拡大》，《亜細亜》明治二十七年十月二十一日第3卷第3号。
② 同上。

亦是布衣政论家操觚为邦国效忠之本分。"① 即作者认为，与清朝开战，最终目的不仅仅是要让朝鲜摆脱清朝宗主国的控制而"独立"，以及获取清朝的巨额战争赔款，更重要的是要从清朝的版图中割取土地，以保证"日本帝国版图之扩大"。而对于清国的土地进行考察分析，再结合对西方列强在东亚利益的观察判断，提出一个既能满足日本领土野心，又不至于招来西方列强干涉的"万全之策"，则是以"布衣政论家"自居的国粹主义者的职责所在。足以见得，在向亚洲扩张的"北进"问题上，国粹主义者是自觉地与明治政府站在了同一条起跑线上，而且积极主动地承担起了"智囊"或者说是"智库"的角色，充分体现出了其颇为自负的"学士精英"的意识。那么，如何"割地"？如何"分剖支那"？其时，日本社会已经对这一问题提出了各种各样的"设想"和"建议"，该文作者对此做了大致归纳。其一，"割盛京、吉林、直隶三省，此乃欲紧持头首而左右其全体之论"，即"凭据其山河之富，使其人民顺服，退可保东朝鲜，北可防俄罗斯，进则可南望茫茫中原四百余州"。其二，"割盛京、吉林二省并割取台湾，此乃势分南北，伸张两手之论"，即"欲（使我势力）从北千岛绵延盖过日本海、黄海，翘首即可遥望观赏南方太平洋之海潮"。其三，"割辽东、山东两半岛，并割取台湾，此乃不贪鱼肉而欲得熊掌之论"，即"锁旅顺、威海之天关，以扼渤海，连台湾、扼黄海，以作东海之障壁，凭天险占据有利地形……西可控制清国，北可检查强俄之南下，东顾可保朝鲜，南可望太平洋，养精蓄锐，临机应变"②。作者认为，此三种主张虽然都有各自的道理，但是，分析亚欧形式，还需警惕欧洲列国趁火打劫。作者指出："北京陷落之日即是议和之日，然如若清廷不降，天子蒙尘奔走于国都，则局面必为之一变，内地山泽之豪杰蜂起，四百余州鼎沸，欧洲列国随意闯入。事若至此，即如众人在挥刀屠宰一头肥猪。"该文作者认为："或者可让清

---

① 《シナ分剖論》，（第二次）《日本人》明治二十七年十二月二十五日第17号。
② 同上。

廷存在于满洲蒙古之间，再以山西河南湖北为界，割出西部，另成立一个新中国；或避开欧洲干涉，由我领有支那北部，让清廷存在于满洲蒙古之间，其余一分为三，形成三国，于今日再试魏蜀吴之三国鼎立。"① 无论如何分解"支那"，唯一要保证的是"帝国职分"之"俨存"，此外，"不可忘记亚欧之形势"。这里值得注意的是，对于原本以"文明"对"野蛮"的名义挑起的这场战争，进行到什么程度可以停战议和，作者非常明确地将这个时点规定在"北京陷落之日"。由此不难看出，所谓"扶助邻国"，保护"朝鲜的独立"，只不过是国粹主义者的一个伪善的借口，吞并朝鲜，图谋中华，才是其真正的意图之所在。

至此，国粹主义的"亚洲主义"已经完全失去了其兴起之初所具有的"亚洲连带"、"共抗西方"的积极的一面，志贺重昂、福本日南等所主张的"中日提携，共兴亚洲"的"兴亚思想"也早已随着日本帝国的向外扩张被时代的洪流冲刷得一干二净，国粹主义论者成了不折不扣的"日本东洋盟主论"和"侵亚"、"征亚"主义的鼓吹者、翼赞者。

第三节　"唯我独美"的《日本风景论》
——志贺重昂国粹主义地理学的发展

志贺重昂的《日本风景论》既是"近代日本风景评论史上的名作"②，同时也是国粹主义的经典著述之一。作为地理学者和生物学者，志贺重昂的国粹主义思想始终是围绕着"风景"展开的。即在志贺重昂看来，"风景"或"风土"是陶冶、涵养一个国家国民性的决定性因素。政教社成立之初，志贺重昂就曾经反复论述过日本的风景之美，试图"涵养（国民）

---

① 《シナ分剖論》，（第二次）《日本人》明治二十七年十二月二十五日第17号。
② 大室幹雄：《志賀重昂〈日本風景論〉精読》，岩波书店2003年版，第19頁。

叹赏日本山水风土花鸟之优美之感情，培养之，在冥冥之中、隐隐约约之间积蓄起爱慕日本国土之观念"，并将这种对于国土风景之热爱视为"强固国基之根本"。[①] 随着日本国力的进一步增长以及向外扩张倾向的不断增强，志贺重昂国粹主义地理学或者"风景论"的内涵也相应地发生了改变。《日本风景论》的出版，即是这一过程中志贺重昂国粹主义思想的集中体现。如果说国粹主义兴起之初，志贺重昂的国粹主义"风景论"主要目的在于唤醒日本人的民族自尊意识和爱国热情，试图扭转日本社会"唯欧风是拟、西人是仿"的媚外风潮的话，那么，《日本风景论》一书所昭示给世人的则是"日本风景秀绝万邦"，日本"江山之洵美"是"上天所赐"，所以，"适应其洵美风景的感化"，"于隐约之间胚胎发育而成"的"日本国民之气象"自然与众不同，换言之，即日本民族是世界上最优秀的民族。

那么，《日本风景论》是如何来描绘日本风景的？当时的日本人又是如何来解读这部国粹主义经典著作的？它对日本社会产生了什么样的影响？探讨这些问题对于我们把握国粹主义的全貌、分析国粹主义作为一种思潮它所发挥的社会作用无疑是非常重要的。

一 《日本风景论》的内容及主题

《日本风景论》共由八个部分的内容组成，其中包括：①绪论；②日本气候海洋之多变多样；③日本水蒸气量之丰沛；④日本火山岩之多；⑤日本流水侵蚀激烈；⑥寄言日本文人、词客、画师、雕刻家、风雅之高人能士；⑦日本风景的保护；⑧亚洲大陆地质的钻研、寄言日本地理学家。在《绪论》中，志贺重昂开宗明义即言："江山洵美是吾乡，世人没有不赞美自己故乡之洵美的。此乃一种观念。然日本人称赞日本江山之洵美，并非

[①] 参考本书第二章内容。

只因其热爱故乡之情,实因日本江山之绝对洵美。外邦之客,皆以日本为现实世界中的极乐之地而留恋往返,如赖山阳诗云:花开三芳野,春光遍洒,驻足远望,唐人韩人皆生大和心。想来,自然浩浩之造化,如能工巧匠独钟情于日本。此乃日本风景秀绝于万邦之所因。"[1] 即志贺重昂认为,热爱自己的故乡是人之常情,然而,日本人赞颂自己江山之洵美,并不是单单出于热爱故乡之情,而是因为日本江山之秀美是万邦无可比拟的,日本的风景之美是大自然冥冥之中的造化,是自然之神的垂青。这里志贺重昂关照的不是风景的"普遍性",而是日本风景的"特殊性"。强调日本风景的"绝特"是志贺重昂赋予《日本风景论》的主题。

在《绪论》里,志贺重昂首先将日本风景的特点概括为"潇洒、美、跌宕"。对于日本风景的"潇洒",志贺这样论述道:"长竹三竿,诗人之家。梅花百株,高士之宅。此为欧美各国难得一见之景物。一声杜鹃知何处,澱江渡头新绿流。芭蕉庵外,一泓绿静,青蛙唤雨来。一雨洗空,鸭川楼台渐高,东山岚翠欲滴,新月如眉挂山腰。……老雁一声,寒砧万户,多摩江心观秋月之白。南都(奈良)客舍,听鹿鸣呦呦。……日本风景之潇洒,如此这般。然潇洒之粹,当数日本之秋。来自亚洲大陆的西北风微微吹起,霜气渐动。清爽的秋风吹遍八十余洲。欧美各国罕有的白桐树,泛黄的树叶随着笛声、捣衣声飘落,鸿雁因朔北地方缺少食饵,遂成群结队,竞相渡过寒云,飞往日本南方食饵富饶之地,停留在蓼汀芦渚之间。时下,植物中黄色素的代表、且欧美诸邦难以得见的公孙树,树叶如堆满了黄金一般。日本不仅生长着许多富含黄色素的植物,堪称植物中红色素代表的槭树也遍及日本全国各地。槭树、深山红枫、常盤枫、鬼脸红枫、三角枫等十八种红叶一齐红遍山野,宛若天女晒出的云锦一般,实在是潇洒与美齐具。想来,这般大景观,欧美各国多不能见。英国人自尊自大,

---

[1] 志賀重昂:《日本風景論》,色川大吉《日本の名著39》,中央公論社1978年版,第343頁。

动辄夸耀泰晤士河畔九月的秋色。然而，英国绝无槭树，无槭树之地，又如何能知秋之大观呢？"① 这段优美的文字的确把日本景色的潇洒之处、妙处描写得如画中美景，引人入胜。然而，我们也不难看出，志贺重昂在赞扬日本风景之美的时候，总是在有意识地贬低别国的风景，把日本风景视作日本独有、他国绝无的"特绝"的存在。这种唯我独美、唯我独尊的优越意识是贯穿《日本风景论》的一条主线。

下面再让我们看看志贺重昂是如何描绘日本风景之"美"的。"绿杨如烟如画环抱名古屋城，阁楼高低错落隐现其中。桃山（山城）落花，乱点如红雨，似锦绣铺地。川中岛西部，菜花麦苗，黄绿绣错，千曲川蜿蜒其间，上野、信浓群峰，浓淡错落有致，缭绕于地平线上。……肥后山间，俯瞰山谷，深达数百尺，谷中有人家数户，掩映在翠色之中，一抹炊烟，鸡声犬声相闻。……日本风景之美如此这般。然美之精华要数日本之春。支那人、朝鲜人动辄称'莺花三月'，他们真知'莺花'之真面目吗？汉土无樱，亦无莺。非无樱，乃无我樱也。莺亦然。彼处有莺，其形大，色殊，其声之美妙不及我莺。或有迁徙至肥前筑后之地者，吾人称之高丽莺。……其形似……实则我莺声色之美，盖过彼处之莺。……樱花不及我花之艳，黄莺不及我声之美，此可谓无樱无莺也。……支那人、朝鲜人不知'莺花'之真面目。至于欧美诸国，初春无梅，晚春无樱，其春终究无从提及矣。"② 这里，志贺重昂列举了名古屋、桃山山城、信浓、肥前、筑后等地的风景之美，不过，他认为最美的当数日本的春天。志贺将樱花的美艳和黄莺的叫声作为日本春天美景的代表风物，并且将中国的樱花、黄莺与日本做了优劣对比，得出"汉土无樱亦无莺"的结论。他甚至认为，欧美各国"初春无梅，晚春无樱"，谈不上有什么春天。

---

① 志贺重昂：《日本風景論》，色川大吉《日本の名著 39》，中央公論社 1978 年版，第 343—344 页。
② 同上书，第 346 页。

至于"跌宕",志贺举出了那须的旷野、太平洋上的怒涛、周边一望无际的大海、雷雨等景物来作支撑。"那须旷野,一望微茫,松树或三或五,苍健高耸。万顷太平洋面,笋岩峭起,雪浪怒击,一只信天翁张开双翼,伫立岩顶。寒雁渡云,白川关外马啸啸。秋高气爽,天无织云,富士高峰,于武藏野地平线上凸起。芙蓉万仞,高可探月,岳影倒影太平洋……"也许是日本国中能用"跌宕"来形容的风景原本并不多见的缘故,志贺对于日本风景之"跌宕"的描写显得有点力不从心,只是简单地列举了几个"意境",难免给人一种牵强附会和敷衍的感觉。据我国学者戴宇的考据,在《日本风景论》的第一版中,并没有有关"潇洒、美、跌宕"的内容。内村鉴三在评论《日本风景论》时曾指出:"日本的风景虽美,但这仅是一种园艺之美、公园之美,尚缺少一种伟大之美。诚然,我国风景有醉人之处,但那种崇高之美还需求之于万国。"可能是由于这方面的原因,志贺在后来的第二版中添加了"潇洒、美、跌宕"的内容,并试图举证来论述日本风景的"崇高、伟大"。①

志贺重昂认为,日本风景之所以如此"潇洒、美、跌宕",是因为"日本气候以及海洋多变多样"、"日本有丰沛的水蒸气"、"日本火山岩很多"、"日本流水侵蚀激烈",而这些皆为大自然的"神工妙笔"。在接下来的论述中,志贺以他地理学家、博物学家的实学知识和文学家的素养,对日本列岛的地貌、气候、河流、火山岩、湖泊、生物、植物做了详尽的考察和介绍。当然,在论述日本风景优美的同时,他始终没有忘记与其他国家的风景进行比较。比如,关于日本风景之于中国、朝鲜风景的优越性,志贺重昂在介绍日本火山岩对于形成日本风景的重要性时,专门辟出一节将日本的风景与中国、朝鲜半岛的风景做了对比,他说:"日本表土的五分之一由火山岩而成,由此即知景物之警拔俊秀。朝鲜地质大多系原始纪、太古纪,

---

① 参见戴宇《志贺重昂国粹主义思想研究》,吉林教育出版社 2009 年版,第 206—207 页。

火山岩甚少。至于支那，茫茫北方皆系第四世纪地层，平坦的水成岩绵亘约四万两千方里，称之为'黄土'。浑浊的黄河水曲折奔腾，注入黄海，大地之景色可谓黄云惨淡，满眼望去尽是黄色。无有一山一峰耸起，风物之单调真个能倦杀路人。如遇北风自蒙古而下，则黄风遮天蔽月，所谓'黄风北来云气恶'（李梦阳），黄尘纷纷，入户障，盖树木田园，泉水亦黄浊不堪，尽煞风景。此即支那诗人动辄即言'黄尘万丈'之所因。在日本这般火山岩国，所到之处皆净山澄水，此言自不可用。'野旷天低日欲西，北风吹雪雁行低。黄河古道行人少，一片寒沙没马蹄。'此乃支那北方景象之写照，了无余蕴。至于南方，十中有七八为太古纪、中古纪岩石，森林几千年来滥伐无度，巨木高树稀少，……（文人墨客）只能作画聊以自慰。"[1]志贺重昂把黄土高原上的地貌、景物作为中国北方的"写照"大加渲染，而对于山清水秀的南方，则含混其词地用滥伐森林来表示中国无"巨木高树"，在志贺重昂的笔下，中国无论是北方还是南方，几乎无任何像样的"风景"可言，与到处都是火山岩的风景"绝特"的日本是难以比拟的。这里，志贺重昂从风景的角度首先把中国这个老大帝国从亚洲一等国的位置上拉了下来。按照他的"环境决定论"[2]的观点，一国之"国粹""皆为适应其所在外围物的感化，于隐约之间胚胎发育而成"，那么，优美的风景胚胎发育出来的"国粹"自然也是优秀的，而"煞风景"的中国、朝鲜，其"国粹"自然不能与之媲美，再进一步明言，也就等于说大和民族与生俱来就是一个优秀的民族，风景即如其民族的血脉，风景之优雅，即如其血脉之高贵。

在与中国、朝鲜进行过比较以后，志贺重昂进一步提出了"日本之火

---

[1] 志贺重昂：《日本風景論》，色川大吉《日本の名著39》，中央公論社1978年版，第372頁。

[2] 藤田昌志：《志賀重昂・三宅雪嶺の日本論・中国論》，三重大学国際交流センター紀要，2008年，第3号（通巻第10号），第25頁。

山乃'名山'之标准","富士山乃'名山'中的'名山'"的主张。"所谓名山之标准为何？曰：其一，山体需具备美术体式与几何体式的协调。其二，一山中景色变幻多端且不规律。想来，所谓'山体需具备美术体式与几何体式的协调'，那如圆锥般耸起的美妙的火山岂不正是如此？而火山中有槎牙佶屈的岩石，有焰烟沸腾的新火口，石壁峭立的旧火口、副火口，硫气喷孔，洞穴，火口湖，汇水湖，草树苍翠秀润，景色变幻多端且无规律者，莫不过于此火山。……'名山'中的'名山'当数富士山。岂需一辞一句自美自赞哉！听听世界对于此山的感叹吧。'富士'，从虾夷语'火之女王'而来，缘此可知太古虾夷人对于此山的崇拜爱慕。日本国又名倭国……东北千余里，有山，名富士，又名蓬莱。此山峻险，三面环海。此山高耸于海面，顶上有火烟。日有诸宝流下，夜来却上，常闻音乐声（后周义楚六帖）。……芙蓉独立卧清虚，始信大东天地居。俊才高洁堪相竞，气整来迫何如君（朝鲜国文学）。……界对富士山的感叹如此这般，又何需一词一句自美自赞。……集得秀丽气，筑成东海湾，天工尽于此，不再出名山。此乃石野云岭之句。真是'天工尽于此'，日本人夸扬富士山，雕刻、绘画、诗文、俳谐，皆以此山为'名山'之宗，仰视之，此非偶然，富士山实乃全世界'名山'之标准。"[①] 这里，志贺重昂将富士山称为"名山中的名山"，并且引经据典，将日本人、外国人赞美富士山的诗歌作为凭据，其意不解自明，即志贺还是力图说明日本风景不仅优越于中国、朝鲜等亚洲国家，甚至在全世界也是独一无二的。"汉土无樱无莺"，欧美国家"初春无梅，晚春无樱"，更没有富士山这样的"名山中的名山"，所以，日本风景可谓是"秀绝万邦"，日本民族的气质、国民性，大和民族的精神当然也是世界上最优秀的。

从《日本风景论》中，我们不难看出志贺重昂的国粹主义地理学、"风

---

① 志贺重昂：《日本風景論》，色川大吉《日本の名著39》，中央公論社1978年版，第377页。

景论"的"经世致用性"① 已经从起初的"唤起爱国心"导向了严重的"爱国偏执"。② 这本看似描绘风景的著作，字里行间却透露出浓厚的"唯我独尊"、"唯我独美"的狭隘民族主义气息。不仅如此，志贺重昂在《日本风景论》中还毫不掩饰地表达了他的殖民扩张思想。如在该书的结尾部分，志贺这样写道："以上详尽叙述了日本江山之洵美。写到此，不胜感慨。皇天将洵美之国土赐予日本民族，今后将更加扩大。……如今我皇之版图已扩张至台湾岛，日本风景圈里有了新的热带圈里的景象加入，一年后，山东半岛也会收入我皇版图。山东，有支那人古往今来仰视为'岱宗'的泰山。余欲描绘新山河之云烟水光，扩充《日本风景论》之材料，改刷重版，以博风雅之士、雕刻家、画家、词客、文人之欢颜。……以我富士山为'岱宗'，……台湾最高峰玉山形状宛如富士山，今可改名为'台湾富士'，山东省的泰山，来年可改称'山东富士'。"刚刚还对中国风景嗤之以鼻的志贺重昂，这时笔锋一转，却又对台湾的玉峰山、山东的泰山不吝溢美之词，并"欲描绘新山河之云烟水光"，以飨文人墨客。这种思维的矛盾性，我们只能有一种解释，即在志贺重昂看来，只要是日本的，就是最美的。台湾、山东并入日本版图以后，即是日本的风景，原先的所谓"煞风景"自然也就不复存在了。志贺重昂的"爱国偏执"不言自明。

二 《日本风景论》的社会影响

志贺重昂的《日本风景论》于明治二十七年（1894）十月二十七日由

---

① 参见戴宇《志贺重昂国粹主义思想研究》，吉林教育出版社2009年版，第219页。

② 对于志贺重昂在《日本风景论》中强调的"日本风景之绝特"，内村鉴三评价其为"爱国的偏执"（Patriotic Bias）。参见大室幹雄《志賀重昂〈日本風景論〉精読》，岩波书店2003年版，第32页。

政教社出版发行,① 时间正值中日甲午战争时期。中日甲午战争于 1894 年 7 月 25 日由朝鲜丰岛的海战而开端绪，8 月 1 日，中日两国发布宣战诏书，9 月 15 日日本海军攻陷平壤，17 日，日本海军在黄海海域击败清政府主力舰队，10 月，日本陆军突破中朝边境进入辽东半岛，11 月 21 日，日军攻陷旅顺。由于清政府的腐败无能，甲午战争日军连战连胜。《日本风景论》在此时出版问世，极大地唤起了日本人的民族自信心和民族优越意识。该书出版以后，立即成了畅销书，初版仅仅三周时间不到，就一售而空。同年 12 月 20 日再版，第二年 3 月 2 日三版，至明治三十五年（1902）四月，该书共印刷发行了 14 次。关于《日本风景论》的书评数量之可观也是日本出版界罕见的，初版仅一个月，东京、大阪以及其他全国各地的报纸杂志上发表的该书书评就有 48 篇之多。② 这些足以说明《日本风景论》在当时日本社会所产生的影响是极其广泛而又深远的。那么，当时的人们又是如何解读《日本风景论》的呢？

"如今征清之师连战连胜，威慑清廷，令万国惊叹。何以如此？欧美人解释曰：'日本很早即学泰西之兵术，而支那则反之，此乃日本胜而支那败之原因'。我国亦有持此意见者。……以予辈之所见，（此次战争）固然为文明与野蛮之间的战争，然我方之胜利，并非是学习了所谓泰西文明以及其兵术之故，其不过是我方取胜的一部分原因，而大胜利之大原因必不在

---

① 《日本风景论》在成书以前就曾在杂志《亚细亚》第 3 卷第 1 号（明治二十六年十二月十一日）上以同样的题名发表过。在其后的《亚细亚》第 3 卷第 3 号（明治二十七年十月二十一日）上，志贺重昂发表了《火口湖·日本风景论一节》，《玄武岩·日本风景论一节》，在明治二十七年十月二十五日《日本人》（第二次）第 16 号上，发表了《日本风景论二节》。明治二十七年十月二十七日由政教社出版发行的第一版《日本风景论》，其内容与后来重版发行的《日本风景论》不尽相同，有些内容是在再版时添加的。具体参见戴宇《志贺重昂国粹主义思想研究》，吉林教育出版社 2009 年版，第 196 页。

② 参见大室幹雄《志賀重昂〈日本風景論〉精読》，岩波書店 2003 年版，第 19 頁。

此处。所谓大胜利之大原因者，何也？此即大日本之精神。此精神固然无法目睹，不可耳闻，然我大日本国民生来即俱有之，遗传与感应陶冶了世世代代的子孙，亘古不渝。近来，志贺矧川氏著《日本风景论》……详尽论述日本风景卓绝于万国之所因。其观察悉尽求根据于科学，其行文，奔放流丽，乃近时罕有之大著。……细致周到地阐明了山水究竟与日本国民性情之间有何关系。此书对日本大胜利之原因有着深刻的观察，今日此书出版可以说绝非偶然。"① 这是《金城新报》于明治二十七年十一月五日发表的社论。根据这位作者的理解，日本在甲午战争中连战连胜，打败亚洲的头号强国，并不是如西方人所说，原因在于日本学习了西方的文明和技术，而是因为"大日本国民"与生俱来就"涵养"了一种独特的精神，即"大日本精神"。是这种"精神"使日本赢得了战争的胜利。而这种"亘古不渝"、"陶冶了世世代代子孙"的"大日本精神"，与日本"卓绝于万邦"的风景存在密不可分的关系，换言之，即日本"卓绝"的风景，"胚胎"、"感应"出了战无不胜的"日本精神"。这位作者高度评价《日本风景论》为"近时罕有之大著"，可见是与志贺重昂的思想产生了共鸣。

像上述这位作者一样将《日本风景论》与当时日本正在进行的对外战争联系起来，从"日本精神"、日本国民性的角度来理解"日本风景"、理解战争的人并不在少数。如《新朝野新闻》撰文称："如此这般的风雅之作，出现在刀光剑影的今日，显示出我国民之大度量。此书既体现了我国民之威武，又描绘了我风景之美。""要言之，今日英勇征伐支那之日本，使世界炫目，值此之际，此书的问世必将推动社会上有更多的展现美丽日本的著述出现，吾人贺之。"另有书评写道："今日本与满清之间，用兵开仗，且我军战必胜，攻必取，王旅已掠辽东半岛，正待进入北京。若非豪

---

① 参见大室幹雄《志贺重昂〈日本風景論〉精読》，岩波书店2003年版，第32—33页。

爽跌宕之民族，焉能如此。此时彼（志贺）撰写此书，其意可知。"① 从这些书评来看，《日本风景论》一书近乎等同于"在战争中意图鼓舞士气的战争文学"。②

当然，把《日本风景论》当做"战争文学"来解读的，只是一部分人，也有一些人是从汉文学以及地理学、植物学等科学的角度来欣赏和解读《日本风景论》的。但是，对于《日本风景论》中强调的"日本风景秀绝万邦"产生共鸣的应该不在少数。如当时著名的纪行文作家坪谷水哉在杂志《日本之少年》上撰文说："我帝国山水之优美，风景之秀丽，卓绝万邦，游览此国的（外国）人，皆恋恋不舍，不忍离去。（我帝国）实为世界之公园，如此秀丽之风景，优美之山水，陶冶了我国民之气风，使我国民成为宇内无以类比的忠良勇武之国民，亦成就了奇巧绝妙之美术，然此卓绝于万邦之风景，因何独赋予我国，迄今还未曾有人言说。"③ 另有书评说："日本山水之美，风景之胜，令外国人啧啧称赞，国人没有不知者。而显其美，发挥其胜者却寥寥无几。邦人常夸称，日本乃世界之公园，然其所言，仅只基于来游外国人所谓'山紫水明'之赞扬。迄今能解说山紫水明之所因者甚少。"④ 这两段书评表达的意思基本上是一致的，即，日本山水之美、风景之秀丽，冠绝万邦，外国人没有不为之感叹的。而日本山水之美，也涵养了日本人"宇内无以类比"的优秀的国民性。然而，迄今为止，还没有人像志贺重昂这样详尽地阐述日本风景何以能山清水秀，如此山清水秀的风景是如何造就优秀的大和民族的。所以，志贺重昂的《日本风景论》堪称世间稀有之"大著"。

---

① 参见大室幹雄《志賀重昂〈日本風景論〉精読》，岩波書店 2003 年版，第 31 頁。
② 同上。
③ 同上书，第 39 頁。
④ 同上。

从上述同时代日本人对《日本风景论》的解读不难看出，《日本风景论》恰似给正处在甲午战争中的日本社会、日本人打了一剂强心针或兴奋剂，极大地激发起了日本国民的"爱国心"和向外膨胀的"斗志"，比起作为地理学、植物学著作的学术价值来，《日本风景论》的价值更多地体现在了国粹主义思想的宣传方面，所以称其为国粹主义经典之作是恰如其分的。

第四节 "狼吞"与"蚕食"
——陆羯南的国际关系理论

明治二十六年（1893）夏，陆羯南在《日本》报上开始连载《国际论》一文，集中阐述了他对于近代国际关系的观察和看法。有学者认为，陆羯南的《国际论》是对"对外关系之于形成期的国民国家所具有的作用和反作用的力学进行的一次透彻的洞察"，是"当时日本人撰写的最优秀的国际政治理论"。[1] 那么，作为国粹主义"重镇"之一的陆羯南，他是如何看待近代以来国家与国家之间的关系的呢？

《国际论》[2] 的内容和主旨大致来看包括两个方面的内容，其一是揭示国家与国家之间竞争的方法和实态，由此阐明日本所处的严峻的国际环境；

---

[1] 朴羊信：《陸羯南：政治認識と対外論》，岩波書店2008年版，第220页。
[2] 《国际论》的发表，与以"条约厉行"、反对"内地杂居"为主要内容的"对外强硬运动"有着密切的关系。井上馨、大隈重信两任外相修改不平等条约的交涉因国内奥论的反对被迫中止以后，1893年7月，时任外相的陆奥宗光又再次向内阁会议提出了修改条约的方案。陆奥外相的条约修正案删除了以前有关在日本法院任命外国审判官以及遵照"西洋精神"制定日本法律的条款，但是，作为废除"治外法权"的交换条件，日本政府承诺向缔约国开放内地，即所谓的"内地杂居"。于是，围绕着"内地杂居"问题，日本奥论展开了激烈的论争。以福泽谕吉以及德富苏峰为代表的欧化派赞成内地杂居，而日本新闻社、政教社以及其他一些保守派人士则持反对立场。陆羯南的《国际论》即是为了阐述内地杂居对于日本的弊害而写的。

其二,便是指明在这种弱肉强食、优胜劣败的国际竞争中,日本应该如何自处。按照陆羯南的观点,国际竞争的方法不外乎有两种——狼吞与蚕食。"盖国际竞争,其现象大致可以区分为两种,一曰狼吞法,一曰蚕食法。欧人所谓 absorption 是以国家意志并吞他邦领土,吾辈暂且将其称为'狼吞';欧人所称 elimination,意指个人尽管出于偶然,但其结果造成了对其他民种的侵食,故将其译为'蚕食',二者皆为欧人谈论国际竞争时常用之熟语,唯我国读者诸君不甚明了。"① 也就是说,"狼吞"与"蚕食"是西方人处理国际关系时的常态。所谓"狼吞",即是政府以国家名义明目张胆地侵占别国领土的行为,"蚕食"则是在国际交往过程中,通过国民个人的文化、经济活动而达成的一个民族对于另一民族的"侵蚀"。相对于"狼吞"这种政府行为而言,"蚕食"更像是偶然的个人行为。陆羯南认为:"国际竞争不仅仅是激烈而又明目张胆的政府行为,个人在稳静、暧昧之间发生的偶然行为亦可形成国际竞争,此为当今最常见之竞争方法。狼吞法是往昔惯常用之方法,然于今日已不多见,蚕食法古今通用,尤为今世之便,常发生在尚不为人感知的状态下。""狼吞之行为如架刀于一个人的脖子上,故人视之必惊。蚕食之行为则如饭里下毒,人不知故而心安。"② 即陆羯南认为,国际竞争不仅仅表现为国与国之间政府层面上的竞争,国民个人的国际交往活动也是国际竞争的重要组成部分。狼吞是一种明火执仗的野蛮掠夺的行为,容易遭到抵抗;而"蚕食"是一种具有隐蔽性和欺骗性的"国际竞争"行为,所以,随着时代的发展,"狼吞"之法更多地被"蚕食"之法所取代。

对于"狼吞"与"蚕食"这两种国际竞争的方式,陆羯南又进一步分别从"生理"、"财理"、"心理"三个层次做了详细的论述。他指出,"狼

---

① 陸羯南:《國際論》,鹿野政直《日本の名著・37》,中央公論社1977年版,第181頁。

② 同上。

吞"的顺序为生理→财理→心理，即先以武力征服，然后进行经济掠夺和政治奴役，最后进行文化消融。所谓"生理狼吞"，主要依靠的是战争与杀戮，"这种例子多见于古时的战国时代。杀人逾百万的成吉思汗及帖木儿的征伐即如此。西班牙人在美国进行过的极端残酷的杀戮也属于古代的一个典型例子。20年前清朝军队对于回教徒的清剿、10年前法国军队对于黑旗贼的剿杀，都是生理竞争上狼吞的实例。这类事情近时多发生在未开化之地。文明国家的生理狼吞虽略显缓和，但差别不大"。[①] 所谓"财理狼吞"，指的是"将被征服之民驱往他乡，占领其土地，限制其政府的权利，更迭官吏，改变法令等。此种事例在古代并不罕见。……我国的居留地即是被外国人占夺去的国土的一部分"，[②] 可视为被外国人的"财理狼吞"。"日本如果也对支那、朝鲜以及其他国家订立同样内容的条约，那么也就意味着日本在他邦开了占夺土地的端绪。"[③] 所谓"心理狼吞"，即指"将本国的人才安排到他国的政府官僚机构，使他国在公务政事中使用自己的语言，将本国的趣味嗜好渗透到他国的贵族中间"，[④] 以渐次达到对他国文化乃至心理上的完全征服。至于"蚕食"，顺序与"狼吞"正相反，呈现为"心理→财理→生理"的特征，即先进行文化渗透，再进行所谓的政治、经济外交活动，最后进行武力征服。"蚕食"的具体方法，则如昔日非洲埃塞俄比亚被英国狼吞之时，其酋长临终时痛斥英人的狡猾手段时所言："先派来僧侣，其次领事，最后派来的是士兵。"

从上述关于国际竞争的论述中不难看出，陆羯南完全是按照弱肉强食的"丛林法则"来看待国际关系的，反映在他观念意识形态里的国与国之

[①] 陆羯南：《国際論》，鹿野政直《日本の名著·37》，中央公論社1977年版，第184页。

[②] 同上书，第186页。

[③] 同上书，第187页。

[④] 同上书，第190页。

间的关系,仅只是一种"狼吞与被狼吞"、"蚕食与被蚕食"的非常现实的力量强弱的较量,这里既无人类的道义可言,更没有"四海之内皆兄弟"的世界和平的理想。似乎人类社会就是一个优胜劣汰的角逐场。

既然国际竞争只有"狼吞"与"蚕食"两途,那么,日本又应该如何自处呢?陆羯南提示的办法是,日本既需要有"锐利的矛",还需要有"坚实的盾"。所谓"锐利的矛"指的是殖民扩张的政略,"坚实的盾"即是指"强大的国民精神"。陆羯南如是说:"狼吞与蚕食毫无疑问都是国与国相争惯用的手段。我若以此手段对待他邦,毫无疑问,足可以耀我国威。殖民论、航路扩张论、东洋问题,这些都是世人近日关注的焦点。假若有幸我国也采取此竞争方针,那么,于今探究国际竞争之现象,详查其手段,于世不无裨益,即如何才能使我之手段(指殖民扩张手段)成为锐利的矛。不过,竞争者不仅需要矛,还需要有坚固的盾。考究矛之利钝,吾辈暂且寄希望于《东方策》的作者以及其他殖民论者,吾辈在此欲专门探究的是盾之坚弱。"[①] 陆羯南的意思表达得很明白,他主张日本也应该采用"狼吞"与"蚕食"这两种竞争手段,通过殖民扩张,耀国威于海外,此为用于进攻的"矛"。如何让自己的"矛"锐利起来,即如何最大限度地向海外伸张势力,如何获得东洋霸主的地位,这是日本人应该详细加以考究的问题。但是,陆羯南也充分认识到了日本目前依然处在被西方列强"蚕食"的危险境地,所以他强烈呼吁,要想在国际竞争中立于不败之地,在持有"锐利的矛"的同时,手里还必须握有"坚固的盾",也就是说,在"狼吞"、"蚕食"别国的时候,还需要具有抵御别国蚕食的能力。当然,在陆羯南看来,所谓"坚固的盾"即是"强大的国民精神"。

陆羯南认为,"狼吞"的方法只有强国才有可能使用,而蚕食的方法,弱国、强国都有实施的可能。但是强国对于弱国的蚕食,与弱国对于强国

[①] 陆羯南:《国際論》,鹿野政直《日本の名著·37》,中央公論社1977年版,第183頁。

的蚕食，利害结果自然是不言自明。"蚕食之法，如若是弱国即国民精神疲弱之国对强国即国民精神强大之国，蚕食只能转变为被蚕食。……外国人来我国，与我国人移往外国，其利害皆取决于我国民精神之强弱。比如，朝鲜人来我皇国经营，其结果只不过是为我所用，而与之相反，日本人移往美国，其结果却反为彼所用。"也就是说，"蚕食"与"被蚕食"主要取决于其国民精神的强大与否。只要有强大的国民精神，就可以抵御住外国的蚕食，并且转"被蚕食"为"蚕食"；反之，如果国民精神衰弱，即使试图蚕食别国，最终也只会落个"被蚕食"的下场。

"对内强固国民的团结，对外发扬国民精神"是陆羯南"国民主义"的一贯立场。从对"国民精神"的强调这一点上看，陆羯南在《国际论》中所阐述的国际关系理论应该说依然处在其"国民主义"的延长线上。但是，《国际论》中所强调的弱肉强食的竞争法则与他初期"国民主义"理论中所展示的"欲到达世界理想之域，完善人类的理性即博爱，则必先要为国民的独立繁荣而努力"[①]的博爱主义的"世界像"完全是两种异质的东西。

《国际论》的理论架构援引和模仿了俄罗斯社会学家诺维科夫的《国际政治》一书。该书积极宣扬优胜劣败的社会达尔文主义思想，是一部"将帝国主义正当化的著述"[②]。陆羯南在《国际论》中多次引用了诺维科夫的观点来阐释国际竞争中"狼吞"与"蚕食"的现象，可见，陆羯南已经完全"学习了帝国主义的理论"[③]，由起初"王道"与"博爱主义"的倡导者变成了"霸道"的追随者，不仅从思想上，也从行动上彻底皈依了"力量的福音"。

但是，需要指出的是，陆羯南的"狼吞与蚕食"的国际竞争理论与西方国际政治理论中所宣扬的优胜劣败的思想还有所不同，准确地说，陆羯

[①] 陆羯南：《世界的理想と国民的観念》，《日本》明治二十三年一月六日第269号。植手通有《近代日本思想 大系4·陆羯南全集》，筑摩书房1987年版，第248页。
[②] 朴羊信：《陆羯南：政治認識と対外論》，岩波书店2008年版，第51页。
[③] 同上书，第53页。

南的思想应该用"胜优败劣"来概括。他说:"优胜劣败是自然法则,胜者为优、败者为劣难道不也是自然法则?优劣是胜败的原因还是胜败是优劣的原因?是胜者才可获得优位,还是说优秀者纵然败了依然还可处于优位?若对于提出的这些问题作深刻的考察,所谓自然法则的真相自会明了。"①即陆羯南认为,所谓的"优胜劣败",其实质只不过是"胜者为优,败者为劣"。这里,陆羯南指出了西方国际政治中"优胜劣败"理论"逻辑上的脆弱性",并进而试图用"国命说"与"人道"的理论与之对抗。陆羯南认为,"国家有天赋之命,有如人拥有上天赐予的才能。于寰宇(世界)之中占据一部分面积,存立千余年的国家,不可以不知上天赋予自己的使命,自己招致灭亡而恬然不知回头看顾。……纵观古今,国家之生存,犹如人之生存,均有自己的界限,但是如果明白自己的天命之所在,竭尽君民之智,则可以让自己永远生存下去"。他指出,欧洲人以为,"欧洲以外没有真文化,白皙人种以外没有真人种,所以非欧洲的属地,非白人居住的国家皆为劣等国家",欧洲人将"劣等国家以及人民都视为文明的妨碍,努力想加快其灭亡","他们将'国命'维系到了这一点上"。但是,"所谓劣等国、劣等人种,都是欧人指称我等时的称谓,我等指称他们时,称其为劣等国劣等人,亦未尝不可。至少应该一比高下,与其对抗,甘愿忍受'劣等'这种无礼的称呼,岂是我等的义务,我国保有的'国命'"?② 也就是说,在陆羯南看来,每一个国家既然存立在这个世界上,就应该为这个世界尽力,这是上天赋予给每个国家的义务和职责,欧洲国家以"优胜劣败"为借口,将欧洲以外的国家视为劣等国,将非白人的其他人种视为劣等人种,意图将其灭亡,这是他们对自己"国命"的"领悟",但是,被视为劣等国、劣等人的国家、人民绝不能甘愿受此侮辱,而应该起而反抗,

---

① 陆羯南:《国際論》,鹿野政直《日本の名著・37》,中央公論社1977年版,第213頁。

② 同上书,第214頁。

履行上天赋予自己的职责和使命。

对于"国命"的履行，陆羯南又进一步用"人道"的理论做了阐释，他说："从人道的立场上来看，应该说任何人、任何国家都有为世界文化尽力的义务。如果只有一个国家有此义务，而将其他国家看作是牛马一样的存在，那么世界文化就会止于单一，无法进步。保存西洋文化而将东洋文化灭绝，或是没有消灭，但却阻止其发展，这都是等于在减少世界文化的要素。东洋国家，比如日本国也有为世界文化的发展进步肩负起'国命'的任务。"① 即陆羯南认为，世界文化应该是丰富而多元化的，每一个国家都应该为世界文化的发展做出自己的贡献，这是一个国家的权利，同时也是义务。只允许西洋文化的存在发展，而试图遏制和消灭作为异质文化存在的东洋文化，是违背人类"道义"的行为。仅从陆羯南的"人道论"来看，似乎他的主张是站在"文化生态"的角度，在强调世界的和谐、进步与发展，与三宅雪岭东洋西洋文化折中调和的立论有相通之处，但是，接下来，他对于日本"国命"的阐述，却暴露出了他"人道论"的伪善性。他引用明治二十六年二月发布的天皇诏敕开头中"古者，皇祖肇国之初，有兼六合而掩八纮之诏。朕即已总揽大权，废藩邦之制，革文武之政，察宇内大势，定开国之国是，尔来 20 年有余，万般举措率由祖宗之远谋，以增进臣民之康福，图国家之隆昌，除此无他"一节，阐释道："所谓兼六合而掩八纮者，乃推广吾国教化于世界，传播王道于寰宇之谓也。而万般举措皆基于此远谋，则天皇旨意之所在即不可复疑。吾辈蒙言论自由之惠，敢不避僭越之嫌而谈论'国命'者，乃出自恭赞皇猷之微志，岂敢妄自以私见附会公道，试诸空言哉！"② 也就是说，他认为，日本的"国命"就是要"兼六合而掩八纮"，振国威于全世界，传皇化于寰宇之内。

---

① 陆羯南：《国際論》，鹿野政直《日本の名著·37》，中央公論社 1977 年版，第 214 页。

② 同上书，第 214—215 页。

从上述的考察中不难看出，陆羯南作为一个国粹主义者在对待西方国家、西方文化上的矛盾心态。作为被压迫者，陆羯南对西方世界"优胜劣败"的帝国主义理论充满了浓厚的敌对情感，一针见血地指出，不是"优者胜劣者败"，而是"胜者优，败者劣"，西方国家将"劣等国"、"劣等人种"这种无礼的称谓强加在日本的头上，意欲对日本进行"狼吞"、"蚕食"，日本应该提高警惕，并起而与之相抗衡。但是，另一方面，他又赋予了"狼吞"、"蚕食"这种"丛林法则"正当性，不仅承认世界就是一个弱肉强食的角逐场，"狼吞"与"被狼吞"、"蚕食"与"被蚕食"是国际竞争的常态，而且他也学习了这种非人道的竞争哲学，极力主张日本在用"坚硬的盾"抵御西方"蚕食"的同时，也要挥舞起"锐利的矛"，去海外寻求可以征服蚕食的对象。陆羯南在《国际论》中向日本国民揭示"狼吞"与"蚕食"的国际竞争之法，目的并不是要用"王道"或"四海之内皆兄弟"的"世界博爱主义"的东洋传统道德来与西方弱肉强食的"霸道主义"、"侵略主义"相抗衡，而是基于现实主义乃至机会主义的眼光，呼吁日本人要发扬、增进忠君爱国的国民精神，耀国威于世界，做一个"狼吞者"、"蚕食者"，而不能是"被狼吞者"或"被蚕食者"。

正是基于这样的一种思维逻辑，陆羯南在积极展开"条约厉行"、"反对内地杂居"的"对外强硬"运动、呼吁抵抗西方列强的同时，对朝鲜半岛和中国的态度也变得更加趋于强硬，对于西方国家的抵抗和排斥意识与对亚洲国家的优位意识可以说是甲午战争前后陆羯南对外意识中相辅相成的两个侧面。

陆羯南的这种具有"双重构造"特点的对外意识在中日甲午战争的问题上体现尤为明显。作为一个新闻工作者，陆羯南对甲午战争投入了巨大的热情，在整个战争进行的过程中，《日本》报派出了强大的随军记者团队，对于日本军队的战绩进行了大规模的报道，为"举国一致"支持这场在文明的幌子下发动的对外掠夺战争发挥了重要的舆论引导作用。据统计，《日本》报在此期间的发行量平均一天超过了两万份，可谓《日本》报创刊以来的全盛时期。[①] 对于中日甲午战争，陆羯南认为这是日本帝国改变国运的绝好机会，"日本帝国的兴盛"将会"由此开始"。如果说《国际论》中所揭示的"狼吞"与"蚕食"的国际竞争模式还只是一种停留在书面上的理论的话，那么，甲午战争却可谓一次使这种理论转化成实践的重要契机。在《东洋的新局面》一文中，陆羯南这样说道："东洋的西南已经为欧人所侵蚀。如今说到东洋，只剩下日清韩三邦。从世界大观来看，东洋已成为（欧洲）诸强国频频前来掠食的地方，而我日本帝国也在此范围之内。欧美诸国将此三邦共同摆放在了东洋这块'案板'上，意图将其变成盘中的美味佳肴。吾辈与社会上的有识之士在对外关系方面所殷切期望的，即是将我帝国从这块'案板'上撤除下来，并且让我帝国坐到烹饪师的位子上去，除此之外别无其他。"[②] 在陆羯南看来，中日甲午战争的意义，不仅仅是一场"文野之战"，[③] 同时也是让日本帝国摆脱"人为刀俎，我为鱼肉"的被压迫者命运的转机，日本帝国可借此从被宰割者摇身一变，成为东洋的"庖丁"、"烹饪师"，来主宰东亚国家的

[①] 鹿野政直：《ナショナリズムたちの肖像》，《日本の名著・37》，中央公論社1977年版，第53頁。

[②] 陸羯南：《東洋の新局面——戦後の時局を予め想定せよ》，明治二十七年八月二日，《陸羯南全集》4，みすず書房1968—1985年版，第580頁。

[③] 福泽谕吉在明治二十七年七月二十九日的《时事新报》上发表了题为《日清战争是文野战争》的著名评论文，文中指出："战争虽然发生在日清两国之间，但是究其根源，这场战争是文明开化进步的追求者与妨碍进步者之间的战争，而绝非两国之争。"即中日战争是一场文明对野蛮的战争。"文野战争"的说法为日本发动的这场意在吞并朝鲜、蚕食中国大陆的对外侵略战争赋予了正当性和合理性，所以为日本朝野上下广为接受，成了日本社会的共识。就连爱好和平主义的内村鉴三也在《国民之友》上撰文（《日清战争之义》1894年9月3日）将这场战争视为"义战"，给予了热烈的支持。陆羯南的立场也不例外。在福泽谕吉发表《日清战争是文野战争》文的同一天，陆羯南也在《日本》报上撰文，称日本对朝鲜的"保护"是出于"先进国诱掖邻邦之厚意"，如若"置朝鲜于不顾"，则不符合"国际关系中的人道"。

命运。

陆羯南在以"文明国家"自居,将日本对东亚国家的"狼吞"与"蚕食"正当化的同时,对于欧美国家却依然一以贯之地持激烈批判的态度。如1894年11月21日,日军攻陷旅顺,在当地进行了连续4天的劫掠屠杀,外国媒体对日军在中国的暴行进行了报道。对于外媒的指责,陆羯南表示了极大的愤慨,并连续撰文理直气壮地为日军的行为进行了辩护。在1894年12月14日《日本》报题为《自称文明国人的无道》的社论中,陆羯南一方面把日军的行为描述成"对清军残虐行为的天诛",称"于理或有欠稳妥之处,然而于情完全可以宽恕",将日军惨无人道的暴行轻描淡写地加以正当化。另一方面,陆羯南将英国人在印度、澳大利亚等殖民地的暴行进行了一一揭露。紧接着在16日的社论《意图根绝支那人种的文明国》中,陆羯南举出了英国人在中国贩卖鸦片的实例,揭露了"自称文明国人"的英帝国主义者的野蛮。[①] 显然,陆羯南对于西方帝国主义侵略行径的揭露和抨击并不是出于对弱者的同情和人类道义的尊重,而是为了给日本帝国主义的侵略行径寻找合法的借口。

由上可见,到中日甲午战争时期,陆羯南的"国民主义"思想的确有了很大的改观,逐渐失却了当初观照"德义"、"博爱"的积极的一面,由"自卫的国民主义"变成了"侵略的国民主义"。

◇本章小结

明治二十年代前半期,日本国内以及日本所处的东亚国际局势都出现了明显的变化。国内方面,《大日本帝国宪法》以及《教育敕语》的颁布,

---

[①] 参见有山辉雄《陆羯南》,吉川弘文馆2007年版,第180—181页。

是日本近代化建设由欧化主义向传统主义复归的重要标志，以此为契机，政教社激烈批判过的欧化主义开始退潮。1890年7月，日本举行了宪法颁布以后的第一次大选，以自由党和改进党为核心的反政府派即"民党"以"休养民力"、"减轻地税"为口号，在议会中赢得了多数席位，与山县内阁展开了政权的角逐。"民"与"官"的矛盾对立尖锐。国际上，1891年3月，俄国沙皇正式宣布西伯利亚铁路开工，引发了东亚国际局势的紧张。①欧化主义的退潮、国内政坛的动荡、东亚国际局势的变化等，国内与国际的诸多因素集合在一起，促使政教社同人将言论活动的重心由国内转向了国外，而其国粹主义的思想主张也呈现出与政教社成立之初截然不同的特色。以《亚细亚》的创刊为转机，国粹主义者将言论活动的焦点集中在了向海外殖民、向亚洲扩张的"膨胀政略"上，其思想中内含的"国权主义"倾向日益凸显。正如在本章中我们看到的那样，直到甲午战争爆发，政教社国粹主义者一直都在为"日本帝国版图的扩大"多方寻求机会，而在甲午战争进行的过程中，国粹主义者更是"不失良机"，急不可待地提出了"肢解支那"、"分割支那"的主张。与"征亚主义"的实践活动相呼应，志贺重昂、陆羯南等又著书立说，从文化、国际关系理论等不同的侧面为日本的侵略主义行径正名。志贺重昂的《日本风景论》从日本"绝特"的风景美引出了日本国民性的"高贵"，陆羯南从"狼吞"与"蚕食"的国际竞争理论强调了奉行"侵略主义"的必要性和"正当性"。由此可知，国

---

① 西伯利亚铁路西起莫斯科，一直通往太平洋沿岸的符拉迪沃斯托克，横贯整个西伯利亚。西伯利亚铁路一旦建成，就会打通俄国通往亚洲大陆的通道，改变东亚的国际政治格局。所以西伯利亚铁路的建设在国际上引起了密切的关注。当时日本著名的政论家大石正巳把西伯利亚铁路视为"席卷日清韩，逐英国与太平洋之外，以囊括亚洲之武器"，并预测铁路完工之日，俄国将"不动一兵，不派一舰，即可把朝鲜划入该国版图中"，称日本的"国家之寿命"将随着西伯利亚铁路的延长而缩短。可见，西伯利亚铁路的修建在日本引发了极大的恐慌。参见信夫清三郎《日本外交史》第1卷，天津社会科学院日本研究所译，商务印书馆1979年版，第240页。

粹主义发展到《亚细亚》时期，已经完全脱却了过去防御性民族主义的特征，不仅其对外意识极具进攻性和侵略性，而且其文化主张也失去了当初理性客观的立场，表现出更多盲目的文化自负和民族自负。

第四章

国粹主义的退潮

经过中日甲午战争，日本终于实现了明治维新以来"耀国威于海外"的夙愿。甲午战争后，"卧薪尝胆"、"战后经营"成了日本社会的新流行语，议会与政府、民与官之间的矛盾纷争被急剧膨胀的国家意识、扩张意识所代替，在"举国一致"的体制之下，日本政府加快了扩军备战的帝国主义步伐。在急速发展的时代洪流中，以"国粹保存"、"国粹彰显"为主旨的"国粹主义"已经成了一种过时的理论。新的时代，思想界需要有新的舆论领军人物出现。明治三十年代初，高山樗牛接过"国粹主义"的接力棒，高唱"大日本主义"登上了日本思想界的舞台，成为明治后期引人注目的新秀。

◇ 第一节 "第三次《日本人》"的发行

"第二次《日本人》"从明治二十六年（1893）十月十日发行，一直延续到明治二十八年（1895）二月三日的第18号。休刊近半年后，即1895年7月5日，《日本人》又以全新的姿态再次登场，一直到明治三十九年末《日本人》与《日本》合并为止，学界通常称这个时期为"第三次《日本人》"时期。

"第二次《日本人》"的长期休刊与政府的舆论弹压不能说没有关系,①但更为直接的原因,大概还是政教社同人投身于"实践活动"的缘故。② 其时,正值中日甲午战争最激烈的时候,战场已由朝鲜半岛转到了中国东北,日军连战连胜,对中国形成了步步紧逼的态势。明治天皇进驻设在广岛的大本营,亲自督战,日本朝野上下都处在战争的狂热状态之中。作为这场战争的积极鼓动者和支持者,政教社同人自然不能仅仅满足于建言立说。"第三次《日本人》"第1号的社论《〈日本人〉的改刊》里写道:"去年以降,余辈之立言转化为实际之活动,操觚之责任既已尽到,唯觉仅倡导之、袖手观望之非我等之志,遂投笔,举社而起,二人奔赴韩山,一人奔赴清国,一人奔赴台湾,一人奔赴大本营地③,而留守京华者则负责斡旋所谓对外强硬运动,每个人都在为君国之事奔走。"④ 也就是说,甲午战争爆发以来,政教社同人意识到自己在舆论引导方面已经尽到了"操觚之责",但是,在举国一致对外,人人都在为国家、为天皇尽忠的时刻,自己也不能袖手观望,于是,政教社停止了文笔活动,全体社员积极投身到了政治实践活动中。可见,行动胜于"空论",《日本人》的长期休刊是政教社同人

---

① 同"第一次《日本人》"时期一样,"第二次《日本人》"也因其批评政府的言论而屡屡遭受处罚。尤其是在"对外强硬运动"达到最高潮的明治二十七年,《日本人》要求"建立责任内阁,实现自主外交",对政府展开了激烈的攻击,成为"对外强硬运动"的急先锋。缘此,《日本人》受到了政府严厉的处分。具体参见本书第三章的注解。

② 有山辉雄:《雑誌〈日本人〉・〈日本及日本人〉の変遷——その言論と同人——》,日本近代史料研究会編《日本近代史料叢書 C—3 雑誌〈日本人〉・〈日本及日本人〉目次總覽 I》,1977年,第28頁。与有山辉雄的观点不同,中野目徹的研究认为,在并没有受到政府停刊处分的情况下,《日本人》杂志长期休刊,只有一种解释,那就是其资金运营状况的恶化(中野目徹《政教社の研究》,思文閣1993年版,第252頁)。笔者以为,《日本人》的休刊虽然不能完全排除资金困难的因素,但是,明治二十八年初正是甲午战争胜负已定,日本处在"举国一致"的战争狂热之中的时候,政教社同人暂时停止文笔活动,积极投身"帝国经营"的实践活动是非常自然的。

③ 指广岛。

④ 《〈日本人〉の改刊》,第三次《日本人》明治二十八年七月五日第1号。

为了从行动上支持甲午战争而有意为之。

"第二次《日本人》"的自主废刊与"第三次《日本人》"的发行,对于政教社而言,无疑有着特殊的含义。《日本人》的发刊词中如是说:"过去七年有余,其间诸如今日东方论、日清战争等问题,《日本人》皆逐渐成为领先者。提出东方论以求唤醒世人注意,乃距今六周年半以前之事。当时世人只关注于国内问题,喜好空漠谈论,余辈不愿作壁上观,乃述区区之抱负,揣摩大势,以图将人心引向外,奏献替微忠之效。(余辈之言)有幸多已应验。如台湾经营,(余辈)作一长篇以乞世人评判,而今台湾已入我版图之中。""想来征清之役业已结束,皇军声誉传遍宇内,唯其终局实为一大终天恨事,如今又到了需要予辈振觚警告的时刻。此为《日本人》改刊,于当代重现于世之所因。"① 即在过去的七年中,《日本人》在以言论影响人的思想,进而引导社会舆论,左右国家行动方面做出了不菲贡献,《日本人》尤其在"东方论"、"日清战争"、"台湾经营"等对外问题上起到了先行者和舆论指导的作用,其具有先见性的主张已经由"日清战争"的胜利完全得以验证。在此我们可以看出,该作者对《日本人》的"言论成就"表现出极大的满足感和自豪感。发刊词通过对《日本人》创刊以来所走过的足迹、包括所遭受的停刊处罚、几次废刊、改刊经纬的回顾,对《日本人》言论成就的概括和总结,为《日本人》迄今为止的历史画上了一个圆满的句号,并且表明了接下来《日本人》要"振觚警告"的是日本人不能忘记"三国干涉还辽"的耻辱,仍需"卧薪尝胆",以待有朝一日雪此"大辱"。由此不难看出,"第三次《日本人》"言论活动的重点之一依然是处在甲午战前"对外强硬"的延长线上。

不过,作为一股重要的在野政治力量,政教社国粹主义者"振觚警告"的范围绝不会仅仅局限在对外问题方面。发刊词中有这样的一段话:"予辈

---

① 《〈日本人〉の改刊》,第三次《日本人》明治二十八年七月五日第1号。

自信予辈之立言于社会发展聊有裨益。要说空论，姑且也算空论吧，然人之行动显然皆源于自己的思想，既如此，谁又能说左右人之行动的言论文章不是一种事业呢？"① 亦即以言论文章影响人们的思想，再由思想左右人们的行动，"文章即事业"。由此我们可以窥见《日本人》依然试图超然于政府主导的"正统路线"以外，以"言论文章""对战后日本的发展轨道进行修正"② 的立场。另外，在社论栏"日本人"的标题装饰上，曾经在"第一次《日本人》"时期作为《日本人》杂志重要标识的蜻蛉图案又重新出现，这似乎也表明"第三次《日本人》"的创刊，有重新回到《日本人》创刊之初的精神主旨轨道上来，即"以复眼俯瞰日本与亚细亚"③ 的意趣。可见，"第三次《日本人》的言论活动是怀着在继承创刊以来国粹主义传统的同时、沿着甲午战前活动的轨迹、心机一转再出发的意识展开的"。④

从组织方面来看，"第三次《日本人》"的初期，维持政教社运营的依然是三宅雪岭和志贺重昂两人。政教社成立初期的"第一代社员"除了个人之间的联系以外与政教社已经基本上没有了任何关系，甲午战争以前曾经担任《日本人》杂志编辑业务的畑山吕泣、内藤湖南、长泽别天等"第二代"社员也纷纷离开了政教社，内藤湖南到了《大阪朝日新闻》社，长泽别天到了《山阳新报》社，而畑山吕泣因患肺结核卧病在床。这一时期

---

① 《〈日本人〉の改刊》，第三次《日本人》明治二十八年七月五日第1号。
② 中野目徹：《政教社の研究》，思文閣1993年版，第252頁。
③ 同上书，第196頁。另蜻蛉的古名为"あきず"，而"あきずしま"即"秋津洲"、"蜻蛉洲"则是古代大和国的异称，也泛指日本。政教社以蜻蛉作为《日本人》（还有其后的《亚细亚》）的背景图案，寓意着《日本人》的旨趣是以"复眼"审视日本乃至亚细亚，观察日本以及亚洲的情势，为日本的发展寻找出路。蜻蛉图案在明治二十五年十月十七日《亚细亚》第61号以后从封面上消失，"第三次《日本人》"发行，重又出现。
④ 有山輝雄：《雜誌〈日本人〉・〈日本及日本人〉の変遷——その言論と同人——》，日本近代史料研究会編《日本近代史料叢書C—3 雜誌〈日本人〉・〈日本及日本人〉目次總覽I》，1977年，第31頁。

支持政教社的同人主要有明治二十六七年进入政教社的香川悦次、八太德太郎（霞山）、富井俊三郎等人，其中香川悦次[①]是主要编辑。此外，还有一些《日本人》的忠实支持者。如为第三次《日本人》执笔的有日本新闻社的陆羯南、福本日南、国府犀东等。在"文"、"徒然"等栏目中，《江湖文学》的同人田岗岭云、笹川临风、高滨虚子等的来稿也比较多见。但是，他们都不能算是政教社的固定成员。"第三次《日本人》"时期，政教社最大的变化即创刊以来一直与三宅雪岭一道担任《日本人》主笔的志贺重昂的退社。实际上，志贺重昂在甲午战前就已经开始了频繁的政治活动，如1894年，他被推选为全国新闻杂志同盟的常任委员，作为"硬六派"的代表一直活跃在政界、言论界。甲午战争结束以后，志贺重昂进一步加强了涉足政界的倾向。1895年6月，志贺参加政友有志会，开始了他的政党活动。同年秋，志贺赴新潟县援助越佐会的运动，在进步党联合阵营中获得了一定的声望。1896年1月在进步党（以立宪改进党为中心，与立宪革新党等合并组建）成立之时被选为常任议员。1897年7月，松隈内阁成立，志贺出任农商务省山林局局长，后又在大隈内阁中任外务省敕任参事官。1900年，志贺重昂加入了以伊藤博文为总裁的立宪政友会，并负责其党报《政友》报的编辑，一时被外界戏称为伊藤的"干儿"。[②] 志贺重昂在政界的活跃自然也意味着其与政教社的疏远。志贺重昂退出政教社的具体时间虽然无从考证，但是，一般认为，大致从明治二十九年以后，杂志《日本人》的主笔基本上就剩三宅雪岭一个人，《日本人》开始带有明显的三宅个

[①] 香川悦次：香川县人，明治二十五年毕业于东京法学院，明治二十六七年时，与富井俊三郎、八太德太郎等一起加入政教社。第三次《日本人》时期，他是三宅雪岭的得力助手。三宅雪岭不在社的时候，香川悦次即为主要负责人，曾在《日本人》上连载政界文学界的趣闻逸话《风闻录》而博得了人气。后转到《日本》报，专门负责政治方面的编辑事务。参见有山辉雄《雑誌〈日本人〉・〈日本及日本人〉の変遷——その言論と同人—》，第29—30页。

[②] 中野目徹：《政教社の研究》，思文閣1993年版，第289页。

人杂志的色彩。① 此后，随着政教社人员的流动变化，到明治三十三年以后，《日本人》完全成了三宅雪岭的个人杂志。用当时《日本人》投稿栏里山本良吉的话来说，"《日本人》是三宅雪岭先生教诲世人的学校"。② 毋庸置疑，此时，国粹主义早已不再是政教社的思想主张了。值得一提的是，1898年8月10日，先于《日本人》一年创刊的《国民之友》杂志宣布停刊，至于曾经是"平民主义"、"和平主义"旗手的德富苏峰，众所周知，早在甲午战争以前就已变节，成了帝国主义论的积极鼓吹者。可以说，到19世纪末20世纪初，明治二十年代在日本思想界曾经并驾齐驱、引领时代潮流的"国粹主义"与"平民主义"思潮终于迎来了其落幕的那一刻。而取而代之成为新的思想舆论界旗手的则是高山樗牛的"大日本主义"。

另外，"第三次《日本人》"时期，其实也是政教社的《日本人》与陆羯南主持的《日本》报之间联系日益趋向紧密，开始逐步走向合体的时期。这一时期，三宅雪岭应邀定期为《日本》报撰稿，而如前所述，陆羯南等《日本》报的同人作为回报也为《日本人》投稿，彼此之间保持着一种相互辅助的状态。③ 从《日本人》第70号（明治三十一年七月五日）开始，政教社由神田区南甲贺町八番地迁移至日本新闻社所在的神田雉子町三十二番地，在"日本新闻社的楼上一隅"设了事务所，政教社与日本新闻社从此开始了名副其实的共同活动，④ 一直持续到明治三十九年两者完全合并。

---

① 明治二十九年六月，三宅雪岭曾在《日本人》上发表社告如下："《日本人》改刊到下月即满一年，从7月份开始将进行大的更新，在一切程序安排就绪以前，停止向其他所有杂志的投稿。三宅生。"由此可见，"第三次《日本人》"带有相当浓厚的三宅雪岭的个人杂志色彩。

② 山本良吉：《理想よりみたる我新聞紙》，第三次《日本人》1900年7月20日第119号。

③ 参见有山辉雄《陆羯南》，吉川弘文馆2007年版，第201页。

④ 参见有山辉雄《雜誌〈日本人〉・〈日本及日本人〉の變遷——その言論と同人—》，日本近代史料研究会编《日本近代史料叢書C—3 雜誌〈日本人〉・〈日本及日本人〉目次總覽I》，1977年，第29页。

◈第二节　甲午战争后国粹主义的内政批判以及"外政"言论活动的展开

1895年4月17日，中日签订了《马关条约》，结束了持续近一年的战争状态。中国清王朝放弃了对朝鲜宗主国的权利，宣布朝鲜独立。日本割取了台湾、辽东半岛，并获得白银二亿四千二百三十三万两的巨额赔偿金。甲午战争的结果正像陆羯南所期待的那样，日本在东亚的国际地位实现了逆转，从"俎上待宰之羔羊"一变而坐上了"庖丁、料理人"的坐席。毋庸置疑，甲午战争给日本带来的影响是多方面的，但是，最直接、最深远的影响莫过于国民心态的改变和大国化意识的膨胀。文学家石川啄木曾经回忆道："日清战争结束之时，人人举杯换盏，欣喜若狂，人们高声叫喊'帝国的存在已为世界所公认'。……当时的日本简直就像一个可怜的十岁小儿。"[1] 但是，日本对中国的蚕食触动了列强的在华利益，一周以后的23日，德、法、俄三国出面干涉，要求日本归还辽东半岛给中国。迫于列强的压力，日本政府不得不做出让步。"三国干涉还辽"事件的发生很快便给因战胜而变得得意忘形的日本民众浇了一盆冷水，舆论一下子从胜利后的狂喜转变为"悲愤"与"屈辱"。德富苏峰在他的自传中写道："听闻辽东半岛归还的事情，我感到非常的痛惜，简直是欲哭无泪。我不憎恨露西亚、德意志、法兰西，我憎恨的是面对他们的干涉卑躬屈膝的我国外交当局，一句话来说，就是憎恨伊藤公及伊藤内阁。……此次辽东半岛归还，可以说几乎左右了我一生的命运。自从听闻这件事情以来，我在精神上几乎判若两人。这种事情之所以发生，还是力量不够的缘故。我开始确信，如果

---

[1] 石川啄木：《時代閉塞の現状・食うべき詩》，岩波書庫1978年版，第13頁。

实力不足，任何正义公道都是半文不值。于是我一刻也不想再待在返还给他国的土地上了，决定近期内搭乘御用船回国。回国之时，我在旅顺口的海滩上掬了一把小石子和沙子，用手绢包起来作为礼物带了回来，以纪念这里至少曾经是日本的领土。"①

当时还只有十岁的大杉荣②在他后来的《自述传》中也回忆说："和朋友们组织的读书会、演说会，最大的问题是退还辽东半岛。我把《少年世界》投函栏上的卧薪尝胆论文全文做了演说。大家真的掉泪了，发誓要卧薪尝胆。……我向大家提议背诵退还辽东半岛的敕谕。而且，我决定，每天早上起床后立刻高声朗读这个敕谕。"③ 当时比大杉荣还要小两岁的荒畑寒村④也产生了"强烈的敌忾之心，怒目决眦"，发誓"早晚必报此深仇大恨"。⑤"三国干涉还辽"事件不仅使德富苏峰"在精神上判若两人"，从此变成"力量福音"的使徒，就连大杉荣、荒畑寒村这样尚处于懵懂期的少年也"悲愤而泣"，从此发誓要"卧薪尝胆"、"报此深仇大恨"，足可见"三国干涉还辽"事件对当时的日本社会所产生的"冲击"是很大的。

值得一提的是，最先提出"卧薪尝胆"这个说法的不是别人，正是国粹主义的"重镇"三宅雪岭。1895年5月15日，三宅雪岭在《日本》报上发表了论说《尝胆卧薪》，意在警告人们不要忘记"三国干涉还辽"之耻辱，并从东亚的局势来分析，强调未来日俄之间必有一战。三宅雪岭提出

---

① 德富蘇峰：《日本人の自伝·5·德富猪一郎·三宅雪嶺》，平凡社1982年版，第195页。

② 大杉荣（1885—1923），香川县人，社会运动家，无政府主义运动的积极推进者。1923年，关东大地震发生后，他与妻子一道被日本宪兵队拘捕杀害。

③ 引自信夫清三郎《日本政治史》第三卷，吕万和、熊达云、张健译，上海译文出版社1988年版，第308页。

④ 荒畑寒村（1887—1981），横滨人，社会主义运动家，第二次世界大战后曾参加社会党。

⑤ 引自信夫清三郎《日本政治史》第三卷，吕万和、熊达云、张健译，上海译文出版社1988年版，第308页。

的"卧薪尝胆"很快便被当时第二次执政的伊藤内阁以及支持该内阁的自由党所借用,成了政府继续维持甲午战争时期形成的"举国体制",展开以扩军备战为主轴的所谓"战后经营"的最佳口实,由此,"卧薪尝胆"也变成了"日清战争以后至日俄战争开战期间,具有特殊意义的新流行语"。① 那么,在以"军备扩张"、"战后经营"为时代主流的新形势下,国粹主义者的言论活动又是如何展开的呢?

一 "国粹主义"的"战后经营"批判

在甲午战争尚未结束的1895年4月,陆军大将山县有朋就提出了扩张军备的计划。他在给天皇的上奏文中强调:"以现在之军备,尚不足以维持今后的主权线,又何足以扩张利益线以称霸东洋乎?"② 他主张大幅度地扩张军备,加快日本称霸东亚的步伐。在民间,甲午战争后迅速打出军备扩张旗号的是德富苏峰。这位曾经的"平民主义"旗手、和平主义的"爱好者"在甲午战争期间就发表了著名的《大日本膨胀论》,鼓吹日本帝国的向外膨胀。"三国干涉还辽"事件发生以后,德富苏峰即在《国民新闻》上发表了《武装起来》一文,称"国际上最后之雄辩乃武力也。作为列国首先需具备之资格乃武装也",③ 为日本的军备扩张大造舆论。另外,在自由民权运动中发展起来的民党自由党,在"还辽"事件刚刚尘埃落定之时,即公开发表宣言称:"国家富强之根基在于产业,故需大力涵养其财源。然今日之形势,应付军备之急最为紧要。而军备正缘于对产业之保护。"④ 其表

---

① 槌田满文:《明治、大正の新語·流行語》,角川書店1983年版,第144页。
② 转引自信夫清三郎《日本政治史》第三卷,吕万和、熊达云、张健译,上海译文出版社1988年版,第308页。
③ 德富蘇峰:《武装して起て》,《国民新聞》1895年6月1日。
④ 《自由党党報》85,1895年5月15日。转引自朴羊信《陸羯南——政治認識と対外論》,岩波書店2008年版,第85页。

明了支持政府军备扩张的立场,强调与政府提携共同推进战后经营的重要性,① 原先的政治"敌手"转变成了"向着同一个目标前进的同志"。② 这样,甲午战争后,在日本政府的主导下,在民党的支持和舆论的积极配合下,日本以加速度的方式开始进行军备扩张,在军国主义的"历史征程"上迈出了决定性的一大步。

大幅度地扩张军备毫无疑问即意味着大幅度地增加税收。伊藤内阁的藏相松方正义在起草"战后经营"的方案时即强调,"无论如何必须毫不客气地征税"。③ 1896年年初,第九次议会通过了伊藤内阁提交的包括军备扩张以及增加税收计划在内的"战后经营"预算案,军费预算额是甲午战前的两倍以上。1898年,日本的军费开支更占到了岁出总额的51.1%。④ 应该说无论是政府还是民党,日本朝野上下对于扩张军备本身并没有异议。就国粹主义者而言,其实他们也是军备扩张的支持者。比如陆羯南早在甲午战争期间就曾提出过军备扩张的主张。他的理由是:"第一,为了防备清国的复仇;第二,应对列强在东洋势力的增强;第三,对朝鲜进行直接保

---

① 自从1890年议会开设以来,作为在野党的民党与藩阀政府之间在内政外交上政治争斗不断,不仅仅是出于政治主张的不同,很多情况下也是一种争权夺利。甲午战争时期,党派之间暂时停止了争斗,民党与政府形成了所谓官民一体、上下同心、一致对外的大团结局面。然而,甲午战争结束以后,政党之间、民党与政府之间的政治争斗又重新上演,尤其是"三国干涉还辽"事件成了民党攻击政府的理由。包括政教社在内的战前"对外强硬派"要求伊藤内阁承担外交失策的责任,而原属民党一系的自由党却一改过去攻击政府的立场,谋求与当时的伊藤内阁携手。自由党的"变节"必定存在政治权谋的因素,但同时也说明了自由党也是军备扩张的积极支持者。

② [日] 崛幸雄:《战前日本国家主义运动史》,熊达云译,社会科学文献出版社2010年版,第2页。

③ 引自信夫清三郎《日本政治史》第三卷,吕万和、熊达云、张健译,上海译文出版社1988年版,第308页。

④ 大濱徹也:《明治の墓標——庶民の見た日清、日露戦争》,河出書房1990年版,第90页。

护；第四，对清国进行间接保护。"① 可见，在以武力为后盾维护日本的既得利益，并谋求"国权"的进一步伸张这一点上，国粹主义者的主张与政府并无二致。问题是，军备扩张的度该如何把握，这是战后经营的一个最大争论点。国粹主义者的所谓"战后经营"批判也正是围绕着这一问题展开的。

实际上，优先军备扩张，还是优先产业发展，早在甲午战争以前就一直是日本国内政治中的一个争论焦点，如陆羯南所说："所谓军备扩张乃往时早已计划之事，并非战后之今日才出现的特别之话题。若硬要找出其特别之处，唯有一点，即渐进之行动转变成了激进之行为。"② 对于军备扩张，国粹主义论者的一贯主张是优先发展产业，在国富、民富的基础上进行与国力、民力相适应的军备增长。三宅雪岭曾在《真善美日本人》中说过："如果财富得以增殖，军备也才能得以扩张，也才能与海外列强相抗衡。军备扩张并非早晨做好计划、傍晚即可奏成功之效，今年下手、明年就可收获的结果迅速可见之事。……必须月以进寸，岁以进尺，渐次达成期待之目标。"③ 战后国粹主义论者对于政府"激进式"的军备扩张所持的批判态度大致来看依然是处在战前批判的延长线上。

如（第三次）《日本人》第5号的社论《国防之本据》一文即呼吁："军备之扩张需以帝国之国力及帝国国民之收入为本据，必须以之为基准"，强调"今日之要，在于稽查积算帝国之国力及帝国民之收入，倾注全部精力于此"④，即在计划军备扩张以前，要先稽查国家的实力和国民的收入，

---

① 陆羯南：《戦捷後の兵備拡張》，明治二十七年九月二十七日，《陸羯南全集》Ⅳ，みずみ書房1968—1985年版，第624頁。

② 陆羯南：《所謂政商の勢力》，《日本》明治二十九年三月七日第2337号；另载植手通有《近代日本思想大系4·陸羯南集》，筑摩書房1987年版，第369頁。

③ 三宅雪嶺：《真善美日本人》，鹿野政直《日本の名著·37》，中央公論社1977年版，第314頁。

④ 《国防の本据》（第三次），《日本人》明治二十八年九月五日第5号。

应该先致力于国家财富的增长和国民收入的提高,在此基础上进行适当的军备扩张,反对以牺牲国民所有的福祉为代价,不顾国力的疲惫强行进行大规模的军备扩张。

从正面对于甲午战争后日本政府无节制的军备扩张提出有力批评的要数陆羯南。他在《日本》报上曾多次撰文,对于甲午战争以后日本的军国主义倾向进行了批评。如他在《军政与议会》一文里说道:"伊藤氏在第九次议会上提出近乎旧时两倍的军备扩张案,自由党放弃了过去所企望的军制改革,转而支持伊藤的扩张提案,以此为战后经营之是。……不仅自由党如此,就连进步党以及其他,也为战后经营的呼喊声所惑,不假思索地附和之,前年的论题民力休养自不必说,就连财政整理也不再提及,默许预算之大膨胀……吾辈观明治二十八九年之政府与政党之现状,欲恭贺此举国一致,然预想到国家前途之结果,又实难忍耐忧虑之情——军备竞赛是欧洲各国苦于自身不能治愈的一大病患,而明治二十八九年我国政府及政党之所为,却是要将此病患积极引向东洋。"① 这里,陆羯南一方面批评了自由党、进步党等所谓的民党由原来的"民力休养"论者改弦易辙转变为军备扩张论的支持者,另一方面对日本举国一致陷入军备竞赛的前途表示了担忧。他用"膨胀狂"来形容当时日本社会对军备扩张的狂热,并援引意大利政府因为"文武政费"的无休止膨胀而最终陷入财政困难不能自拔的例子,试图警示世人不能重蹈意大利的覆辙。他认为"缺乏财政余裕支持的大军备,还不如只拥有非常准备资金的小军备",② 比军备扩张更重要的是整顿行政、财政,推动实业教育,振兴国内产业以及国际贸易。总之,是主张战后经营要以产业发展为先,要在巩固国内经济基础的条件下

---

① 陆羯南:《軍政と議会(下)》,《日本》明治三十年十一月二十三日第2949号;另载植手通有《近代日本思想大系4·陸羯南集》,筑摩书房1987年版,第399頁。

② 陆羯南:《東洋近勢と軍備》,《日本》明治三十年十二月五日。转引自有山輝雄《陸羯南》,吉川弘文館2007年版,第204頁。

渐进性地发展军备。在陆羯南看来,"军政不可信","军备扩张不可赞同",尤其是带有"武断专制臭味"的日本政府的所谓军备扩张,更当予以坚决反对。"赞成军备扩张者,即是赞成武断专制者。换言之,亦即培养藩阀种族之根蒂者。吾辈过去为反对论者,现在依然是反对论者,将来也还是反对论者。"① 由此不难看出,此时陆羯南对于以军备扩张为主的战后经营的批判,与他之前在内政方面反对藩阀政治、重视国民权利的思想主张存在着一定的连续性。

此外,志贺重昂也专门在《日本人》上刊登过署名文章,对政府的"战后经营"政策提出了批评。不过,与陆羯南的批判角度稍有不同,志贺重昂首先是从外交策略上来考虑政府军备扩张的利害得失。如他在《军备紧缩》一文中批评道:"今日本人毫无忌讳,一味称'军备扩张、军备扩张'而不知所惧,此乃外交思想上的幼稚,实属可怜。与欧洲列国相比,日本为了'军备扩张',增收地租,恨不能绞尽小农民之膏血。文明世界将减轻通信交通机关之使用费视为第一要务,而日本则是为了'军备扩张',不惜乖戾文明世界之大义,既要增收邮政税、电信费,还要增收交通费。虽说对国民的日用品课税是19世纪理财上之通则,然在此19世纪末,日本为了'军备扩张',竟至于连国民日用品的酱油都要征税,真个是在加速为自己树敌,使其愈发嫉视日本,愈发与日本为敌。"② 即在志贺重昂看来,日本政府为了扩张军备而强行增加国民的赋税负担,其近乎于搜刮民脂民膏的做法是与文明世界的大义背道而驰的不道德行为。更重要的是这种无限制的军备扩张会引发西方列强对日本的猜忌之心,招致其对日本的敌视。列强越是敌视日本,日本越得扩军备战,"及至不知所终",志贺认为,这

---

① 陆羯南:《東洋近勢と軍備》,《日本》明治三十年十二月五日。转引自有山辉雄《陸羯南》,吉川弘文馆2007年版,第400页。
② 志贺重昂:《軍備緊縮なる哉》,(第三次)《日本人》明治三十二年七月二十日第95号。

是"愚之极愚，无见识之极无见识"的短视行为。志贺重昂主张，应该兴"军备紧缩"之舆论，来缓和欧美人对日本的"嫉视"，"于国内对欧美人要表现出自主自强不服输之气概，即十三分地发扬对外强硬之精神，对外造军备紧缩之舆论，此为日本国与世界周旋之唯一方策"①。这里志贺重昂一改《日本风景论》里傲视欧美、为我独尊的"气概"，强调要与"文明世界"相协调，这种态度的转变是颇耐人寻味的。

志贺在《军备紧缩》一文中除了对政府的岁出以及国民的年平均收入与负担军费的比例等做了概算以外，还专门与世界各国做了对比，指出"日本国民乃全世界负担军费最重者"。②对于军备扩张之弊害，他巧妙地做了个比喻："古时有一士人，常欲成为佩戴铠胄刀枪之精英，遂节俭其饮食，终于购得铠胄刀枪。他日渔阳鼓声响起，开战之期既至，遂欲着铠胄，提刀枪，身临战场。然因平日里节俭饮食，体衰气萎，故不堪铠胄刀枪之重，未临战场即中途毙命。一个国家不去培养国力之本源，而是耗减其生产力，将之用于不产生任何经济效益的军费上，其结果即如此昔日谈。"③志贺重昂的意思非常明确，他强调的是军备扩张要以国库的充裕为基础，现在日本的军费开支已经远远超过了国民所能承受的限度，如此下去，终会导致"国力枯竭"。而一旦"国力枯竭"，即便拥有先进的武器装备，在国际竞争中也难以取胜。

从上述陆羯南、志贺重昂的论述中我们不难看出，国粹主义论者对于以"军备扩张"为主轴的"战后经营"的批判，并非出于和平主义的理念和反战的立场，也不是对军备扩张的完全否定，而是基于对当时国际状

---

① 志贺重昂：《軍備緊縮なる哉》，(第三次)《日本人》明治三十二年七月二十日第95号。
② 同上。
③ 同上。

况的观察以及对日本目前国力的考量，认为过度的军备扩张不利于日本财源的积蓄和国力的提升。他们反对政府的重税政策，主张所谓的"民力休养"，归根结底，还是为了更有效地"富国强兵"。

甲午战争后，在"卧薪尝胆"口号牵引下展开的"战后经营"同时也伴随着"国权主义"、"国家主义"的嚣张。这里的"国家主义"强调的自然是民众对于国家利益无条件地服从，亦即"国家至上主义"。如陆羯南所言："十年前的我国政界是不谈民权即非志士，而今天的政界则已是唯以言'国家'为志士之本分，可谓奇怪之事。而且其所言之'国家'是除去了人民在内的国家，更可谓奇特。"① 作为"立宪政治"的拥护者，国粹主义者对于甲午战争后日益抬头的国家主义思潮给予了批判和警告。这也可以说是国粹主义"战后经营"批判的另一个着眼点。

国粹主义论者通常也被人们称为"国权论"者或"国家主义"者，但是，国粹主义论者的"国家主义"主张并非单纯的"国家（政府）至上主义"。三宅雪岭早在《真善美日本人》的序言里就曾明确地表述过："社会上所言的国家主义，若果真意在扩张国家整体的势力，我固趋同。然若是附和一部分德国流派的学者，以政府为最大主体，我却不能苟同。"② 甲午战争后，国粹主义者对于"国家主义"的批判应该说与战前是一脉相承的。

如陆羯南在《国家主义的滥用》一文中指出，"国家包含政府与人民"，"真正的国家主义者"应是"专门讲究与人民休戚与共"的"匡济者"。他批判今日所谓的国家主义只不过是"打着'国家'这面伪造的锦旗"而行"崇尚政府权势"之实的"政府主义"，是"国家主义的滥用"。这种"国

---

① 陆羯南：《国家主義の濫用》，《日本》明治二十九年三月二十三日第2353号；另载植手通有《近代日本思想大系4·陸羯南集》，筑摩书房1987年版，第372页。
② 三宅雪嶺：《真善美日本人》，鹿野政直《日本の名著·37》，中央公論社1977年版，第286页。

家主义"对于"与政府权势相抵触者","即欲在'国家'的名义之下排除之",对于"有利于政府权势扩张者,纵然有害于人民的康福安宁,也要在'国家'的名义下断然实行之",① 是已经"变质"了的"国家主义"。即在陆羯南看来,"政府与人民的对立冲突绝非国家之福",所谓的"国家主义"应当是政府与人民"一体同心","休戚与共",而不是"政府当局者皆取荣爵厚禄,衣锦还乡,唯独人民还要继续忍受不断增加的负担"的政府凌驾于人民之上的"政府主义"。

不过,关注民生疾苦、反对专制主义只不过是陆羯南"国家主义"批判的一个侧面,作为"对外强硬论"者,他更为关注的是"国权的伸张"。他说:"在对外伸张国家威权之际,人民自不必说,政府亦需忍耐痛苦。譬如战败之时,政府要忍耐、节约,人民要忍受负担的增加,这是常理。在极端的情况下,个人要为国家做出牺牲,理亦如此。"② 即在陆羯南的观念意识里,国权的对外伸张是"国家大义",在"国家大义"面前,政府与人民都必须为国家做出牺牲,这才称得上是"国家主义"。基于这一认识,他进而对日本政府的"软弱外交"提出了强烈的批评:"国权的伸张与战前相比反而出现了后退,我国在朝鲜的势力几乎被一扫而光。今言国家主义者,中宵独坐之时,即便是有瞬间的良心发现,恐怕自己也可醒悟到,其所言国家主义,不过是挂羊头卖狗肉的欺诈之行为。国家的威权对外退缩,政府的势力对内膨胀,而人民的负担非但没有减轻,反而日益加重,此乃国家主义的结果。"③ 这里所谓的"国权的后退"指的是日本政府在朝鲜问题

---

① 陆羯南:《国家主義の濫用》,《日本》明治二十九年三月二十三日第 2353 号,另载植手通有《近代日本思想大系 4·陆羯南集》,筑摩书房 1987 年版,第 372 页。
② 同上。
③ 同上。

上与俄国达成的妥协。① 由此可见，国粹主义者所言的"国家主义"其实是"国民主义"与"国权主义"的混合体，而且两者之中，国权主义所占的比重要更大。或者换个角度来说，所谓的"国民主义"其实是为了国权伸张而存在的。

陆羯南、志贺重昂等的"战后经营"批判总体来看应该说依然处在其战前批判的延长线上，建立责任内阁、完善立宪政治、强调殖产兴业、要求对外强硬、扩张国权，这些依然是这些国粹主义思想家们建言立说的思想出发点。但是在举国一致陷入"膨胀狂"的时代氛围中，国粹主义者们发出的这些内政批判的声音已经显得有点苍白无力了。

二 "东亚问题"的再探讨

在东亚问题上，国粹主义者一直都是舆论界的重要推手。如同第三次《日本人》发刊词中自我标榜的那样，甲午战争以前，国粹主义者在"东方问题"、"台湾问题"、"日清战争"等问题上一直都是当仁不让的"领先者"，毋庸置疑，甲午战争以后，国粹主义者在东亚问题上依然是舆论界的"领袖"。这里值得一提的是，与甲午战前的"东方问题"热不同，甲午战争后，成了"完全无缺之独立自主之国"的朝鲜实质上已经被纳入了日本

---

① 这里所谓的外交失败，指的是日本政府在朝鲜问题上与俄国的妥协。甲午战争以后，日本逼迫朝鲜进行内政改革，扶植亲日政权，并获得了在朝鲜建筑铁路的权利。但是，日本的加速侵略引起了朝鲜的反抗。1895年7月，闵妃政权复位，驱逐了亲日的朴泳孝政权。闵妃试图联合俄国来对抗日本，但是，日本于10月发动政变，杀害了闵妃，拥立闵妃的政敌大院君。1896年2月，朝鲜国王在俄国的援助下驱逐了大院君。日本不能单独控制朝鲜，于是不得不谋求与俄国的妥协。1896年5月，日本驻清公使小村寿太郎与俄国驻朝鲜公使韦贝签订《关于朝鲜问题的日俄两国代表备忘录》，6月，山县有朋与俄国外交大臣罗巴诺夫签署《关于朝鲜问题的日俄议定书》，根据这两份外交文书，日本不得不放弃在朝鲜的铁路建筑权，也即意味着日本在朝鲜问题上败给了俄国。

战后经营的范畴，因此，所谓的"东亚问题"主要就是指"中国问题"。

（第三次）《日本人》第 3 号刊载了志贺重昂为东海堂主人著《将来之日本潮流》所作的序文，该文如是说："丰臣秀吉征伐朝鲜，拔王城，席卷八道，开启了以日本潮流疏通大陆之端绪。……太阁征朝鲜，破朱明之援军，使朱明之元气大伤，……结果却反而为爱新觉罗氏覆灭朱明打开了通道。终究丰太阁也只不过是充当了满清的先锋，此乃何等之大遗憾。（今）皇军仗义征满清，控制渤海，威胁奉天之寝陵，势如破竹，可拔其国都，……似可慰丰太阁当年远征之大遗憾，……然其结果，竟又是为欧洲强国打开了覆灭满清之通途。……此乃何等之大遗憾呀！我日本两度错失良机，岂能第三次重蹈过去之覆辙。"① 志贺重昂在这里强调的"两度错失良机"，一次当然是指他在文中慨叹的丰臣秀吉"征讨大明"，无功而返，另一次即是指日本神话传说中记载的"神功皇后征伐三韩"一事。即在志贺重昂看来，"神功皇后征伐三韩"，虽然曾经一度威震朝鲜半岛，但"其后皇威久不施及，遂朝贡中断"，所以没有把朝鲜半岛纳入日本版图，实在是令人遗憾。"丰臣秀吉凭海内统一之余威，席卷朝鲜"，进而又"威势远波长白山下"，但因未能占得天时地利，其结果却是为他人做了嫁衣裳，不仅日本的势力退出了朝鲜半岛，还为满清入主中原"打开了通途"。如今"帝国再次战胜"，领土已延伸至南太平洋。清朝疲弱不堪，正是天赐帝国之良机，"应利用此新得之威势，发挥数千年来涵养而成的大和魂，兴疲惫之朝鲜，诱导老衰之清国，使日本风潮遍及东亚西亚大陆"，这是"今日之急务"。简言之，就是要求日本政府及时把握住战胜的时机，"一鼓作气"征服全中国，完成当年丰臣秀吉"入主中原"的"遗愿"。

三宅雪岭在随笔《征明与征清》一文中也写道："太阁（丰臣秀吉）征明的目的明白至极，即欲谋略朝鲜、席卷明国。……在答朝鲜国王书中，

---

① 志贺重昂：《来之日本潮流》，（第三次）《日本人》明治二十八年八月五日第 3 号。

（太阁）称，'余不畏山海之远，将一举拿下明国，移我朝风俗于四百余州，施我皇政治亿万斯年'，可谓目的瞭然。当代征清之目的亦如此。"① 即三宅认为，甲午战争的目的应当是像当年丰臣秀吉一样，入侵朝鲜，进而占领全中国。

与三宅雪岭、志贺重昂上述直白露骨的表述不同，福本日南则试图以"亚细亚乃亚细亚人之亚细亚"为其立论依据，为日本称霸东亚寻找一个合法的借口。福本日南在《我们的支那》一文中这样说："胡元亡赵宋拥有了支那，支那依然是原来的支那；满清灭朱明，创建了帝业，赤县②依旧是赤县。其间虽变衣冠之制、异统治之术，多少经过了一些变迁，然而，以亚细亚人取代亚细亚人，以匈奴族制御汉族，只是变革一代一朝，于亚细亚而言，并无轩轾之处。然而，今后即将到来之变化恐是以欧洲人制御亚洲人，呈现出欧人为主人、亚人为仆隶之关系。此不独为支那帝国之灭亡，亦乃亚细亚人之挫败。昨日吊唁印度帝国之灭亡，明日若再丧支那帝国，则后日又不知会为谁而悲哀。此非待智者出才可后知之事。今后之势，是吾亚细亚人，换言之即亚细亚人中天民之先觉者，我日本人必须深谋远虑之大问题。"③ 即福本日南认为，中国历史上出现的少数民族政权都只不过是亚洲人取代亚洲人的"一代一朝"的事情，从亚细亚整体来看，并无什么影响。言下之意，日本"入主"中国大陆也只不过是"亚细亚人取代亚细亚人"，本身并没有什么不妥。福本日南主张要靠"天民之先觉者"日本来实现"统一亚洲、复兴亚洲"的伟业，而他所期待的"天民之先觉者"中的"先觉者"不是旁人，正是日本的"英雄"——"第二个丰

---

① 三宅雪嶺：《征明と征清》，（第三次）《日本人》明治二十八年十一月五日第9号。
② 赤县，在古代指的是中国。
③ 福本日南：《我等のシナ》，（第三次）《日本人》明治二十八年十月五日第7号。

臣秀吉"。① 这里福本日南故意混淆了近代民族国家的主权概念，借着"亚洲是亚洲人的亚洲"这个冠冕堂皇的幌子，巧妙地从历史的诡辩中将日本对中国的侵略"正当化"、"合法化"了。

甲午战争后，"神功高皇后征三韩"、"丰臣秀吉征讨大明朝"这些神话传说和历史事件频频出现在许多文人志士的笔下，尤其是丰臣秀吉当年野心勃勃的"征明壮举"，常被拿来当做今天鼓舞日本人"斗志"的历史教材。如果说，甲午战前日本所营造的"征清"是一场"文明"对"野蛮"的战争、是"义战"的舆论还有一些伪装的话，那么，上述国粹主义者的言论可谓彻底撕下了那层伪装的面纱，变成了赤裸裸的侵略主义。国粹主义者在这里所主张的正是陆羯南在《国际论》中所揭示过、但随着世界的"文明进步"已经逐渐不被人们所接受的野蛮的"狼吞"之法。从三宅雪岭、志贺重昂、陆羯南等人上述露骨的表述中不难看出，此时国粹主义者的"亚洲主义"早已经突破了"亚洲盟主论"的框架，在他们的意识里，"清、朝"已不能算是日本联手共抗西方的"盟友"了，而应该是"宇内一等国"日本的囊中之物。由日本来"入主中原"，改造朝鲜、改造中国，在东亚兴"一大新帝国"，三宅雪岭曾经在《亚细亚经纶策》中描绘过的"远景"现在似乎正在由"一个学者的空想"向现实转变。

然而，甲午战争后，东亚局势的变化使国粹主义者的"征清"梦想一下子变得复杂、艰难了起来。正如国粹主义者所担忧的那样，甲午战争进一步暴露了清政府的腐败无能和中国的积弱，由此也引来了列强新一轮瓜分中国的狂潮。1897年，德国出兵山东，强占胶州湾，并获得在山东的铁路修筑权以及采矿权。1898年，俄国强行租借旅顺、大连，取得南满洲铁路的铺设权。同年，英国强行租借威海卫，并要求清政府不得将长江沿岸地区让予他国。1899年法国将广州湾划为法国租借地，并要求清政府约定

---

① 広瀬玲子：《国粋主義者の国際認識と国家構想——福本日南を中心として—》，芙蓉書房2004年版，第32頁。

不得将云南、广东、广西等省让予他国。当然，在瓜分中国的列强队伍中，也有"后起之秀"日本的身影。1896年7月，日本迫使清政府签订了《通商行船条约》，"把它正在争取与欧洲列强修约废除的东西，强加给了中国"。① 1898年4月，日本将福建纳入了其势力范围。尽管日本已经跻身列强瓜分中国的行列，但是仅仅分得一杯羹与其由来已久的称霸亚洲的"梦想"毕竟相去甚远。更何况，在日本走向东亚扩张的过程中，已经遭遇到了俄罗斯这个强大的敌手。② 东亚局势的复杂化，迫使日本政府不得不做出一些姿态上的改变，在战略上采取了"对清怀柔"的策略，而作为民间舆论的一种呼应，此时期国粹主义者也一改甲午战时喧嚣一时的"支那分剖论"，转而打出"支那保全"的旗号，强调"亚洲一体"、"日清亲善"，协同政府展开了积极的宣传游说活动。

1897年，三宅雪岭、陆羯南、香川悦次、井上雅二等政教社、日本新闻社的社员与犬养毅、平冈浩太郎、江藤新平等政界要人一道组建了文化团体"东亚会"，并邀请戊戌变法失败之后亡命日本的康有为、梁启超等人入会。1898年6月，以近卫文麿为中心，长冈护美、谷干城、岸田吟香、宗方小三郎等人成立了以"支那问题研究"为目的的"同文会"。同年10月，在日本政府的资金援助下，"东亚会"与"同文会"合并，成立了"东亚同文会"。该会由近卫文麿出任会长，陆羯南、池边吉太郎等被推选为干事，三宅雪岭等担任评议员。"东亚同文会"在南京、上海等地设立同文书院，在上海创办《同文沪报》，并且在上海、汉口、南京、福州、广州等地

---

① 臧运祜：《甲午战争与近代日本的亚太政策》，《社会科学研究》2006年第3期，第143页。

② "三国干涉还辽"事件原本就已经激起了日本对俄罗斯的敌忾之心，甲午战争后俄罗斯在朝鲜半岛以及中国东北的侵略扩张更加剧了日俄之间的矛盾。为了遏制俄罗斯势力在中国的进一步扩张，日本大打"中日亲善"的招牌，试图"联清以制俄"。关于此时期日本展开的"对清外交"策略，具体参见丁名楠《甲午战后到日俄战前日本对俄决战"国策"指导下的侵华策略》，《东岳论丛》1981年第5期。

成立支部。①"东亚同文会"积极营造"日清两国""文化相通、风教相同,以情观之乃有兄弟之谊,以势视之乃为唇齿邻邦"②的"友好亲善"气氛,提倡中日两国"有志之士""共同提携",以图"两国之强盛"。再加上日本政府的引诱蛊惑,清政府终于掉进了日本精心设计的圈套之中,"在短短的两三年内,联俄亲俄的空气迅速淡薄下去,而联日亲日的气氛骤然浓厚起来"。③可见,包括国粹主义者在内的所谓文人志士的"民间活动"在日本整个大陆扩张战略中起了非常重要的作用。

这里特别需要提到的是陆羯南。他除了参加"东亚同文会"之外,也积极地参与了其他对外实践活动。如1898年4月4日,贵族院和众议院三十多名议员组成"对外同志会",在日本桥偕乐园集会,抗议俄罗斯与德国独占中国的行为,陆羯南不仅参与了此次集会,还在4月20日《日本》报上发表社论《对外同志的运动》,称赞"对外同志会"的"同志们"为"有最后决心者"。④"对外同志会"频繁举行各种大演说会、大恳亲会,而每次集会,陆羯南都是发起人和组织者之一。

1898年,中国爆发了义和团起义,日本作为八国联军的成员之一不失时机地派遣军队参与了此次镇压。从1900年到1901年,日本先后共派出了上万人的军队。这个数目几乎等于所有西方国家派遣军队人数的总和。1901年以后,日本成为《辛丑条约》的缔约列强之一,被赋予了在北京、天津地区驻扎军队的权利。⑤在对待中国的问题上,日本政府玩儿的是两面手

---

① 参见丁名楠《甲午战后到日俄战前日本对俄决战"国策"指导下的侵华策略》,《东岳论丛》1981年第5期。
② 有山辉雄:《陆羯南》,吉川弘文馆2007年版,第210—211页。
③ 丁名楠:《甲午战后到日俄战前日本对俄决战"国策"指导下的侵华策略》,《东岳论丛》1981年第5期。
④ 参见有山辉雄《陆羯南》,吉川弘文馆2007年版,第212页。
⑤ 参见[美]马里乌斯·B.詹森主编《剑桥日本史》(第5卷),王翔译,浙江大学出版社2014年版,第706页。

法，即，一方面要与列强保持一致，保证自己在眼下瓜分中国的行动中获利，另一方面又出于独占中国的长远考虑，试图继续营造"中日同文同种"、具有"兄弟情义"的亲善假象。而作为"富有远见"的"操觚者"，国粹主义者自然也在舆论营造方面给予了积极的配合。1901年8月15日，"东亚同文会"召开了临时大会，重新宣读了贯彻"支那保全"主张的声明，对当时日本国内以及国际上的分割中国的论调进行了批判。为了"唤起国民的舆论"，"东亚同文会"的干事会又发起成立新的"国民同盟会"，宣称"对于反对'支那保全'行动之国家，我国要以非常之决心强压其野心"，"保全支那、拥护朝鲜之独立不独为我国权国利之自卫，吾人以维护东洋之和平以资世界之进步为我日本国民之天职"。[①] 陆羯南作为近卫文麿的亲信，成了"国民同盟会"的核心成员，而此时的《日本》报实际上也变成了"国民同盟会"的"喉舌"。

由上可见，甲午战争以后，随着日本国力的提升、帝国主义羽翼的逐渐丰满，日本自明治维新以来早已在暗中酝酿的大陆扩张计划终于一步一步进入了实质性的实施阶段，而在这一过程中，国粹主义者始终扮演了"领袖言论人"的重要角色。

◇第三节 "国粹主义"的终结与"日本主义"的兴起

明治二十一年政教社作为国粹主义思想团体登上了舆论界的舞台。政教社成立之初，同人们曾在《日本人》的创刊辞中立下誓言，要发扬"日本男儿之本色"，凭借"半生所得之学术"，"选择与日本人民之意匠及存在

[①] 有山辉雄：《陆羯南》，吉川弘文馆2007年版，第218页。

于日本国土之上的万般围外物相适应的宗教、教育、美术、政治、生产制度，以此来裁断日本人民现在未来之向背"，表明其言论活动的目的是要在探讨如何在保持日本民族主体性的前提下推进日本的国家建设。但是，实际上政教社后来的言论活动却并未能像当初设想的那样展开。从前面的考察中我们不难看出，政教社只有在成立当初对于"国粹主义"的概念以及思想文化主张有过较为集中、明确的论述，之后，其文化色彩逐步减弱，政治色彩日益凸显。尤其是1891年《亚细亚》创刊以后，政教社的言论活动完全集中在了政治领域。正如中野目彻指出的那样，政教社"在其后的言论活动中，唯把对政治方面的评论和实践活动放在了首位，而放弃了对于当初在'宗教、教育、美术、生产'等广泛领域内所构想的'国粹主义'整体的理论化的努力"。[①] 政教社的国粹主义就这样在"政治先行，文化理论的建构原地踏步"的状态下，一路"跛行"，跨过了甲午战争这条重要的"分水岭"。

甲午战争后，日本成了帝国主义列强中的一员，国际地位的改变也带来了日本国民文化心态的改变。在日本国民的意识里，日本已经不再是鹿鸣馆时代那个在西方文明面前自惭形秽的弱小国家、"小舞伴"了，而是一个完全可以与西方国家平起平坐的"文明国"、"大国"。而且这种大国化意识的急剧膨胀，甚至已经让不少人滋生出文化上的民族自负心，认为日本不仅是东亚文明的代表，而且是集东西文明精华于一体的人种里的极品。在这种新的时代背景下，政教社在成立之初提出的"国粹保存"、"国粹彰显"的"国粹主义"文明观自然已经成了过时的、应当淘汰的理论。

---

① 中野目彻：《政教社の研究》，思文閣1993年版，第258页。

一 在"世界主义"与"国家主义"之间——政教社"文明观"的变迁

甲午战争后,促使政教社对"国粹主义"的文化理论进行自我更新的声音首先来自于松村介石[①]在(第三次)《日本人》第1号上刊登的文章《宇内的日本人》。该文开首即言:"今日(我们)已不能再是醉心于欧洲的日本人,也不能再是保存国粹的日本人,(我们)应当做宇内的日本人。"[②] 这里所谓"宇内的日本人",毋庸置疑,指的是能够为世界文明的发展做贡献,在世界这个大舞台上一显身手的日本人。作者的言下之意不点自明,如今日本凭借武力战胜了中国这个老大帝国,自然也意味着"文明化"了的日本在世界上获得了与西方列强同等的国际地位,因此,日本人不能再像过去那样"只称西洋而自屈,亦不可称国粹保存而悦己",而应该在世界上张扬日本文明的存在价值,用作者的话来讲,即"发挥古来日本人种之特色、神传自在之妙技,咀嚼东西文明之神髓,吸收天下之粹美,形成宇内文明之一大新国"。[③]

松村介石认为:"日本人身上原本就存有一种生命自在之天品。支那人执着于儒教而停滞不前,印度人沉迷于佛教而走向了寂灭,然而儒教、佛教一经日本人活用,即转化成了忠孝义烈之精神,八面玲珑、圆滑自在之灵体,进而化成我邦家永久之生命。今又学习了西洋文化知识,并即刻用之于政度文物海陆军事,(结果)我势力超过了(彼等)教师国,此乃何等神通自在之人种耶!"[④] 这里,松村介石虽然没有像神国主义者流那样明言

[①] 松村介石(1859—1939),基督教徒。
[②] 松村介石:《宇内的日本人》,(第三次)《日本人》明治二十八年七月五日第1号。
[③] 同上。
[④] 同上。

日本是神国、日本人是神国子民，但是在他的眼里，日本人无疑是有着"神通自在"之天赋和特性的世界上独一无二的优秀人种，因为日本人最善于兼学东西，吸收天下之美粹。过去，日本人吸收了儒教、佛教等东洋文明的精华，如今又学习了西方先进的科学文化知识，于东洋已由"学生国"变成了"教师国"。所以，"日本人不可只为欧洲心醉，醉心于欧洲无异于东施效颦，然亦不可只热心于国粹保存，只热心于国粹保存会成为褊狭固陋者"。[1] 今后日本人应该以世界为活动的大舞台，凭借其"神传自在之妙技"，广纳天下之美粹，在东西文明之外，另成就一种独特的新文明。

与松村介石的旨趣相仿，田岗岭云在《日本文学的新光彩》一文中也强调："如今之日本——已非离群索居于东洋一隅之日本，而是作为世界列国之一的日本。曾经安然伏在灵龟背上的蓬莱岛如今已被卷入世界潮流的大旋涡之中。吾国民已不能贪恋安稳的睡眠，而应该具有以世界为敌进行战斗的大觉悟。吾国之境遇已经发生变化，吾国民之思想又焉能依旧。……吾国民自古就有同化（外来文化）之胃，昔时吾国固有之文学已将支那印度思想同化其中，而今又即将同化西欧文学之趣味。将东亚思想与西欧思想放入同一熔炉之中冶炼融浑，开文学之一大新局面，岂非吾邦文学家之大任哉？"[2] 在《创造东洋新美学》文中，田岗岭云更是坦率直言："国粹保存不足为道，国粹发挥不足为道，东亚文明之发挥亦不足为道，吾人作为日本之国民，肩负着建设世界新文明之大任。"[3]

从松村介石、田岗岭云的上述主张中，我们不难看出其难以掩饰的民族优越意识和急于"为世界文明做贡献"的文化上的民族自负。若从理论

---

[1] 松村介石：《宇内的日本人》，（第三次）《日本人》明治二十八年七月五日第1号。

[2] 田岡嶺雲：《日本文学に於ける新光彩》，（第三次）《日本人》明治二十八年七月5日第1号。

[3] 田岡嶺雲：《東洋的の新美学を造れよ》，（第三次）《日本人》明治二十八年九月五日第5号。

源头来分析，松村、田岗二人的思想主张其实正是三宅雪岭在《哲学涓滴》《真善美日本人》等著述中反复阐述过的国粹主义文明观的再现和发展。国粹主义兴起之初，三宅雪岭以他对东西方文明的历史主义的、哲学性的独特思考，指出东方文明相对于西方文明所具有的独立的、对等的文化价值，进而提出日本人不应该盲目地崇洋媚外，应该充分挖掘东洋传统文化中的精华，在兼学东西的基础上造就日本独特的文明，为世界文化的发展、人类"极真、极善、极美"的圆满境界的达成做贡献。松村、田岗二人的上述文化主张从其思想价值来看，只不过是新瓶装旧酒而已，但是，同样的思想主张在不同的时代背景下出现，其精神主旨也会发生相应的改变。在明治二十年代初欧化主义盛行的时代背景下，三宅雪岭更多地是站在反对全盘欧化主义、试图唤起日本人民族独立自主意识的"国粹保存"的立场上来强调东方文明的文化价值的，对抗处于强势地位的西方文明，谋求东西方文明的对峙是三宅立论的思想出发点。而在松村介石、田岗岭云这里，所谓的"建设世界新文明"、"为世界文明做贡献"，与其说是谋求东西方文明的对峙，毋宁说是希图在世界文明史中确立日本文明的主导地位，其文化心态、思想基础早已经超越了东西对峙的格局，凸显的是日本人种的优越性、日本文明的独特性。

　　松村介石、田岗岭云的上述主张可以说已经为政教社的国粹主义思想画上了一个圆满的句号。当然，另一方面也向世人昭示了作为思想集团的政教社赖以存立的文化思想的自我更新和转变。但是，取代"国粹主义"，成为政教社新的文化理论基石的"主义"或"原理"究竟该如何表述，政教社自身没有一个明确的定论，我们也很难越俎代庖，轻率地称其为"某某主义"。不过从三宅雪岭对所谓"国家主义"与"世界主义"的阐述中，我们可以勾勒出一个大概的轮廓。

　　甲午战争后，日本思想界一方面存在着肯定西方文明并试图将其进一步发扬光大的"世界主义"的倾向，另一方面，也存在着以东洋文明的霸者自居、强调日本独特性的"国家主义"的立场。① "世界主义"与"国家主义"之间的矛盾纠葛,颇似明治二十年代初"欧化主义"与"国粹主义"对峙时的情形,组成了甲午战争后日本思想界、文化界的新构图。那么,究竟什么是"世界主义"?什么是"国家主义"?政教社的立场又倾向于哪边呢?让我们先来看看三宅雪岭的相关论述。

三宅雪岭在《所谓世界主义与所谓国家主义》一文中谈道:"有一个词叫世界主义,其意义颇为模糊。若追寻其所起之处,乃前年西园寺侯爵就任文相,在阐述其无为政略之时即兴引用世界一词,暗中嘲讽那些忠君爱国之褊狭者,此后,世界主义一词便渐次成了某一些人的口头禅。意义起初即暧昧模糊,言世界主义者只为自己方便,而听者却甚难了解其意。及至今日,……随着(人们的)流行滥用,其意义之暧昧愈发加深。"② 依据三宅的论述,"世界主义"起初并非专门作为一种系统的思想主张、一种"主义"或"原理"被某一个特定的人或思想集团提出来的,只不过是文部大臣西园寺公望在阐述自己的教育理念时即兴使用过"世界"一词,但是后来却为人们所滥用,原本就意义模糊的"世界主义"变得更加难辨真意。

对于当时的所谓"世界主义"论者,三宅将其归纳为四个类型:①主张军备扩张者。"其言曰:现时宇内之趋势,乃各国间关系交错复杂,只着眼于本国内情难以断处国政,万般施设,需体察世界总体大势,度此推彼,方可决定其要。及至今日,日本桥的水通往伦敦已是确凿之事,远东之势瞬间会波及西方,我国之举手投足必会引发世界之关注。……既不得不与世界列强交涉,我又焉能安然屏居一国之内,作武陵桃源之梦。应当下定决心以列强为对手进行周旋,……即扩张军备,与列强比肩,此实为国家存立于世界之长计。"②主张泰西事物之输入者。"其言曰:日本建国以来

---

① 参见中野目徹《政教社の研究》,思文閣1993年版,第262页。
② 三宅雪嶺:《所謂世界主義と所謂國家主義》,(第三次)《日本人》明治三十年八月五日第48号。

号称绵延二千五百年之久，然因与外国通交甚少，故开发之度亦较低，维新以来之所以获得长足进步，皆因锐意取世界之长补我之短之故，……而取彼长补短之效果在最近战役中表现尤为明显。……今日之急务，莫过于万事采取彼之长处。"③主张尊敬外人者。此种"世界主义"者称"不知亲近自己以外的人，只知敌视他人、仇视他人者乃野蛮人之通病——对外国人怀有敌意者，皆因锁国当年之褊狭心尚有遗存"，主张"善待外国人"。④主张人类至上主义者。"其言曰：寰宇之上，虽分地成国，然皆为人类，今之所谓国家即如同封建时代之藩国，……拘泥于国土即野蛮思想之遗弊，爱国心之类终究与利己心无异——文明之人应以与全世界共事之心来处世，而绝不应怀有一国褊狭之观念。"① 然而这四种类型的"世界主义"在三宅雪岭看来只不过是"对着天空的喊叫，并非实际存在的东西"，② 都不算是真正的世界主义。

三宅认为"真正的世界主义即是真正的个国主义，真正的个国主义即是真正的世界主义"。三宅所谓的"个国主义"即是"国家主义"。那么，什么才是"真正的国家主义"呢？三宅认为，如同"世界主义"一样，"国家主义"也是一个概念模糊的东西。在三宅看来，"所谓国家主义之行为，可以在两个完全不同的意义（层面）上展开。一是在政府亦即国家的意义上而言，以国家权力为最大。二是将国家视作同胞共存之结合体，在这个意义上强调发挥国家之特性"。③ 即"国家主义"可以分为"以政府为最大主体"的"国家至上主义"和重视国民存在、由国民全体"发挥国家之特性"、伸张国权的"国家主义"。三宅雪岭尽管在文中没有明言哪个是"真正的国家主义"，但是结合他在之前《真善美日本人》中阐述的观点，显然

---

① 三宅雪嶺：《所謂世界主義と所謂国家主義》，（第三次）《日本人》明治三十年八月五日第48号。

② 同上。

③ 同上。

他所期待的"真正的国家主义"应该就是第二种国家主义。

中野目徹指出,三宅雪岭的立场是"将世界主义和国家主义作为可以相互补充的东西,试图在二者浑然一体化的状态中来加以把握"。① 如果我们用他在《真善美日本人》的绪论中阐述过的话来简单概括的话,即是"为本国尽力即为世界尽力,发扬民种特色即裨补人类化育"。不难看出,三宅雪岭所主张的文明观、文化论依然还处在其国粹主义文明观的延长线上,但是,在日本不断走向大国化的时代背景下,三宅的这种将世界主义与国家主义合二为一、折中起来思考的文明观显然已经没有了当年呼吁"保存国粹、彰显国粹"时那种试图从文化上追求东西方的平等、进而对抗西方压迫的"悲壮"的情感色彩,而更多体现的是日本的大国姿态。

就这样,甲午战争后的政教社结束了其作为国粹主义思想团体的历史使命,一边在世界主义与国家主义之间寻求着平衡,一边继续着其言论活动。

二 国粹主义与高山樗牛的"日本主义"

如前所述,1894—1895年发生的中日甲午战争是日本近代史上一道重要的分水岭。以甲午战争中战胜中国为转折点,日本取得了"能够同世界列强并驾齐驱,参加帝国主义阶段的资本主义竞争的地位"。② 而在日本的思想界,最为显著的变化则是国家意识的空前高涨。高山樗牛的"日本主义"即是这种国家意识高涨的产物。

高山樗牛(1871—1902),本名高山林次郎,生于山形县鹤岗市,曾就学于福岛中学、东京英语学校、仙台"二高"(东京帝大预科)、东京帝国

---

① 中野目徹:《政教社の研究》,思文閣1993年版,第265页。
② 近代日本思想史研究会:《近代日本思想史》第2卷,李民、贾纯等译,商务印书馆1992年版,第32页。

大学哲学科。高山樗牛的出名最先源于他的一部历史小说《泷口入道》，这篇小说获 1894 年《读卖新闻》悬赏的当选作品的二等奖。小说经《读卖新闻》连载发表以后，高山樗牛一炮走红，成为文坛上一颗引人注目的新星。其时，他还是一名东京帝国大学哲学科的在校生。1896 年，高山从帝国大学毕业，回到仙台"二高"任教。1897 年，他受邀出任《太阳》杂志的主编，由此开始了他"热火朝天的评论活动"。高山樗牛不仅作为浪漫主义文学家活跃在文坛，在思想领域，也称得上是一位"旗手"。

1897 年，高山樗牛与井上哲次郎、木村鹰太郎等一道成立"大日本协会"，创办机关杂志《日本主义》，此后，高山樗牛便成了"堂堂的日本主义战士"，[1] 开始大张旗鼓地宣扬他的"日本主义"、"国家主义"、"帝国主义"思想主张。

在《赞日本主义》一文中，高山樗牛对他的"日本主义"做了详细的阐释。他说，所谓日本主义，即是"基于国民之特性，根据自由独立之精神，以发挥建国当初之抱负为目的的道德原理"。具体到"日本主义"的目的纲领，高山樗牛如是说："君民一家乃我国体之精华，此实为我皇族皇宗宏远丕图之基石，万世臣子应当永远景仰之所在。故皇祖及皇宗作为日本国民之宗家，当享有无上之尊崇。故日本主义崇拜国祖，常致力于发扬建国之精神。我国民乃公正光明快活之人民，有为进取之人民，退步保守、忧愁悲哀非其本性。故日本主义以光明为宗旨，崇尚生机勃勃，排斥重视退让、训导禁欲、鼓吹厌世无为之诸种教义。亿兆出于一姓，上下其心合一，对内棣萼相亲，对外扩张国威，古来未曾受过外辱，此乃我国民冠绝万邦之所。故日本主义平时不懈怠武备，致力于加强国民之团结。然（日本主义）亦非妄自树己而不能容他，整饬国内以临海外，希望于兴国的同时永享和平。故日本主义致力于维持世界和平，期待发展人类之情谊，而

---

[1] 刘岳兵：《日本近现代思想史》，世界知识出版社 2010 年版，第 144 页。

核心在于发挥我邦建国之精神,实现我国民之大抱负。"① 即"日本主义"以"崇尚皇室、追求光明正大、积极进取、尚武、对内同胞相亲、对外扩张国权、维护世界和平、发展人类友谊"为宗旨,而其核心理念则是要发扬日本"建国之精神",实现日本"国民之大抱负"。总而言之,"日本主义不是宗教,不是哲学,而是国民践行的道德原理"。②

仅从上述的纲领来看,高山樗牛的"日本主义"与政教社思想集团提出的国粹主义似乎并无太大的不同,所以当时常被人们误以为是国粹主义的翻版。对此,高山樗牛专门撰写了《国粹保存主义与日本主义》一文,为自己的"日本主义"进行了辩解。高山樗牛虽然也承认"国粹主义是日本主义的先驱","日本主义在系统上是国粹主义的延续",但是,他强调,二者"在内容上不可同日而语。这两个主义之间,虽不至于像猿与人那样大相径庭,但至少也存在类似于阿伊努人与我等(日本人)之间的差别"。在高山樗牛看来,国粹主义者的主张"完全是抽象的、形式的。(他们)口头上虽言国粹,却不说国粹为何物,虽言取彼之长、补我之短,却没有明言何为彼之长处、何为我之短处","国粹主义者所倡导的,如同其名称所标示的那样,仅仅止于国粹的保存。故而对于外来势力所持的态度完全是被动的。观彼等所言之国粹,犹如旧物。……彼等不仅不懂得国体国性乃一国人文赖以存立之基础,甚至连此般概念得以成立的国家、国民之真正意义亦尚不能解明。……归根结底,只能说是一种幼稚单纯的主义"。③ 高山指出,日本主义与国粹主义之间最大的差别,"于内即是国民意识的完全自觉",也就是说"日本主义"可以解释清楚"国家及国民的真正意义",而"表现在对外意识方面即是根据内外事物的真正性质,决定其取舍选择,其方法完全是研究性的"。对于这两个"显著的差别",高山樗牛又分别作

---

① 高山林次郎:《日本主義を贊す》,《太陽》1897 年第 3 卷第 13 号。
② 高山林次郎:《日本主義を贊す》,《太陽》1897 年第 3 卷第 13 号。
③ 高山林次郎:《国粋保存主義と日本主義》,《太陽》1898 年第 4 卷第 10 号。

了进一步阐述。

首先让我们来看看高山的所谓"国家及国民的真正意义"指的是什么。他说:"国家以及国民的概念自觉地体现于国民思想中,是明治二十二三年以后的事情。此前言说国家、国民者原本甚少,至于维持国家、国民之独立存在的国体及国民性,尚没有一个明确的概念,此事自不待言。当时所称国家、国民,大多只不过是借外国思想组合而成的含糊不清的观念而已。对于我国、我国民几乎没有任何思考。其间,国粹主义虽然表现出了(国家意识年)反省,但毕竟还远远称不上是国家主义。明治二十二年发布的钦定宪法明确了我国体之特性,在政治上打破了民主主义者流的空想,统一了国民的政治思想。同样,(明治)二十三年颁布的教育大诏指定了国民道德的大纲领,集中了国民的道德思想,于是,国家主义的精神才得以支配社会人心。然而,如此这般得以成立的国家主义思想,尚没有靠国民明白的自觉心巩固起来,还存在一些顽迷固陋之倾向,毕竟促使国民意识之觉醒,还欠缺足够的刺激。……使国民意识得以明确觉醒的,即是(明治)二十七八年的日清战争。日本主义即是能够代表国民自觉心的主义。"① 从高山樗牛的这段论述中不难看出,他所谓的"国家、国民的真正意义"或者说他所强调的国民道德"不外完全是绝对主义的明治国家统治阶层的意识形态",② 如他自己所说:"帝国宪法揭示了国法大纲,教育敕语明确了教育的方针,而日本主义则以指示国民道德的根本为主眼。若说目的,则三者归一,都是基于大日本帝国之国体民性,以国民精神之统一为目的。"③

---

① 高山林次郎:《国粋保存主義と日本主義》,《太陽》1898 年 4 月第 4 卷第 10 号。
② 近代日本思想史研究会:《近代日本思想史》第 2 卷,李民、贾纯等译,商务印书馆 1992 年版,第 37 页。
③ 高山林次郎:《国民精神の統一:帝国憲法、教育勅語及び日本主義》(1898 年 7 月),《樗牛全集》第 4 卷,博文館 1915 年版,第 322 页。

第四章 国粹主义的退潮 **231**

  由此可见，高山樗牛的"日本主义"在"反映中日甲午战争后国民意识或国家意识的抬头这一点上"，的确"表现得和国粹保存主义相当不同"。① 如果说国粹主义在内政方面具有反对藩阀专制、排斥"以政府为最大主体"的国家主义的民主政治倾向的话，那么高山樗牛的"日本主义"则恰好处于"国粹主义"的对立面上，完全是一种国家至上的国家主义。在高山樗牛看来，国家拥有至上的权力，国家是个人实现人生圆满幸福的依赖和基础，用他的话说，即"国家至上主义是实践伦理学的唯一原理，此主义是关乎人生幸福实现的唯一方法"，因此，"国家的利福"即是国民的"道德规准"。② "日本主义的本分"即是"从根本上统一国民的意识，陶冶与宪法、敕语相适应的国民精神"。③

  下面我们再来看看高山樗牛所说的"日本主义"与"国粹主义"的第二个差别，即在内外事物选择方面二者所持的态度问题。按照高山樗牛的说法："日本主义以前的所有主义都是建立在独断的基础之上。所谓独断，即是指仅把洋之东西、国之内外作为决定其取舍去就的标准，别无他。具体而言，即认为于东洋或者国内发达起来的所有文物，应该都是性质完全一致的东西，而兴起于西洋或者国外的所有东西，都是与东洋或国内文物性质相反的。"④

  高山樗牛认为，包括"明治初年的皇学者流"、"明治二十年的国粹保存主义"在内的所有主义都是一种"独断说"，唯有"日本主义"才真正做

---

 ① 近代日本思想史研究会：《近代日本思想史》第2卷，李民、贾纯等译，商务印书馆1992年版，第36页。

 ② 高山林次郎：《国家至上主義に対する吾人の見解》（1898年1月），《樗牛全集》第4卷，博文館1915年版，第322页。

 ③ 高山林次郎：《国民精神の統一：帝国憲法、教育勅語及び日本主義》（1898年7月），《樗牛全集》第4卷，博文館1915年版，第336页。

 ④ 高山林次郎：《国粋保存主義と日本主義》，《太陽》1898年4月第4卷第10号。

到了"远离幼稚独断","对于内外东西之文物"采取了"研究的态度"。"日本主义以国体的维持、民性的满足为保全国家独立、国民幸福的两大制约要素,以这两大制约为核心,尝试着对内外诸种事物进行公平的研究,根据研究的结果来进行取舍选择。故在日本主义的眼里,除了国体与民性之外,概不问国之内外、洋之东西,凡适合国体、民性者,即便是外邦文物,亦会毫不犹豫地收容同化之。反之,有害于国体、民性者,纵令是数千百年间存于我国、发达起来的东西,亦会大胆地排斥打破之。"① 根据这一原则进行研究的结果,是"日本主义对内排斥基督教及非国家、非现世性的佛教,排斥既是保守的又是进步的儒教的一部分,对外则吸收德国的国家社会主义、英国功利实验主义的一部分"。②

根据高山樗牛的上述论述,我们不难发现,他所说的"对内外事物选择取舍"的"态度"其实与国粹主义并没有实质性的差别。国粹主义虽然主张保存国粹,但并不是高山樗牛所说的"独断的"、"保守"的主义,在对待外来文化、事物的态度上,国粹主义者也是主张"以日本文化的胃"来加以"咀嚼",有选择地进行吸收、融化。所以高山樗牛在这一点上对国粹主义的批判应该说与事实是不相符合的。以我们的观察,二者之间如果说有差别,那就是"日本主义"比"国粹主义"在思想表述上更加直接、明朗,它清楚地把维护"国体"、遵从"教育敕语"视为日本国民的道德准则或者说是所谓"民性",并且坦率地表达了它的喜好和"对内外事物取舍选择"的结果。当然,它的"国家至上主义"的选择结果与国粹主义也是有明显差异的。

高山樗牛的"日本主义"不仅在对内问题上提出了露骨的国家至上主义主张,在对外侵略扩张方面更是公然鼓吹"帝国主义"的"一块招牌"。

---

① 高山林次郎:《国粋保存主義と日本主義》,《太陽》1898 年 4 月第 4 卷第 10 号。
② 同上。

在《帝国主义与殖民》一文中，高山樗牛称："凡是在发展的过程中没有领土以及殖民地的膨胀，没有厉行帝国主义的国家，必然会走向衰亡。"① 他认为，"殖民事业的扩张是国民性情的正当发展"，"帝国主义"即是"不给予属邦或殖民地的异人种与本国人相同的权利，自始至终凭权力关系在异邦人与本国人之间规定主从差别的主义"。② 这里高山樗牛提出了保证国家强大的两个"秘诀"：第一个，即是要向外膨胀，在海外"开疆拓土"，建立自己的属国或殖民地；第二个，在殖民地经营的问题上，要始终贯彻征服者与被征服者的主从差别以及"权力关系"。也就是高山樗牛所说的"帝国主义"。对于"厉行帝国主义"的必要性，高山樗牛通过古罗马帝国的兴衰以及盎格鲁-撒克逊人的海外殖民等这些历史实例进行对比，指出："不伴随帝国主义的征服或殖民通常都会以失败而告终。以平等的原则看待世界人类，不去树立人类之间的主从内外差别，像罗甸民族的殖民政略那样（结果招致来的是自己国家的衰亡），今天世界主义者流所谓实行人道大义（的主张）或与之相近，而如果由于（殖民地的）分离或独立招致母国的衰亡，这种人道大义难道不是毫无益处？凡国家扩大其版图，营造其殖民地，终究是希望自己的国家强大繁荣，为了自己国家的强大繁荣进行征服、殖民，反而却招致自己国家的衰亡，其所谓的人道大义毋宁说是对国家的一大罪恶。"③ 他强调，日本对于"将来日渐隆盛的海外殖民地"必须"尊奉盎格鲁-撒克逊人的帝国主义而不能有所违背"。④

与前述志贺重昂、三宅雪岭等国粹主义思想家对丰臣秀吉的"推崇"有所不同，高山樗牛不仅从理论上确立了殖民主义、帝国主义的"正当性"和"必要性"，而且将殖民扩张提升到了"日本国民天职"的"高度"，强

---

① 高山林次郎：《帝国主义と殖民》，《太阳》1899年3月第5卷第6号。
② 同上。
③ 同上。
④ 同上。

调"日本民族自古以来即是殖民的、征服的、航海的"。① 为了论证他的主张，高山樗牛煞费苦心地从《古事记》中寻找依据，他认为"出云民族的祖先须佐之男命与降临在日向高千穗的天孙人种都是踏着海浪远航而来登上（日本）陆地，并开始殖民的"，也就是说，自从日本人的祖先"天孙降临蜻蜓洲"以来，即开始了殖民冒险。日本的建国历史原本就始于殖民，因此，当代的"殖民事业是日本国民先天特性的自觉"。②

通观高山樗牛"日本主义"思想的各个侧面，我们不难发现，在很多方面它的确是承袭了国粹主义的精神旨趣，是对国粹主义的发扬光大。如果将"日本主义"看做是国粹主义"改造物"的话，那么，这一"改造物"可以说是阉割了国粹主义思想中强调国民权利的积极的一面，而保留并强化了其国权主义的一面。换言之，也就是说国粹主义的"合理内核被窒息，正题异化为悖论"，而"腐朽的东西借新说愈呈猖獗"③ 了。

◇◇ 本章小结

甲午战争结束以后，政教社第三次发行《日本人》，以此作为其言论活动的新起点。通过本章的分析可以看出，与"第一次《日本人》"时期相似，"第三次《日本人》"时期政教社的言论活动依然是沿着内政外交两条主线展开的。作为监督政府的一种舆论存在，《日本人》和《日本》报一方面对政府以"增加税收"、"军备扩张"为主要基轴的"战后经营"政策提出批评，体现出其一以贯之的关注民生、"匡世济民"的"国民主义"立场，另一方面又继续延续着"对外强硬"的思想传统，积极谋划向亚洲的

---

① 高山林次郎：《殖民的国民としての日本人》，《太阳》1899 年第 5 卷第 6 号。
② 同上。
③ 郑师渠：《晚清国粹派》，北京师范大学出版社 1997 年版，第 154 页。

势力扩张。从其言论活动的大致方向来看，甲午战争以后的政教社似乎又回到了当初的原点，即"对内强调国民权利的保障，对外强调国权的伸张"依然是政教社思想主张的核心内容。但是，在甲午战争后日本国民整体国家意识、大国化意识急剧膨胀的时代背景下，政教社的内政批判已经难以在社会上引发人们广泛的共鸣，而且由于自身的思想始终受"国权主义"的制约，甲午战争后政教社的言论活动进一步弱化了与政府对立的立场。另一方面，随着时代风潮的转变，以"国粹保存"、"国粹彰显"为主旨的国粹主义文化主张早已经褪尽了往日的颜色，失去了在思想界存立的依据。总之，在跨过甲午战争这道重要的历史分水岭以后，政教社的国粹主义也完成了它的历史使命，退出了日本思想界的舞台。而其余韵则为高山樗牛的"日本主义"所承袭并被发扬光大，在其后日本近代史的发展过程中，或明或暗，发挥了重要的作用。

终　章

国粹主义的性格特质及其历史意义

一　国粹主义的性格特质

从明治二十年代初三宅雪岭、志贺重昂等人成立政教社、提出"国粹保存主义",到明治二十年代末(甲午战争以后)国粹主义的退潮,其间随着日本国内以及国际形势的流动变化,国粹主义的面貌也在发生着改变,呈现出较为明显的阶段性特征。通过前面四章内容的分析阐述,我们对国粹主义的形成、发展、流变和最终归宿可以有一个粗线条的勾勒。

(1)"第一次《日本人》"时期,国粹主义的言论活动主要集中在内政批判方面。政教社同人从文化、政治、经济、外交等各个方面提出了自己的建言和主张,试图践行《日本人》创刊时立下的"选择与日本人民之意匠及存在于日本国土之上的万般围外物相适应的宗教、教育、美术、政治、生产制度,以此来裁断日本人民现在未来之向背"的誓言,探索一条适合于日本国情的近代化发展之路,并努力使国粹主义理论化、体系化。这一时期可谓政教社同人对其国粹主义主张阐述最为集中的时期。

(2)《亚细亚》以及"第二次《日本人》"时期,国粹主义在时事政治方面的言论风向标发生了明显的变化,由过去的注重内政批判转向了注重对国际问题的探讨。具体来说,即是讨究日本帝国如何扩大版图,如何向外扩张。尤其是在亚洲问题上,国粹主义者以"历史主义"的眼光、以弱肉强食的社会达尔文主义为理论依据,对日本征服朝鲜半岛、侵略中国、殖民亚洲的"合理性"、"必要性"进行了多方论证,不仅为明治政府的亚洲侵略扩张提供了文化理论上的支撑,而且在煽动人心一致向外、营造日本向亚洲侵略扩张的社会舆论氛围方面更是起到了"言论领袖"的作用。可以说,国粹主义完全充当了征亚、侵亚的急先锋。与对外膨胀的舆论相适应,国粹主义者的文明观、文化论也发生了质的改变,由起初抵御西方的文化入侵,维护日本民族精神文化的独立转化为强调日本民族优越的"日本民族优越论"。

(3)"第三次《日本人》"时期,国粹主义开始逐渐淡出了日本言论界舞台的中心位置。经由中日甲午战争,日本的国际地位实现了逆转,不仅成功地摆脱了过去被西方列强压迫欺凌的命运,更是摇身一变坐上了"料理人"的坐席,开始以帝国主义者的姿态出现在了瓜分中国的列强阵营里。此时日本人的国民心态早已经不是当初鹿鸣馆时代"唯欧风是拟、西人是仿"的卑屈与盲从了,随着战胜而来的是大国意识的膨胀。在这样的时代氛围中,以"国粹保存"、"国粹彰显"为主旨的国粹主义自然已经成了过时的理论。甲午战争以后政教社还继续存在,《日本人》《日本》的言论活动也还在继续,但是,"国粹主义"已经不再是政教社思想集团的主张,政教社的言论影响力也已非昔日可比。时代的更替必然会带来思想言论界的"新陈代谢",随着国粹主义的退潮,高山樗牛的"大日本主义"成了引领时代新潮流的一面旗帜。

通过对国粹主义的形成、发展、流变轨迹的考察和分析,我们不难看出国粹主义所具有的如下一些性格特征。

第一,国粹主义并不是一种抽象的文化理论体系,也不是闭锁在象牙塔中静止不动的空泛的哲学思辨,而是一种"与时俱进"的社会实践的指导原则,"是在现实社会中经过锤炼的行动指针"。[①] 它所体现的是在明治时

---

① 中野目徹:《政教社の研究》,思文閣1993年版,第146頁。

代这个历史发展的特殊时期，日本青年知识分子对国家发展方向的思考。国粹主义虽然以"保存国粹"、"彰显国粹"这一文化理论作为对其思想主张的概括，但事实上，国粹主义思想并不仅仅局限在文化方面，而是广泛涵盖了文化、政治、经济、外交、军事等多个侧面的内容。确切地说，国粹主义试图展现的是不同于明治政府的另外一种国家发展构想，或者说是试图对明治政府的国家发展路线进行修正。

第二，在一定意义上说，国粹主义其实也是一股充满了在野性和批判精神的政治势力。首先，国粹主义者虽言"国粹保存"、"国粹彰显"，但其真实的意趣并不在于对某一种可称得上是"国粹"的传统文化的守护，他们没有把精力也没有把兴趣投向对"国粹"的甄别、筛选方面来，他们所言的"国粹"指的是"国民性"和一个民族国家的"民族精神"、"国民精神"，所谓的"国粹保存"、"国粹彰显"实际上是要"以日本历史、传统、文化的独特性来表现日本人的姿态和气概"，① 强调的是国民精神的独立不羁。其次，国粹主义的言论活动从一开始就带有浓厚的政治色彩，对欧化主义的批判，对藩阀政治的抨击，对政府产业政策的批评，对社会问题、劳动问题的关注，对实际政治运动的参与等，都凸显出其明显的政治倾向。再次，国粹主义在发展流变的过程中，在较早的时候，其文化色彩就开始逐步减退。国粹主义兴起之初，政教社同人也曾经尝试着去建构国粹主义的文化理论体系，但因为国粹主义本身并非"发思古之幽情"，而是意欲反抗政府的"外柔内硬"，动机本身即是出于政治目的，所以其文化理论基础必然先天薄弱。再者对于什么是"国粹"，政教社同人各自的理解也不尽相同。虽然志贺重昂将其归结为"国民性"，算是政教社同人的共识，但在他们对各自的国粹主义思想主张的阐述中又常常会出现逻辑的混乱。如志贺重昂把日本风景、日本人的审美情趣视为日本的"国粹"，菊池熊太郎又把

---

① 松本三之介：《国权与民权的变奏——日本明治精神结构》，李冬君译，东方出版社 2005 年版，第 112 页。

国民对皇室的情感视为日本的"国粹",对于国粹为何物,国粹主义者们终归没有给出令人信服的完整结论。最后,随着日本国内以及国际局势的变化,政教社同人对于国粹主义文化理论的建构不了了之,而将言论活动的中心完全集中到了"政治"上来。尤其是到了《亚细亚》以及"第二次《日本人》"时期,国粹主义在朝鲜半岛问题、中国问题等关乎日本外交策略走向的重大时事问题上不仅建言立说,而且还成立活动团体为推动明治政府实施"侵亚主义"、"征亚主义"策略奔走呼号,由此可见,政教社国粹主义完全可以称得上是一股不可小觑的在野政治势力。尽管其政治参与方式不是直接的对政治权力的角逐,而是以发表时论、政论的言论活动的方式对明治政府的内政外交进行批评,但是作为一种社会舆论,这种间接的政治参与方式对明治政府的内政外交无疑产生了不可忽视的重要影响。

第三,从国粹主义所倡导的思想主张来看,国粹主义与明治政府的国家主义之间既存在异质性,也存在一部分交集。这是我们把握国粹主义思想本质特征的关键和核心所在。

首先,从文化建设的方向上来看,国粹主义是作为对明治政府极端欧化主义政策的反对登上历史舞台的。国粹主义反对明治政府推行的全盘西化的近代化路线,倡导"国粹保存"、"国粹彰显",主张重新认识日本乃至亚洲传统文化的价值,强调要以符合日本的民情、国情为前提,有选择地吸收西方文化。与明治政府文化上的"脱亚入欧"战略不同,国粹主义对于亚洲的传统文化表现出了高度的认同。但是国粹主义反对欧化主义,却并不反对近代化本身。国粹主义不是"煤油灯亡国论"者之流的顽固守旧主义,对于学习西方先进文明之于国家建设的必要性和重要性,国粹主义者有着清醒的认识。

其次,在政治建设方面,国粹主义的政治主张是希望建立一种"完备的立宪政治"体制,强调国民的政治参与,主张由人民来监督政府,以防止政府的专权、独断与腐败。这与打着"立宪主义政治"的幌子而行专制主义之实、将国民的存在视为"空气"的明治政府的国家至上主义形成了鲜明的对比。但是，另一方面，国粹主义者又都是天皇崇拜者和"国体护持论"者，在维护绝对主义天皇制、要求日本"臣民"克忠尽孝这一点上，国粹主义与明治政府的国家主义可谓神韵、气脉相通。正是因为这一点，国粹主义对于明治政府专制政治的反抗和批判始终没有超出"家族国家"理念的束缚。所以，国粹主义尽管有拥护自由民权的积极的一面，但终究算不上真心实意的"民主、自由"的捍卫者。

再次，在经济发展的构想方面，如果说明治政府的经济思想可概括为"国富论"的话，那么，国粹主义的主张我们不妨称之为"民富论"。明治政府的"殖产兴业"政策主要是以服务于"富国强兵"、"军备扩张"为目标的，如作田启一所言，日本政府推行的"产业主义并非以生活满足价值为目的，甚至可以说是以此为牺牲，它是为追求'贡献价值'而被导入的"。[①] 也就是说，明治政府的产业政策是以牺牲广大民众的福祉为代价的。与明治政府的国家主义经济思想有所不同，国粹主义者反对不顾民力的军备扩张，主张政府节约开支，减轻农民的地税负担，以"增殖其生产力"。此外，他们还提出了较为具体的发展贸易、发展生产、增殖国民财富的"富民"计划。尽管其经济构想并不成熟，存在很多牵强附会之处，但是其宗旨是明确的，那就是希望所有的人都能够丰衣足食，消除"经济世界中财富分配的不均"。国粹主义者反对官商勾结，对于下层劳动者的贫困和他们所受到的剥削压榨给予了同情和关注。如在"高岛煤矿虐待矿工事件"上，国粹主义者能够为下层劳动人民呼吁，表现了其难能可贵的人道主义关怀。将国粹主义的经济思想与政治思想结合起来观察，不难看出在国粹主义思想里，"国民"是一个重要的存在。在这个意义上而言，"国粹主义"的意识形态有其积极进步的一面。但是，国粹主义者并非和平主义的爱好

---

① 转引自富永健一《日本的现代化与社会变迁》，李国庆等译，商务印书馆2004年版，第119页。

者和倡导者，他们主张休养民力，增殖国民财富，并不是反对军备扩张，而只是强调要在"民富"的基础之上以渐进的方式来实现"富国强兵"。用松本三之介的话来说，即"国粹主义者几乎都是毫不含糊的富国强兵论者，也是充满自信的民族主义者。他们追求国家富强，可并没有从政府出发，走'自上而下'之路，而是从'地方的全体人民'的实际生活出发，走'自下而上'的在野之路"，[1]"他们主张文明开化要与下层的国民生活相结合，使开化转向适应国民生活的实际状况"。[2]

最后，如果说在上述文化、政治以及经济等内政方面国粹主义与明治政府的国家主义之间存在差异的话，那么在对外意识方面，国粹主义则与明治政府的国家主义之间存在着完美的契合之处。对于明治时代的日本来说，抵御西方势力的压迫、维护民族独立与处理同亚洲国家的关系，是其国际交往过程中难以回避的两大主题。对于西方国家，明治政府的基本态度是在"对外和亲"的同时，修改幕末以来签订的不平等条约，确立国家主权的独立。对于亚洲，则不仅要谋求确立对于中国、朝鲜等近邻诸国的优势地位，更有"吞并朝鲜"、"割满蒙"、称霸东洋的"宏远规划"。从实质而言，国粹主义"伸张国权"的要求与明治政府的长远"外交规划"并不冲突。国粹主义者虽然曾经站在政府的对立面对不平等条约的修改给予了猛烈的抨击，但是其立场是要求明治政府"对外强硬"，排斥政府以一味屈从、取悦欧美的欧化主义做派为不平等条约的修改赢取"筹码"的做法，二者之间只不过是主张的策略不同而已，在维护日本的主权独立、伸张国权的目标方面并无实质性的差异。而在鼓吹日本向亚洲侵略扩张、谋求日本海外膨胀方面，国粹主义与明治政府的国家主义基本处在同一轨道上。可以毫不夸张地说，在对外"宣扬国威"、"伸张国权"、谋求日本向外膨胀

---

[1] 松本三之介：《国权与民权的变奏——日本明治精神结构》，李冬君译，东方出版社2005年版，第117页。

[2] 同上书，第116页。

方面，国粹主义者不仅是明治政府的"同谋"，而且扮演了重要的"舆论推手"和急先锋的角色。套用西方学者的话来讲，即"他们可能在方法上有所不同，反映他们行为的话语框架也可能差别很大，但他们都在日本开始其最初的'帝国主义'冒险尝试时，巩固着这个国家的基础"。① 这也是我们在评价国粹主义的时候必须要彻底厘清的地方。

综上所述，我们认为明治二十年代初形成的政教社国粹主义并非仅仅文化意义上的"文化国粹主义"，它实际上是一种涵盖了文化、政治、军事、产业、外交等多种内容的、兼有文化与政治双重色彩的"自下而上"的民族主义思潮。国粹主义既非完全健康的民族主义，也不是彻底保守、反动的"国家主义"，它的思想主张中既包含着健康合理的成分，也裹杂着反动腐朽的糟粕。国粹主义经历了一个由防御型民族主义向进攻型民族主义蜕变的过程，其思想内涵是流动变化的。总体来看，对内强调国民的存在，对外强调日本国权的伸张是其言论活动的两个变量，而追求日本国家利益的最大化则是其思想主张的核心。国粹主义与明治政府国家主义之间存在着的诸种矛盾与对立，都只不过是方法与途径的选择不同而已，在"富国强兵"、实现"与万国对峙"，进而使日本"雄飞海外"的国家总体目标指向上，国粹主义与明治政府的国家主义是完全相通的。

日本一些学者将国粹主义等同为爱国主义，将国粹主义者的内政外交言论活动看作是爱国心的表现，一些欧美学者也认为，"尽管亚洲主义的理想与政府的西化政策相对立，但还是显示出一种强烈的'爱国主义'"，② 但是，我们说真正的爱国主义者应该是"持有一套特殊的政治原则及一种与现代民族主义大不相同的公民观念相联系的实践"，③ 真正的爱国主义"在

---

① ［美］马里乌斯·B. 詹森主编：《剑桥日本史》第5卷，王翔译，浙江大学出版社2014年版，第692页。
② 同上。
③ 潘亚玲：《爱国主义与民族主义辨析》，《欧洲研究》2006年第4期，第85页。

拥有对国家的积极认同与对同胞的特殊关切的同时，并不排斥他者"[①]。而我们看到，国粹主义在强调日本文化、日本精神的独特性，抵抗西方列强压迫的同时，并没有忘记反过来贬抑、压迫中国这个"他者"。国粹主义者将弱肉强食的丛林法则视为人类历史发展的必然，将国家的强大建立在侵夺别国的领土、奴役别国人民的基础之上。如果说国粹主义是爱国主义的一种表现的话，那也只能说是一种具有强烈的，甚至可以说是恶毒的利己主义性质的"爱国主义"。

二 国粹主义的历史意义

《日本人》《日本》报是活跃在明治二十年代日本舆论界的两大媒体，其言论活动吸引了众多的有志青年。社会主义活动家堺利彦曾经回忆说："《国民之友》作为宣传新思想的杂志成为一般学生必读的杂志。我们对于德富苏峰以及民友社一派的崇敬和爱慕几乎是绝对的。……但是，《日本人》以与《国民之友》对立的形式出现时，我们又对三宅雪岭产生了崇敬之情。在文学上，无论是（尾崎）红叶的艳丽，还是（幸田）露伴的豪宕，都令我们如醉如痴。同样，在政治社会评论方面，无论是平民主义的苏峰，还是国粹主义的雪岭，我们都对他们（的主张）深信不疑。"[②] 明治时代著名评论家长谷川如是闲，据说从《日本人》第1号发行以来就一直是《日本人》的忠实读者。而陆羯南的《日本》报也堪称"文坛上的一大势力"。[③] 松本三之介评价说，陆羯南"办报文风焕然一新，摆脱了振假名的

[①] 潘亚玲：《爱国主义与民族主义辨析》，《欧洲研究》2006年第4期，第90页。

[②] 《堺利彦传》第111页，引自山本教彦、上田誉志美《風景の成立》，海風社1997年版，第130页。

[③] 《春汀全集》第2卷，第366页，转引自松本三之介《国权与民权的变奏——日本明治精神结构》，李冬君译，东方出版社2005年版，第119页。

文绉绉的汉语语调,那雄健的文笔、奔放的热情使青年们热血沸腾。在当时神田的寄宿舍里,都以订阅此报为荣"。[①] 由此足可见,三宅雪岭、陆羯南等倡导的国粹主义主张在当时的日本社会的确产生了重要的社会影响。

国粹主义的兴起是日本近代化由全盘西化走向民族化、本土化的一个历史拐点,因而其在日本近代文化发展史上毋庸置疑有着非比寻常的重要意义。当然,国粹主义作为明治二十年代的主流思潮之一,在日本近代思想史上也占有着不可或缺的历史地位。

首先,从文化发展的角度来看,国粹主义不仅在思想认识层面上提起了人们对于"近代化=西欧化"的反思,而且在日本近代文化的发展方向上也发挥了重要的指导作用。

现代化发端于西方,以其强大的军事科学技术和先进的工业文明征服了世界的各个角落,一个国家、一个民族要想在世界上以独立的姿态立足,现代化是其必由之路。尤其是在弱肉强食的近代,非西方国家要想摆脱被西方殖民主义者奴役的命运,唯一的途径便是向西方学习,走近代化的强国之路。因此,在现代化后发的非西方国家,西方文明往往被视为拥有绝对优越性的人类文明的楷模,现代化即等于西方化。日本在明治维新以后的前二十年走的基本上也是一条全盘西化的现代化之路。但是,"现代现象本质上是源于西欧文化基因的社会演化",[②] 现代化的理念、价值取向体现的是"西欧工业化国家中自由主义知识分子的世界观",因此当西方文明经由现代化的途径被移植到异质的文明土壤中的时候,必然会导致其"深层价值秩序的位移和重构",[③] 从而引发本土文化对西方文明的抵制和反击。明治二十年代国粹主义思潮的兴起即是这样的一个典型例证。国粹主义对

---

① 松本三之介:《国权与民权的变奏——日本明治精神结构》,李冬君译,东方出版社2005年版,第119页。

② 金鹏:《现代化进程中的文化民族主义》,《欧洲》1999年第2期,第48页。

③ 同上。

西方文明优越的绝对性提出质疑，反对"近代化＝西欧化"的近代化发展模式，主张在保持民族主体性的基础之上吸收西方先进的文明成果。国粹主义的思想理念为日本的近代化提供了另外一种思路，事实上也起到了促动日本近代化建设向着传统与现代融合的方向发展的作用，从而也为其后其他非西方国家的现代化建设提供了"淮橘成枳"的经验。在这个层面上来讲，国粹主义的历史意义不仅仅局限在近代，也不仅仅局限在日本，它实际上深刻地揭示出了非西方国家在走向近（现）代化的过程中无可规避的内在矛盾，即如何正确处理本土文化与外来文化、传统与现代的关系，如何在保持本民族文化主体性的基础之上吸收西方的先进文化。不可否认，即便在今天，国粹主义的这些思想也是人类智识宝库中一笔有价值的遗产。

国粹主义对于日本近代文化发展所产生的影响作用是显而易见的。明治时代的前半期，"日本文化的发展基本上是以在否定传统文化的基础之上摄取和消化西欧文物为基调的"。① 但是，到了明治十年代末二十年代初，日本文化的诸多领域都出现了堪称日本式"文艺复兴"的回归传统文化的新动向，如前面提到过的日本美术的再兴、日本古典文学的再发现，等等。这种"文艺复兴"现象的产生虽然并非受政教社国粹主义刺激的结果，但是，国粹主义的兴起无疑是将这种传统复兴的文化动向更加向前推进了一步，使其真正演变成了一场大规模的传统文化的复兴运动。国粹主义在促动日本国民文化自主意识的萌生方面发挥了不可忽视的作用。

国粹主义对于日本文化发展的意义不仅仅是唤起了人们对于传统的重视和热爱，更重要的是它赋予了人们对于传统的革新意识和创新意识。国粹主义并不主张文化上的排外守旧，而是强调在维护日本文化主体性的同时有选择地吸收西方文化，主张在融合东西方文明的基础上创造出日本独特的文明，如日本学者石田一良所言："国粹主义并非以单纯固守传统为目

---

① 石田一良编：《思想史·体系日本史丛书·23》，山川出版社1979年版，第286页。

的，毋宁说它是以诱发革新的形式出现的"。① 在这方面堪称表率的是《日本》报社成员正冈子规发起的俳句革新、短歌革新运动。正冈子规认为："像代代敕撰集这样的文学作品，作为日本文学之城墙，实在是不堪依靠。如此单薄的城墙，一发大炮，即可将其击得粉碎。"② 他主张和歌、俳句的创作应该使用当代的语言，反映新时代的精神，如此传统文学才能在新的时代焕发新的生命力。他说："我丝毫没有破坏国歌之意，只希望使日本文学的城墙变得更加坚固，不管那些外国大胡子们是用大炮轰，还是用地雷的火来烧，都能够岿然不动。"③ 正冈子规希望通过对传统文化的革新，在传统文化中注入时代的气息，使这些"迄今为止已经频临枯死的艺术、表现形态"④ 重新作为国民文化获得再生，并且试图通过传统文化的自我更新和换血，来强固日本文化的根基，与欧美文化相抗衡。正冈子规发起的俳句革新运动、短歌革新运动可以说正是国粹主义的一种文化实践。

国粹主义思潮对于明治二三十年代日本文化发展的影响是多方面的。明治三十一年（1898）四月，田中仙樵设立大日本茶道会，在其"旨趣书"中就曾这样写道："明茶道之本旨，以保存国粹，外则示宇内万国，内则成修身齐家之基础，以欲报国家。"⑤ 这便将日本传统文化之一的茶道的再兴与国粹保存联系了起来。明治三十二年（1899）五月十九日《京华日报》上出现了新桥伊势勘的"日本国粹御料理"的广告。⑥ 可见，国粹主义思潮

---

① 石田一良编：《思想史・体系日本史丛书・23》，山川出版社 1979 年版，第 286 页。

② 正冈子规：《歌よみに与ふる書》，引自石田一良编《思想史・体系日本史丛书・23》，山川出版社 1979 年版，第 287 页。

③ 石田一良编：《思想史・体系日本史丛书・23》，山川出版社 1979 年版，第 287 页。

④ 同上书，第 286 页。

⑤ 田中仙樵：《茶道改良論》，講談社学術文庫 1992 年版，第 92 页。转引自中野目徹《政教社の研究》，思文閣出版 1993 年版，第 308 页。

⑥ 参见中野目徹《政教社の研究》，思文閣 1993 年版，第 308 页。

的影响已经波及了日本文化生活的各个方面。

值得一提的还有志贺重昂对日本风景美的再认识以及他的国粹主义地理学给予后人的影响。志贺重昂的国粹主义名著《日本风景论》不仅将日本风景的美展现在了世人面前，唤起了日本国民对于日本风景的热爱，同时"改变了人们以前形成的日本三景式的传统自然观"，[①] 在地理学知识的普及方面也起到了启蒙的作用。志贺重昂提出的"应当兴登山之风气"的主张更是激励了人们向大自然发出挑战的勇气。在《日本风景论》的影响下，登山作为一种近代市民社会中的趣味吸引了不少年轻人的目光。

总而言之，明治中期以后，日本的传统文艺、美术、文学等再次获得生命力，传统的伦理道德、价值观念重新得到确认和发扬，日本人的自我文化认同意识得到了进一步强化，日本文化的发展摆脱了明治初期对欧美文化的狂热追捧和盲信，开始逐步走向本土文化与外来文化的融合，为日本近代文化的形成奠定了重要的基础，这些与国粹主义思潮的影响是密不可分的。在这个意义上说，国粹主义对日本近代文化的发展乃至日本文化发展模式的形成都产生了深远的影响。

其次，从思想史的角度来看，作为在日本近代民族国家建构过程中出现的一种民族主义思潮，国粹主义对于近代日本人民族自我意识的确立产生了重要的影响。国粹主义反对与欧美同化的民族虚无主义主张，强调民族精神的独立，主张在维护日本民族文化主体性的前提下有选择地学习西方文明中的优秀成果。在日本的民族独立面临威胁的情势下，国粹主义的思想主张无疑是给陶醉在欧化主义带来的文明幻觉中的日本人敲响了一次

---

① 石田一良编：《思想史・体系日本史丛书・23》，山川出版社1979年版，第286页。另注：日本三景式自然观，指的是以松岛、天桥立、宫岛三处景观为日本自然之美的代表的观念。江户时代初期，儒学家林春斋游历日本全国，在《日本国事迹考》中提出松岛、天桥立、宫岛三处景观为日本自然美之最，故命名为"日本三景"。此后"日本三景"在和歌等文学作品中广为讴歌赞颂，逐步形成了一种审美的定势思维。

警钟。国粹主义的兴起唤起了日本人的民族自觉和民族独立意识，在促使人们摆脱一味追随欧美的自卑心态、树立民族自尊等方面发挥了积极的作用。但是，另一方面，如前所述，国粹主义的发展经历了由防御型民族主义向进攻型民族主义的蜕变，在后一个阶段，国粹主义者鼓吹殖民主义，宣扬日本民族优越思想，强调日本要向亚洲进行侵略扩张，作亚洲的霸主。国粹主义的思想主张不仅为日本政府的亚洲侵略政策提供了文化理论上的支撑，而且他们的言论活动对于推动日本以"国民的规模"走向集体反动也起了不可忽视的作用。尤其需要指出的是，国粹主义宣扬的日本民族优越论和日本凌驾于亚洲之上的"日本振兴亚洲天职论"及其"国权主义"思想主张不仅是日本近代民族主义的重要思想组成部分，也是当代日本民族主义的重要思想渊源。

三 余论：对日本近代民族主义的几点文化思考

近代日本的民族主义发端于幕末"开国"时期，是对西方势力入侵所做出的本能反抗。无论是"尊王攘夷"，还是"尊王开国"，初期日本民族主义迫切要解决的是如何抵御西方列强的入侵，维护日本的国家独立。明治维新以及近代民族国家的建构也是以这一民族主义的诉求为前提条件的。但是日本近代民族主义的运动轨迹又远非这么简单，几乎是在抵御西方势力入侵的同时，向亚洲谋求势力扩张的思想就已经在暗流涌动。随着日本近代民族国家形态的逐步确立、日本国力的不断增强，日本侵略亚洲的锋芒毕露。以中日甲午战争为转机，日本近代的民族主义完成了由帝国主义对立物向帝国主义的蜕变。国粹主义作为日本近代民族主义的一个支流或者说民间民族主义的一种表现形态，其形成、发展和流变即清晰地呈现出这样的一个轨迹。本书的研究结果表明，国粹主义在兴起之初，其对外的矛头指向主要是西方国家。国粹主义无论在文化上还是在政治上，强调的都是日本之于西方的独立。对于亚洲,如果抛开动机不谈,总体来看,国粹主义者大都属于亚洲主义者。强调亚洲一体、形成亚欧对峙是他们的共同诉求。国粹主义者中的一部分人最初也曾有过中日提携、联亚兴亚的思想,但是随着中国的进一步衰败、亚洲局势的进一步恶化,国粹主义者的"亚洲观"便很快发生了逆转。到甲午战争前夕,"兴亚"思想已经被"征亚"思想所取代,或者说"兴亚"变成了"征亚"的口实,国粹主义已经由防御型民族主义过渡到了进攻型民族主义的阶段。

那么,国粹主义为什么会出现上述质的蜕变,日本近代民族主义又为什么会具有这种双面复杂的性格特征,这是一个值得我们深思的问题。在绪论中,我们曾经指出,民族主义是一种历史进程,在不同的国家、不同的历史时期,民族主义的表现形态是不一样的。民族主义有什么样的目的诉求,不仅与该民族国家所处的国际环境、国内政治社会状况有关,而且还取决于它所根植的文化土壤。即一个民族的文化价值观取向是左右其民族主义发展的一个重要变量。我国学者沈仁安也强调应该从日本文化、民族性格的角度入手,来探寻其缘由。① 那么,有哪些文化要素可能会对日本近代民族主义的发展产生影响呢?以笔者的管窥之见,至少下面几点值得考虑。

第一,现实主义的文化价值观取向。美国文化人类学家鲁斯·本尼迪克特在《菊与刀》中指出:"日本人所划分的生活'世界'是不包括'恶的世界'的。这并不是说日本人不承认有坏行为,而是他们不把人生看成是善的力量与恶的力量进行斗争的舞台。他们把人生看做是一出戏,在这出戏里,一个'世界'与另一个'世界'、一种行动方针与另一种行动方针,相互之间要求仔细酌量平衡,每一个世界和每个行动方针,其本身都是善良的。如果每个人都能遵循其真正的本能,那么每个人都是善良的。"②

---

① 参见戴宇《志贺重昂国粹主义思想研究》"序言",吉林教育出版社2009年版。
② 鲁斯·本尼迪克特:《菊与刀》,吕万和译,商务印书馆2002年版,第137页。

也就是说，日本人没有超越一切的绝对道德标准，或者说是"对超越日常生活的价值和权威不负有责任（不承担义务）"。①人们可以"遵循自己的本能"，按照自己对事物本身直觉式的认可和评价，或者依据当时的情境先做出现实利益得失的判断，再来决定自己的行为。日本人的这种"没有受到超越价值束缚的"行为模式或者说价值取向即通常人们所说的"现实主义"。日本学者加藤周一也将它称为"便宜主义、大势顺应主义"，并指出，"在日本，不是改变环境，而是'环境'改变"。日本人"对于难以预想的变化，即对于忽然出现的现在的情况，做出迅疾反应的心理技术很发达"。②或者换个说法，也即"日本是一个可以为实现利益而调节正义的极便利的国家"。③明治时代无论是福泽谕吉的由"脱亚"到"侵亚"，还是国粹主义者的由"兴亚"到"征亚"，这种亚洲意识的转变都充分体现出了日本人"现实主义"、机会主义、"大势顺应主义"的文化性格特征。正是由于存在这样不受超越价值约束的现实主义的文化价值取向，近代日本几乎是无批判、无抵制地接受了社会达尔文主义所宣扬的"弱肉强食"的赤裸裸的帝国主义理论，在西方帝国主义潮流的裹挟中，日本以举国规模一步一步走上了欺凌亚洲、侵略中国的道路。

第二，奉行实力主义原则，崇尚强者而藐视弱者。日本是一个从不甘于落后的民族，善于向强者学习、愿与强者为伍是其民族文化性格中的一个显著特征。近代以前，日本曾长期以中国为师，明治维新以后则是"聚精会神"地盯着西方国家这朵"坡上的云"一路追赶。崇尚强者，通过向强者的学习使自己变得强大，通过依附强者而追求国家利益的最大化，这对于弱小国家而言原本也是无可厚非的，但是，日本对于强者的依附却往

---

① 加藤周一：《日本文化论》，叶渭渠等译，光明日报出版社2000年版，第240页。
② 同上书，第247—249页。
③ 堺屋太一：《日本とは何か》，講談社1992年版，第154頁。

往意味着对弱小者的蔑视甚至是欺凌。加藤周一指出:"日本人的外国观,有两个自古以来就明显存在的模式。其一,是强调日本的落后面,采取将特定的外国理想化的态度。其二,是强调外国的落后面,采取将日本理想化的态度。"① 日本学者浅井基文也指出:日本的外交特征是"如果认为对方比自己强,就会很顺从、很听话;如果认为对方不如自己,就会颐指气使,这样的姿态至今仍然持续着"。② 可见,以实力主义划界,敬畏强者而蔑视弱小是日本在处理外交关系时一贯的作风和行为取向。

在无国际道义准则的约束、盛行弱肉强食、"强权即公理"的近代,日本这种一味追随强者而蔑视弱小的行为价值取向极易获得畸变和恶性膨胀的空间。鸦片战争以后,当看到中国在西方列强的侵凌之下一败涂地的时候,日本已经有一部分人对中国产生了蔑视和觊觎之心。如幕末志士吉田松阴提出的"收琉球,取朝鲜,拉满洲,压支那……使神功未遂者得遂,丰国未果者得果"的"善保国之策"和"失之于俄美,取偿于满鲜"的构想即如此。明治维新以后,日本在尚不具备近代民族国家的雏形,且自身还依然套着不平等条约的枷锁的时候,便急不可耐地想效仿西方列强,试图把自己多少年来努力废除的不平等条约强加到中国的身上。福泽谕吉在《脱亚论》中把西方国家视为日本需要亲近并依附的盟友,而把中国以及亚洲其他邻国则视为"等而下"的甚至是可以加以蹂躏的"野蛮"国家,主张日本要"谢绝亚细亚之恶友","与西洋文明共进退",这些无一不是源自于狭隘浅薄的唯强者马首是瞻的思维。即便是反对欧化主义、主张"亚洲一体"的国粹主义者,他们也没有平等对待亚洲国家的包容和兼济意识,他们真实的思想动机是一方面谋求以平等的身份加入欧美列强的队伍,另

---

① 加藤周一:《日本文化论》,光明日报出版社 2000 年版,第 322 页。
② 浅井基文:《大国日本的选择:联合国安理会与日本》,劳动旬报社 1995 年版,第 49 页。转引自沈海涛《日本国家战略与东北亚外交》,吉林人民出版社 2006 年版,第 33 页。

一方面以"亚洲的先觉者"和"文明国家"的姿态，着力强调日本之于亚洲国家的优越地位，意图凸显日本领导亚洲的合理性和必要性。日本近代民族主义之所以从帝国主义的对立面走向帝国主义，笔者以为与日本民族自身的这种过分崇尚强者的行为取向有着密切的关联。

第三，前近代文化民族主义的遗产。近代以前，日本一直游离在东亚封贡体系的边缘。由于自身历史文化的滞后，日本不得不汲取中国文化的养分来弥补自身的不足，通过向中国的学习加快自身文明成长的步伐，但是日本知识界对于中国的"审视"在历史的演进中似乎从未停止过。17世纪后期，日本便出现了一股以中国为"他者"的民族主义思潮。[①] 解构儒教文化体系与中国对抗，同时完成"日本属性"的创建[②]是其主要特征。近世文化民族主义的表现形式不一而同，如熊泽蕃山、山鹿素行等的神儒之辩，荻生徂徕对圣人之道、先王之道的阐释以及各种神道流派的层出不穷，都表明了日本知识分子意图在文化上与中国相抗衡并试图确立日本优势地位的努力。这里尤其值得一提的是对后世产生了深远影响的"国学"。"国学"萌芽于江户时代前期，由契冲首创，经荷田春满、贺茂真渊、本居宣长到平田笃胤而集大成。国学派通过对《万叶集》《古事记》《源氏物语》等日本古典的研究和重新阐释，不仅确立起了一套"去汉意，尽显大和心"的日本固有文化的体系，而且重新确定了日本历史的"神性"。在国学者建构的历史体系里，日本的国土与子民都是由天神创造的，古代王权的历史即神代的延续。"日本是神的御子孙，是皇产灵神直系的万世一系的天皇而治之的世界无比尊贵的国家"，[③] 因而日本民族、日本文化都是神圣的、特殊的、优越的。国学者对日本文化的"提纯"以及对日本历史的言说"背后

---

① 向卿：《日本近代民族主义》，社会科学文献出版社2007年版，第70页。
② 参见张宪生《试析日本近代民族主义的历史背景》，《东南亚纵横》2007年第8期，第85页。
③ 叶渭渠：《日本文化通史》，北京大学出版社2009年版，第307页。

隐含着针对中国历史文化的强烈对抗意识"是自不待言的。如不少学者所言,在国学者的眼里,中国一直都是一个"难以忘却的他者"①。国学中的尊皇观念为后期水户学所承袭,发展成为国体思想,不仅成为明治维新的思想渊源,也对整个日本近代史的发展产生了深远的影响。另外,需要特别提及的是,在17世纪中叶,中国出现了明清更替以后,日本人的对华意识已发生了巨大改观。日本人将明清更替视为"华夷变态",认为中国已落夷狄之手,不能再称为"中华",而日本则承袭了汉唐的正统,日本才是"中华"。日本据此确立了以自我为世界中心的"华夷秩序观",并开始了"成为东亚中心的自我想象"。②

如上,经过近世文化民族主义者对中国文化的解构和对日本文化主体性的确立,在进入近代以前,中国就已经成了日本攻击和压迫的"他者"。在探寻日本近代民族主义的文化根源的时候,前近代文化民族主义者留下的历史遗产是不可忽略的。

日本近代民族主义有过各种各样复杂的表现形态,当然其形成机制也极为复杂。仅就国粹主义而言,它的形成、发展和流变也是在日本国内外政治环境以及历史的、现实的、文化的多种因素作用之下实现的。但是,在所有这些因素里,笔者以为文化的因素是最深层、最隐秘,然而又是最为关键的。

"对民族、国家、文化的爱戴,属于个体对其所属群体的自然情感,是集体认同、文化归属的内在要求,并因此发出对外要求承认和要求尊重的愿望。对此……我们应该承认其存在的正当性。"③ 但是"爱国"不能突破人类道义的底线,不能把对自己民族的热爱建立在别的民族痛苦的基础之

---

① 叶渭渠:《日本文化通史》,北京大学出版社2009年版,第307页。
② 向卿:《日本近代民族主义》,社会科学文献出版社2007年版,第59页。
③ 吉尔·德拉诺瓦:《民族与民族主义》,郑文彬等译,生活·读书·新知三联书店2005年版,第6页。

上，不能把压迫甚至是牺牲他民族的利益作为维护自己民族利益的手段，否则，最后带来的必将是人类的灾难。然而，遗憾的是，围绕中日近代史上的恩恩怨怨，今天我们仍然常常会听到一些不和谐的声音。"没有受到超越价值约束"的日本将会走向何处，我们必须给予密切的关注。

参考文献

一　史料、工具书

1. 《日本人》《亜細亜》，東京政教社出版（拓印合订版，日本实践女子大学图书馆藏）。
2. 《志賀重昂全集》，東京志賀重昂全集刊行会1927—1929年版。
3. 《明治文学全集33·三宅雪嶺集》，筑摩書房1966年版。
4. 鹿野政直：《日本の名著37》，中央公論社1977年版。
5. 色川大吉：《日本の名著39》，中央公論社1978年版。
6. 西田長寿、植手通有：《陸羯南全集》，みすず書房1968—1985年版。
7. 植手通有：《陸羯南集》，《近代日本思想大系4》，筑摩書房1987年版。
8. 《日本人の自伝·5·徳富猪一郎·三宅雪嶺》，平凡社1982年版。
9. 《三宅雪嶺·自伝/自分を語る》，日本図書センター1997年版。
10. 《近代日本思想体系5·三宅雪嶺集》，筑摩書房1975年版。
11. 日本近代史料研究会編：《日本近代史料叢書C-3雑誌〈日本人〉·〈日本及日本人〉目次総覽I》，1977年版。
12. 《太陽》，東京博文社出版、日本近代文学館編集CD-ROM版、1999年12月版。
13. 《樗牛全集》，博文館1915年版。

14. 大久保利謙編：《近代史史料》，吉川弘文館 1972 年版。
15. 《日本現代文学全集 2》，講談社 1979 年版。
16. 芝原拓自、猪飼隆明、池田正博：《近代日本体系 12・対外観》，岩波書店 1988 年版。
17. 岡崎義恵：《明治文化史 7・文芸》，原書房 1980 年版。
18. 高坂正顕編：《明治文化史》第 4 巻《思想言論》，原書房 1980 年版。
19. 上野直昭：《明治文化史 8・美術》，原書房 1980 年版。
20. 松本三之介、山室信一：《日本近代思想大系 11・言論とメデイア》，岩波書店 1990 年版。
21. 柳田国男：《明治文化史 13・風俗》，原書房 1978 年版。
22. 日本弘道会編：《西村茂樹全集》第一巻，思文閣 2004 年版。
23. 歴史学研究会編：《明治維新史研究講座 5》，平凡社 1968 年版。
24. 歴史学研究会編：《明治維新史研究講座 4》，平凡社 1969 年版。
25. 《日本历史大系 4、近代 2》，山川出版社 1987 年版。
26. 《近代日本思想史講座 4》，筑摩書房 1959 年版。
27. 《日本思想史辞典》，山川出版社 2009 年版。
28. 《日本国語大辞典》第 1 巻，小学館 2006 年版。
29. 《大日本百科事典》，ジャポニカ—9、小学館 1980 年版。
30. 《世界大百科事典・10》，平凡社 2007 年版。
31. *Oxford Advanced Learner's Dictionary of Current English*，Oxford，1974 年。
32. 亚当·库珀、杰西·卡库珀主编：《社会科学百科全书》，翁绍军等译，上海译文出版社 1989 年版。

二　中文参考文献

（一）论文

1. 金鹏：《现代化进程中的文化民族主义》，《欧洲》1999 年第 2 期。

2. 吴小龙：《"国家主义"理论评析》，《中国青年政治学院学报》2004 年第 3 期。

3. 钱雪梅：《文化民族主义刍论》，《世界民族》2000 年第 4 期。

4. 郭洪纪：《资本主义化时期的国家主义及其变异》，《海南大学学报》（社会科学版）1997 年第 2 期。

5. 王联：《关于民族和民族主义的理论》，《世界民族》1999 年第 1 期。

6. 李兴：《论国家民族主义概念》，《北京大学学报》（哲学社会科学版）1995 年第 4 期。

7. 戚其章：《日本大亚细亚主义探析》，《历史研究》2004 年第 3 期。

8. 周丕启：《民族主义与国家建构》，《欧洲》1999 年第 4 期。

9. 姜鹏：《民族主义与民族、民族国家：对欧洲现代民族主义的考察》，《欧洲》2000 年第 3 期。

10. 王缉思：《民族和民族主义》，《欧洲》1993 年第 5 期。

11. 潘亚玲：《爱国主义与民族主义辨析》，《欧洲研究》2006 年第 4 期。

12. 李珍连、陈新花：《斯宾塞的主要社会思想》，《科技信息》2007 年第 30 期。

13. 罗凤礼：《美国历史上的社会达尔文主义思潮》，《世界历史》1986 年第 4 期。

14. 盛邦和：《19 世纪与 20 世纪之交的日本亚洲主义》，《历史研究》2000 年第 3 期。

15. 杨栋梁、王美平：《日本"早期亚洲主义"思潮辨析——兼与盛邦和、戚其章先生商榷》，《日本学刊》2009 年第 3 期。

16. 臧运祜：《甲午战争与近代日本的亚太政策》，《社会科学研究》2006 年第 3 期。

17. 丁名楠：《甲午战后到日俄战前日本对俄决战"国策"指导下的侵华策略》，《东岳论丛》1981 年第 5 期。

18. 王家骅：《论福泽谕吉对儒学的批判与继承》，《世界历史》1992 年第 5 期。
19. （台）陈玮芬：《近代日本汉学的庶民性特征——汉学私塾、汉学社群与民间祭孔活动》，《成大宗教与文化学报》2004 年第 4 期。
20. 叶赋桂：《现代化：合理化与本土化》，《清华大学学报》（哲学社会科学版）1998 年第 1 期。
21. 陈振昌：《试论现代化的世界性与民族性》，《西北大学学报》（哲学社会科学版）1994 年第 4 期。
22. 赵德宇：《简论明治时代的日本国粹主义》，《日本研究》2010 年第 1 期。
23. 侯波：《斯宾塞社会进化学说与达尔文进化论之考异》，《求索》2009 年第 12 期。
24. 宁骚：《民族与国家：民族关系与政策的国际比较》，北京大学出版社 1995 年版。
25. 盛邦和：《中日国粹主义试论》，《日本学刊》2003 年第 4 期。
26. 盛邦和：《日本国粹主义与中国》，北京日本学研究中心会议论文，1999 年。
27. 盛邦和：《19 世纪与 20 世纪之交的日本亚洲主义》，《历史研究》2003 年第 3 期。
28. 杨宁一：《明治时期日本人的自我认识》，《历史研究》2000 年第 3 期。
29. 周颂伦：《明治国家主义析论》，《日本研究》2000 年第 3 期。
30. 严绍璗：《幕末的"宇内混同说"与明治时代的"大东合邦论"：近代日本的国家主义思潮研究》，《日本学刊》1997 年第 1 期。
31. 王俊英：《简论三宅雪岭国粹主义思想的特质》，《日本学刊》2011 年第 5 期。
32. 黄新亚：《现代化与传统文化》，《人文杂志》1987 年第 6 期。

33. 李本松：《斯宾塞的社会有机体思想探解》，《石家庄经济学院学报》2008 年第 6 期。

34. 赵文君、赵懿：《日本儒学：传承中的融合与批判》，《中州大学学报》2010 年第 5 期。

35. 郭洪纪：《文化民族主义的缘起及主要特征》，《青海师范大学学报》1997 年第 3 期。

36. 张友国：《民族国家：理论与现实》，《北京行政学院学报》2009 年第 1 期。

37. 金鑫、徐晓萍：《有关民族主义的几种类型》，《欧洲》2002 年第 1 期。

38. 王富春：《战前日本的民族意识与侵华战争》，《南开学报》（社会科学版）2003 年第 6 期。

39. 郭洪纪：《资本主义化时期的国家主义及其变异》，《海南大学学报》（社会科学版）1997 年第 2 期。

40. 张宪生：《试析日本近代民族主义的历史背景》，《东南亚纵横》2007 年第 8 期。

41. 杨思信：《近代文化民族主义论略》，《青海师范大学学报》（哲学社会科学版）2002 年第 2 期。

42. 赵盾、程洁：《达尔文进化论的历史考察》，《哈尔滨学院学报》2003 年第 3 期。

43. 武心波：《试论制约日本回归"普通国家"的"精神文化因素"》，《日本学刊》2005 年第 2 期。

（二）著作（含译著）

1. 阿诺德·汤因比：《历史研究》（下），郭小凌等译，上海世纪出版集团 2010 年版。

2. 郑师渠：《晚清国粹派——文化思想研究》，北京师范大学出版社 1997

年版。

3. 赫胥黎：《进化论与伦理学》，宋启林等译，北京大学出版社 2010 年版。

4. 厄内斯特·盖尔纳：《民族与民族主义》，韩红译，中央编译出版社 2002 年版。

5. 本尼迪克特·安德森：《想象的共同体：民族主义的起源与散布》，吴叡人译，上海世纪出版集团 2008 年版。

6. 戴宇：《志贺重昂国粹主义思想研究》，吉林教育出版社 2009 年版。

7. 富永健一：《日本的现代化与社会变迁》，李国庆、刘畅译，商务印书馆 2004 年版。

8. 崛幸雄：《战前日本国家主义运动史》，熊达云译，社会科学文献出版社 2010 年版。

9. 刘岳兵：《日本近现代思想史》，世界知识出版社 2010 年版。

10. 近代日本思想史研究会：《近代日本思想史》第 2 卷，李民、贾纯等译，商务印书馆 1992 年版。

11. 赵德宇等：《日本近现代文化史》，世界知识出版社 2010 年版。

12. 松本三之介：《国权与民权的变奏——日本明治精神结构》，李冬君译，东方出版社 2005 年版。

13. 丸山真男：《日本政治思想史研究》，王中江译，三联出版社 2000 年版。

14. 吴廷璆：《日本史》，南开大学出版社 1994 年版。

15. 向卿：《日本近代民族主义》，社会科学文献出版社 2007 年版。

16. 米庆余：《近代日本的东亚战略和政策》，人民出版社 2007 年版。

17. 信夫清三郎：《日本政治史》第 2 卷，周启乾、吕万和等译，上海译文出版社。

18. 松本三之介：《明治思想史》，新曜社 1996 年版。

19. 宋成有：《新编日本近代史》，北京大学出版社 2009 年版。

20. 崔世广编：《日本现代化过程中的文化变迁与文化建设研究》，河北人民出版社 2009 年版。

21. 杨宁一：《了解日本人——日本人的自我认识》，天津人民出版社 2000 年版。

22. 依田憙家：《近代日本的历史问题》，雷慧英译，上海远东出版社 2004 年版。

23. 叶渭渠：《日本文明》，中国社会科学出版社 1999 年版。

24. 南博：《日本人论：从明治维新到现在》，邱娅雯译，广西师范大学出版社 2007 年版。

25. 松本三之介：《国权与民权的变奏——日本明治精神结构》，李冬君译，东方出版社 2005 年版。

26. 近代日本思想史研究会《近代日本思想史》（第 1 卷），李民、贾纯等译，商务印书馆 1992 年版。

27. 铃木贞美：《日本的文化民族主义》，魏大海译，武汉大学出版社 2008 年版。

28. 吉野耕作：《文化民族主义的社会学》，刘克申译，商务印书馆 2005 年版。

29. 吉尔·德拉诺瓦：《民族与民族主义》，生活·读书·新知三联书店 2005 年版。

30. 赖肖尔：《近代日本新观》，卞崇道译，生活·读书·新知三联书店 1992 年版。

31. 丸山真男：《日本的思想》，区建英等译，生活·读书·新知三联书店 2009 年版。

32. 依田憙家：《简明日本通史》，卞立强等译，上海远东出版社 2004 年版。

33. 大隈重信：《日本开国五十年史》上、下册，上海社会科学院出版社 2007 年版。

34. 叶渭渠：《日本文化通史》，北京大学出版社 2009 年版。

35. 子安宣邦：《东亚论：日本现代思想批判》，赵京华译，吉林人民出版社 2004 年版。

36. 王屏：《近代日本的亚细亚主义》，商务印书馆 2004 年版。

37. 福泽渝吉：《文明论概略》，北京编译社译，商务印书馆 1997 年版。

38. 福泽渝吉：《劝学篇》，群力译，商务印书馆 1984 年版。

39. 于桂芬：《西风东渐——中日摄取西方文化的比较研究》，商务印书馆 2001 年版。

40. 汤重南：《日本文化与现代化》，辽海出版社 1999 年版。

41. 俞辛焞：《近代日本研究论集》，天津人民出版社 2000 年版。

42. 姜守明：《从民族国家走向帝国之路》，南京师范大学出版社 2000 年版。

43. 吴廷璆：《日本近代化研究》，商务印书馆 1997 年版。

44. 米庆余：《明治维新：日本资本主义的起步与形成》，求实出版社 1988 年版。

45. 武安隆：《文化的抉择与发展：日本吸收外来文化史说》，天津人民出版社 1993 年版。

46. 郑彭年：《日本西方文化摄取史》，杭州大学出版社 1996 年版。

47. 渡边与五郎、李素桢等：《西学东渐——中日近代化比较研究》，中国社会科学出版社 2008 年版。

48. 罗荣渠：《从"西化"到现代化》，北京大学出版社 1990 年版。

49. 万峰：《日本近代史》，中国社会科学出版社 1981 年版。

50. 井上清：《日本帝国主义的形成》，宿久高等译，人民出版社 1984 年版。

51. 信夫清三郎：《日本政治史》第三卷，吕万和、熊达云、张健译，上海译文出版社 1988 年版。

52. 信夫清三郎：《日本外交史》，天津社会科学院日本研究所译，商务印书馆 1979 年版。

53. 井上清：《日本现代史》第一卷，吕明译，生活·读书·新知三联书店

1956 年版。

54. 吉田茂：《激荡的百年史》，李杜译，陕西师范大学出版社 2006 年版。

55. 永田广志：《日本封建意识形态》，刘绩生译，商务印书馆 2003 年版。

56. 沈海涛：《日本国家战略与东北亚外交》，吉林人民出版社 2006 年版。

57. 崔新京、李坚、张志坤：《日本法西斯思想探源》，社会科学文献出版社 2006 年版。

58. 爱德华·莫迪默、罗伯特·法恩：《人民·民族·国家——族性与民族主义的含义》，刘泓、黄海慧译，中央民族大学出版社 2009 年版。

59. 《竹内实文集》第五卷《中日关系研究》，程麻译，中国文联出版社 2004 年版。

60. 诺曼·赫伯特：《日本维新史》，姚曾廙译，吉林出版集团 2008 年版。

61. 加藤周一：《日本文化论》，叶渭渠等译，光明日报出版社 2000 年版。

62. 尾藤正英：《日本文化的历史》，彭曦译，南京大学出版社 2010 年版。

63. 鲁斯·本尼迪克特：《菊与刀》，吕万和译，商务印书馆 2002 年版。

64. 加藤周一：《何谓日本人》，彭曦、邬晓妍译，南京大学出版社 2008 年版。

65. 中村雄二郎：《日本文化的罪与恶》，孙彬译，北京大学出版社 2005 年版。

66. 马里乌斯·B. 詹森主编：《剑桥日本史》（第 5 卷），王翔译，浙江大学出版社 2014 年版。

三　日文参考文献

（一）论文

1. 李向英：《政教社の対清認識——雑誌〈日本人〉を中心に》，［日］《日本研究 18》，《日本研究》研究会，2005 年 3 月。

2. 萩原隆：《日本における伝統型保守主義は如何にして可能か——志賀重昂との関連で（下）》，《名古屋学院大学論集・社会科学篇》2007 年 7 月第 44 巻第 1 号。

3. 萩原隆：《志賀重昂における国粋主義の観念——概念の両義性と論理の混乱》，《名古屋学院大学論集・社会科学篇》2008 年 10 月第 45 巻第 2 号。

4. 片山慶隆：《陸羯南研究の現状と課題》，《一橋法学》2007 年 3 月第 6 巻第 1 号。

5. 藤田昌志：《志賀重昂・三宅雪嶺の日本論・中国論》，《三重大学国際交流センター紀要 2008》第 3 号（通巻第 10 号）。

6. 小川琢治：《日本風景論を評す》，《地質学雑誌》第一巻，東京地質学会，1893 年 10 月。

7. 方光鋭：《明治期における国語国字問題と日本人の漢学観》，名古屋大学大学院国際言語文化研究科編《言葉と文化》2009 年 3 月第 10 号。

8. 藤田昌志：《内藤湖南の日本論・中国論》，三重大学国際交流センター紀要 2008，第 3 号（通巻第 10 号）。

9. 米地文夫：《〈日本風景論〉における朝鮮半島の景観への言及について——教科書に志賀重昂を登場させることは適切か》，岩手大学教育学部附属教育実践指導センター研究紀要，第 7 号，1997 年。

10. 山室信一：《国民国家・日本の発見——ナショナリティの立論構成をめぐって》，《人文学報》第 67 号，京都大学人文科学研究所，1990 年 12 月。

11. 村上陽一郎：《日本人の外化主義と国粋主義》，《上智大学紀要》1969 年 6 月 1 号。

12. 米地文夫、増子義孝：《アジア・ナショナリズムの勃興期における景観の役割——志賀重昂〈日本風景論〉と土屋健治〈カルティニの風景〉との視座の比較》，《総合政策》2004 年第 5 巻第 1 号。

13. 天沼香：《明治中期国粋主義者の移民観——政教社、杉浦重剛の移民論から》，《東海女子大学紀要》1986 年第 6 号。

14. 小寺正一：《明治期のナショナリズム研究 3・三宅雪嶺の国粋主義》，《京都教育大学紀要》（通号）1997 年 9 月第 51 号。

15. 菱川善夫：《明治 30 年代の文明論・文明批評の成立と展開》，《北海学園大学人文論集》1996 年 3 月第 6 号。

16. 中江彬：《明治時代のルネサンス概念、天心と樗牛》，《人文学論集》第 23 集，2005 年 3 月，大阪府立大学人文学会。

17. 小寺正一：《愛国心について——福沢諭吉と陸羯南の場合》，《道徳教育学論集》第 1 集，大阪教育大学，2010 年 3 月。

18. 洪偉民：《吉田松陰の国家観——山縣太華との論争を通して》，《人間文化学研究集録》第 12 号，大阪府立大学，1990 年 12 月。

19. 尾西康充：《北村透谷と松村介石——雑誌〈三籟〉をめぐる考察》，《三重大学日本語学文学》1999 年 6 月第 10 巻。

20. 岡崎正道：《近代日本と国体観念》，岩手大学人文社会科学部論文集，1997 年 3 月。

21. 長井秀夫：《鹿鳴館と井上外交》，《北海学園大学人文論集》1994 年 3 月第 2 号。

22. 小笠原真：《ナショナリズムについて》，《奈良教育大学紀要》1980 年第 29 巻第 1 号。

23. 朝井佐智子：《東邦協会露西亜学校の変遷と実態》，《現代社会研究科研究報告》第 7 号，愛知淑徳大学，2011 年 9 月。

24. 今西一：《平野義太郎の〈大アジア主義〉》，《小樽商科大学人文研究》2008 年 3 月。

25. 片山慶隆：《日本のマス・メディアによる対露開戦論の形成》，《一橋

法学》2008 年 3 月第 7 卷第 1 号。

26. 石田秀実：《十九世紀末日本における科学主義と国家主義の結びつき》，《日本研究》第 13 集，国際日本文化研究センター，1996 年 3 月。

27. 鹿野政直：《国粋主義における資本主義体制の構想》，《日本史研究》52，1961 年。

28. 中野泰雄：《日本におけるデモクラシーとアジア主義》，《亜細亜大学経済学紀要》1975 年第 1 巻第 12 号。

29. 中野泰雄：《変転する文明の中の中国と日本》，《亜細亜大学国際関係紀要》1994 年 3 月第 3 巻第 2 号。

30. 陳瑋芬：《〈斯文学会〉の形成と展開——明治期の漢学に関する一考察》，《中国哲学会論集》第 21 集，九州大学中国哲学研究会，1995 年 12 月。

31. 原田敬一：《国権派の日清戦争——〈九州日日新聞〉を中心に》，《文学部論集》第 81 号，仏教大学，1997 年 3 月。

32. 中村義一：《高山樗牛と美の悲哀》，《美学》1986 年 9 月第 37 巻第 2 号。

33. 今西一：《平野義太郎の〈大アジア主義〉》，《小樽商科大学人文研究》2008 年 3 月。

（二）著作

1. 中野目徹：《政教社の研究》，思文閣 1993 年版。
2. 松本三之介：《明治思想における伝統と近代》，東京大学出版会 1996 年版。
3. 佐藤能丸：《明治ナショナリズムの研究——政教社の成立とその周辺》，芙蓉書房 1998 年版。

4. 大久保利謙：《明治の思想と文化》，吉川弘文館 1988 年版。
5. 色川大吉：《明治の文化》，岩波書店 1970 年版。
6. 石田一良編：《思想史・体系日本史叢書・23》，山川出版社 1979 年版。
7. 上山春平：《日本のナショナリズム》，至誠堂 1965 年版。
8. 松本三之介：《明治思想史——近代国家の創設から個の覚醒まで》，新曜社 1996 年版。
9. 鹿野政直：《近代精神の道程——ナショナリズムをめぐって》，花神社 1977 年版。
10. 柳田泉：《哲人三宅雪嶺先生》，実業之世界社 1955 年版。
11. 石川啄木：《時代閉塞の現状・食うべき詩》，岩波書庫 1978 年版。
12. 山本教彦、上田誉志美：《風景の成立——志賀重昂と〈日本風景論〉》，海風社 1997 年版。
13. 荒川幾男、生松敬三：《近代日本思想史》，有斐閣 1973 年版。
14. 大室幹雄：《志賀重昂〈日本風景論〉精読》，岩波書店 2003 年版。
15. 遠山茂樹：《明治の思想とナショナリズム》，《遠山茂樹著作集》第五巻，岩波書店 1992 年版。
16. 田中彰：《明治維新と天皇制》，吉川弘文館 1993 年版。
17. 上山春平：《日本の思想——土着と欧化の系譜》，岩波書店 1998 年版。
18. 林屋辰三郎：《文明開化の研究》，岩波書店 1979 年版。
19. 富田仁：《鹿鳴館——擬西洋化の世界》，白水社 1988 年版。
20. 中村隆英、伊藤隆：《近代日本研究入門》，東京大学出版会 1977 年版。
21. 西田毅、和田守など：《民友社とその時代：思想、文学、ジャーナリズム集団の軌跡》，ミネルブア書房 2003 年版。
22. 有山輝雄：《陸羯南》，吉川弘文館 2007 年版。
23. 朴羊信：《陸羯南——政治認識と対外論》，岩波書店 2008 年版。
24. 飛鳥井雅道：《文明開化》，岩波書店 1985 年版。

25. 西川长夫、松宮秀治：《幕末、明治期の国民国家形成と文化変容》，新曜社 2002 年版。
26. 飛鳥井雅道：《日本近代精神史の研究》，京都大学学術出版会 2002 年版。
27. 原口清：《日本近代国家の成立》，岩田書院 2008 年版。
28. 田中彰：《世界の中の明治維新》，吉川弘文館 2001 年版。
29. 栄沢幸二：《近代日本のナショナリズム》，青山社 2001 年版。
30. 鈴木健二：《ナショナリズムとメディア：日本近代化過程における新聞の功罪》，岩波書店 1997 年版。
31. 尹健次：《日本国民論：近代日本のアイデンティティ》，筑摩書房 1997 年版。
32. 山口輝臣、三谷博：《19 世紀日本の歴史明治維新を考える》，放送大学教育振興会 2000 年版。
33. 林屋辰三郎：《日本史論聚 5》，《伝統の形成》，岩波書店 1988 年版。
34. 松本三之介：《日本政治思想史概論》，勁草書房 1975 年版。
35. 安丸良夫：《文明化の経験：近代転換期の日本》，岩波書店 2007 年版。
36. 安丸良夫：《日本の近代化と民衆思想》，平凡社 1999 年版。
37. 鹿野政直：《日本人の自伝 5》，《徳富猪一郎、三宅雪嶺》，平凡社 1982 年版。
38. 鹿野政直：《日本近代思想の形成》，新評論社 1956 年版。
39. 酒田正敏：《近代日本における対外硬運動の研究》，東京大学出版会 1978 年版。
40. 神島二郎：《日本近代化の特質》，アジア経済研究所 1973 年版。
41. 徳富蘇峰：《蘇峰自伝》，中央公論社 1935 年版。
42. 広瀬玲子：《国粋主義者の国際認識と国家構想——福本日南を中心にして》，芙蓉書房 2004 年版。

43. 下程勇吉：《日本の近代化と人間形成》，法律文化社 1984 年版。
44. 大濱徹也：《明治の墓標——庶民の見た日清、日露戦争》，河出書房 1990 年版。
45. 槌田満文：《明治、大正の新語・流行語》，角川書店 1983 年版。
46. 坂本多加雄：《明治国家の建設》，中央公論社 1999 年版。
47. 高山直助：《近代日本の軌跡・8・産業革命》，吉川弘文館 1994 年版。
48. 石田一良：《日本文化史概論》，吉川弘文館 1980 年版。
49. 山路爱山：《基督教評論・日本人民史》，岩波書庫 1966 年版。
50. 米原謙：《日本政治思想》，ミネルブア書房 2007 年版。
51. 佐藤能丸：《立志の明治人・陸羯南、三宅雪嶺、久米邦武》，芙蓉書房 2005 年版。
52. 山本新：《周辺文明論・欧化と土着》，刀水書房 1997 年版。
53. 松尾正人：《日本の時代史 21・明治維新と文明開化》，吉川弘文館 2004 年版。
54. 土方和雄：《〈日本文化論〉と天皇制イデオロギー》，新日本出版社 1983 年版。
55. 石田一良編：《日本思想史概論》，吉川弘文館 1975 年版。
56. 植村邦彦：《〈近代〉を支える思想——国民社会・世界史・ナショナリズム》，ナカニシャ出版 2001 年版。
57. 田村安興：《ナショナリズムと自由民権》，清文堂 2004 年版。
58. 御厨貴：《明治国家の完成》，中央公論新社 2001 年版。
59. ［美］ケネス・B・パイル：《新世代の国家像：明治における欧化と国粋》，松本三之介監訳，五十嵐暁郎訳、社会思想社 1986 年版。
60. 中村正則、石井寛治、春日豊：《日本近代思想体系 8・経済構想》，岩波書店 1988 年版。
61. 渡辺正雄：《日本人と近代科学——西欧への対応と課題》，岩波書店

1976年版。
62. 具島兼三郎:《文明への脱皮——明治初期日本の寸描》,九州大学出版会1983年版。
63. 西川长夫:《国境の越え方——国民国家論序説》,平凡社2001年版。

后　记

本书是在我的博士论文的基础上略作删减和修改而成。除了一些文字表述的变动以外，其他均保持了博士论文的原貌。

2009年，我考入中国社会科学院研究生院在职攻读博士学位，专攻日本历史文化。入学时带的选题是《儒学与日本的现代化》，希望能够从传统与现代融合的角度去探讨日本现代文化的形成以及日本现代化建设的特点。但是在查阅部分文献资料后，感觉这一题目对于博士三年所能完成的研究而言可能过于庞大。考虑到自己一直以来对于明治时代的历史很感兴趣，而且在日本近代思想史方面也有一定程度的积累，斟酌再三，最后决定将明治中期的国粹主义作为新的博士论文选题。我的想法得到了导师崔世广教授的赞同。

从开始着手收集、研读资料，到论文成稿，用了近两年的时间。这是一个让人体味学术耕耘艰辛的过程，同时也是一个享受收获喜悦的过程。在论文写作的过程中，虽然常常能够体会到为文的艰难、治学的不易，但因此也磨炼了意志，增长了智识，拓宽了眼界，个中点点滴滴的经验积累皆是自己人生极为宝贵的财富。

在本书出版之际，首先诚挚地感谢我的导师崔世广教授。在社会科学院攻读博士学位三年，导师不仅在学业上严格要求、谆谆教诲，在生活中也给予我许多热心的帮助。我原本以为对于我这样一个已年过不惑、忝列门墙的学生，导师可能不会太费心去指导，但事实却是，导师不仅时常关心我的工作和学习，还要求我（们）每个月向他汇报所读书目和读书心得。有严师的督促，我更不敢生偷闲之心，觉得如果不发奋读书，很难对得起导师的悉心栽培。在论文写作的过程中，导师多次认真地听取我的阶段性研究成果汇报，并在论文的框架设计和章节安排等方面提出了许多富有启迪性、建设性的指导和建议。导师渊博的学识、严谨的治学态度和在学术上永无止境的探求精神常常使我感佩，也使我对论文的研究丝毫不敢懈怠。论文能够得以按时完成，与导师的督促和勉励是分不开的。对于导师的提携和教诲，寥寥"感谢"两字实难表达心意。对于导师的期许和厚爱，唯有今后继续努力，以好的工作成绩才能回报。

论文的写作也得到了日本研究所李薇教授、高洪教授、吕耀东教授，北京外国语大学日本学研究中心郭连友教授，中国政法大学孙承教授，北京外国语大学日语系邵建国教授的热心指导。在论文开题之时，老师们除了在论文的结构设计等方面提出了许多宝贵意见之外，还尖锐地指出了论文可能存在的漏洞，令我醍醐灌顶，获益匪浅。在论义答辩的时候，老师们的褒扬和肯定又给了我这个后学莫大的鼓舞，使自己对接下来要走的学术之路更多了几分自信。借本书出版的机会，谨向老师们表示由衷的谢意。

此外，还要特别感谢我的三名学生——毕业于中国传媒大学外国语学院的邰映雪、陆洋、周颖。她们在日本留学期间，不辞辛苦，帮我购书，搜集复印资料，论文能够解决资料缺乏的难题、保证历史研究的真实，没有她们的热心帮助是难以想象的。还有许多师友也为我的研究提供过帮助，在此一并致谢，恕不一一列举。

在职攻读博士学位期间，中国传媒大学外国语学院的各位领导，尤其是李佐文院长和舒笑梅副院长以及日语教研室的各位同事也给予了热情的帮助，我能够安心地在职学习，与领导和同事们的宽容和支持是分不开的。在此深表感谢。

本书最终能和读者见面，还要感谢中国社会科学出版社的王茵编辑。从文稿的编辑、校对，到封面的设计，王茵女士付出了极大的热诚和辛苦。

　　最后，感谢家人这几年来对于我的理解和扶持。谨以此书献给他们。

　　作为学术性著作，本书力求做到结构严谨、立论有据，但由于个人能力水平有限，书中难免存在一些谬误和缺憾，一些观点和看法或许有失偏颇，敬请读者批评指正。

作　者

2014 年 12 月 27 日